初中语文优质教学设计：新标准·新教材·新教法丛书

统编初中语文教科书优质教学设计

总主编 ◎ 邓 彤　李冲锋
本册主编 ◎ 张 莹　桑凤英

（八年级上册）

华东师范大学出版社
·上海·

图书在版编目(CIP)数据

统编初中语文教科书优质教学设计. 八年级 上册/邓彤,李冲锋总主编;张莹,桑凤英本册主编. —上海:华东师范大学出版社,2022

(初中语文优质教学设计:新标准·新教材·新教法丛书)

ISBN 978-7-5760-2846-1

Ⅰ.①统… Ⅱ.①邓…②李…③张…④桑… Ⅲ.①中学语文课—教学设计—初中 Ⅳ.①G633.302

中国版本图书馆 CIP 数据核字(2022)第 106638 号

统编初中语文教科书优质教学设计(八年级上册)

总 主 编 邓 彤 李冲锋
本册主编 张 莹 桑凤英
策划组稿 赵建军
责任编辑 孔 凡
责任校对 王丽平
装帧设计 俞 越

出版发行 华东师范大学出版社
社　　址 上海市中山北路 3663 号　邮编 200062
网　　址 www.ecnupress.com.cn
电　　话 021-60821666　行政传真 021-62572105
客服电话 021-62865537　门市(邮购)电话 021-62869887
地　　址 上海市中山北路 3663 号华东师范大学校内先锋路口
网　　店 http://hdsdcbs.tmall.com

印 刷 者 浙江临安曙光印务有限公司
开　　本 787 毫米×1092 毫米　1/16
印　　张 16.75
字　　数 288 千字
版　　次 2022 年 10 月第 1 版
印　　次 2022 年 10 月第 1 次
书　　号 ISBN 978-7-5760-2846-1
定　　价 52.00 元

出 版 人 王 焰

(如发现本版图书有印订质量问题,请寄回本社客服中心调换或电话 021-62865537 联系)

初中语文优质教学设计：
新标准·新教材·新教法丛书
编委会

主　　　编　邓　彤　李冲锋

编委会主任　王希文

编　　　委　（以音序排名）

蔡忠平　苍　郁　陈　丹　陈　莉　陈漱雯　程　盼
程思怡　褚　磊　丁　颖　段乐春　顾婷婷　郭荷苗
胡文耕　黄明晶　蒋玉坤　雷旭莉　李　杨　李天娇
李莹莹　李张勇　梁　颖　林　超　刘东贺　潘文冬
桑凤英　沙健芳　施　丹　王　洪　王婷婷　王伟华
吴群英　武罗欣　奚赛娟　徐　慧　杨膳荫　杨晓丽
杨亦文　张　莹　张雪欢　周　冰　周　燕

本册主编　张　莹　桑凤英

编写人员　第一单元　张　莹　桑凤英
　　　　　第二单元　刘东贺
　　　　　第三单元　雷旭莉　桑凤英
　　　　　第四单元　桑凤英　张　莹
　　　　　第五单元　沙健芳
　　　　　第六单元　陈　丹　张　莹
　　　　　学习任务群　彭雪婷　李　昕

编者的话

现行义务教育教科书《语文》(七至九年级)是以义务教育课程方案和《义务教育语文课程标准(2011年版)》为依据编写的。2022年4月,《义务教育语文课程标准(2022年版)》颁布,新版课程标准对语文课程与教学提出了新标准、新要求。在此背景下,为帮助广大语文教师更好地使用这套语文统编教材,我们编写了这套语文教学参考书。

这是一套怎样的教学参考书呢?

它简明,具有纲目明晰之特征。它不贪多求全,没有连篇累牍的文章分析,没有堆积如山的资料汇编,更没有浩如烟海的习题测试。它提纲挈领、简明扼要地为教师把握一篇课文或一个单元的教学提供基本框架。它凸显教学核心任务,聚焦关键知识和基本素养,设计精当的学习活动。它以平等姿态与一线教师对话交流,旨在成为教师教学的友善型"辅助支架",而极力避免异化为耳提面命式的"教学律令"。

它好用,具有模块式自由组合之特征。教案中若干板块相互关联,却又各自独立,如同七巧板,教师可以依据自己的需要,选择其中若干模块,或重组,或拼接,或嵌入自己的教学设计,从而创设出具有自身特色的教学方案。一方面,它能够为教师提供一种新的思路,一种不一样的设计风格;另一方面,它具有柔性特征,能如水随形,便于教师吸纳、转化。它既能够为教师提供一个不错的教学样例,又充分尊重教师教学的现实需求与个性特征。

它好玩,具有快乐学习特征。语文课堂应该是"生动"的。这个"生动",有两层含义:一是指气氛活跃,一是指"学生参与"。理想的语文课堂不应该死气沉沉、面目可憎;学生学习语文也不应该愁眉苦脸、痛苦不堪。理想的语文教学设计,应该依据文本特征,贴近学生生活,运用学生喜闻乐见的方式,精心设计系列学习活动,使得语文教学妙趣横生,使得语文学习不再是一件苦差事。如此,语文课堂才能成为学生学习的乐园,学生才能够优游其中,含英咀华,流连忘返。

编写中我们遵循了以下三大编写原则。

1. 体现统编教材特色

编写中充分注意核心价值观在教学中的有机渗透,发挥语文学科教育在立德树人方面的重要作用;在设计中充分体现单元人文主题和语文要素的有机结合。

2. 关注语文深度学习

语文是一门实践类学科,语文深度学习必须高度重视转化学习内容与学习方式,帮助学生体验、经历知识的发现与建构过程,使学生真正成为语文学习主体。

3. 便于一线教师使用

理想的教学参考书籍,既要站位高,也要接地气。本丛书一方面基于新课程、新教材开展设计,一方面充分考虑到一线教师的实际需求,在总体框架、文本解读、学习活动设计等一线教师普遍觉得棘手之处着力较多,希望能够为教师教学提供有益的支援。

在上述原则指导下,在具体编写过程中,我们进一步凸显了本书的五大特点。

1. 注重单元设计

本书凸显统编教材单元整体感强之特征,立足于教材单元基本目标,围绕单元教学核心内容设计系列学习环节,注重单篇课文与单元其他文章的一体化设计,注重阅读活动与写作活动的有机融合。

2. 明确学习要素

为超越语文教学"暗中摸索"的经验性层级,本书明确引入"语文学习要素"概念,旨在以明确的语文核心知识引领师生开展语文教与学活动,使得语文教与学不断趋向"明里探求"层次。

3. 关注文本细读

语文学习核心素养之核心是"语言积累与建构",文本细读在语文教学中永远具有压舱石的重要作用。本丛书高度关注对文章重点语段、语句的精细化深度解读,这使得本丛书因此具有较为浓郁的"语文味"。

4. 设计模块化活动

注重活动与探究,是新版语文课程标准与统编语文教材的基本的核心理念与基本内容。本丛书为落实这一精神,致力于学习活动设计研究,开发设计了大量鲜活生动、具有浓郁语文味道的学习活动。这些活动如斑斓彩贝,闪烁于丛书各单元,或星星点点,或交织成文,共同构成一个生意盎然的语文学习生态场,这些活动,聚焦核心素养,内嵌关键知识,贴近学生生活,有利于促进学生开展研究性学习、多维表征学习。同时,本丛书设计的学习活动,形成相对独立的活动模块,以便教师依据实际需要对这些活动自由组合调配。

5. 凸显学习任务群

新颁布的《义务教育语文课程标准(2022年版)》提出以学习任务群组织、呈现课程内容。这对语文课程建设、教材编写与教学实施都提出了全新的要求。语文学习任务群是素养导向的语文实践活动,其实质是特定情境下的语言文字运用。语文学习任务群的提出,对语文教学方式与学习方式提出了崭新的要求,引起了广大一线教师的高度关注。

为此,本丛书编者依据新课标精神,整合统编教材内容,结合七至九年级语文学习实际,专门安排"学习任务群"板块,精心设计了系列学习任务群。这些任务群围绕新课标所确定的基础、发展、拓展三大类型,涵盖了语言文字积累与梳理、实用性阅读与交流、文学阅读与创意表达、思辨性阅读与表达、整本书阅读、跨学科学习等六大领域。具体安排如下。

【七年级上册】

1. 语言文字积累与梳理:有朋自远方来——"朋"字学习任务群设计
2. 文学阅读与创意表达:梦想与现实交织的生存悲歌——《骆驼祥子》课本剧创作与展演任务群设计

【七年级下册】

1. 跨学科学习:多学科碰撞出"大航海+故事"——《海底两万里》学习任务群

设计

2. 文学阅读与创意表达：体验奋斗历程·讴歌奋斗精神——"奋斗"主题微电影拍摄与展播任务群设计

【八年级上册】

1. 整本书阅读：红色经典与精神赓续——《红星照耀中国》学习任务群设计
2. 实用性阅读与交流：昆虫世界探秘——《昆虫记》学习任务群设计

【八年级下册】

1. 跨学科学习：古诗词游园会——《惠崇春江晚景》学习任务群设计
2. 整本书阅读：峥嵘岁月与英雄品质——《钢铁是怎样炼成的》学习任务群设计

【九年级上册】

1. 思辨性阅读与表达：实用类非连续性文本的阅读——侧重信息甄选与逻辑理解的思辨性读写任务群设计
2. 文学阅读与创意表达：英雄传奇：精准人设打造与再造表现——《水浒传》学习任务群设计

【九年级下册】

1. 整本书阅读：独立女性的赞歌——《简·爱》学习任务群设计
2. 实用性阅读与交流："文化"的天平　思维的博弈——"文化传承与文化创新哪个更重要"主题辩论赛学习任务群设计

上述学习任务群在"文化自信、语言运用、思维能力与审美创造"等语文核心素养目标指导下，采用主题情境方式呈现，以学习任务统整语文学习全程，注重语文核心知识的实践运用与结构化掌握，希望能够为一线教师的教学提供有效的帮助。

本套丛书以全国著名特级教师邓彤主持的上海市语文名师基地成员为主要编写者，又邀请一些名校、名师参与其中，组成了一个阵容强大的编写团队。全国语文核心期刊《中学语文教学》杂志副主编王希文女士作为本团队学术导师，领衔担任丛书编委会主任,为丛书编撰提供学术指导,在此一并致谢。

  经过一年多的努力,全体编写者多次研讨,反复打磨,几易其稿,终于完成了这套教学设计参考书。希望本丛书的出版,能够帮助广大一线教师更深入领会新课程理念,更好地使用统编教材,更有效地培育学生的语文素养。当然,虽然本丛书全体编者尽心尽力,由于水平与条件所限,本丛书一定还有诸多待完善之处,在此恳请方家不吝指教。

总主编:邓彤 李冲锋

2022 年 6 月

目录

第一单元

1. 消息二则 3
2. 首届诺贝尔奖颁发 8
3. "飞天"凌空
   ——跳水姑娘吕伟夺魁记 11
4. 一着惊海天
   ——目击我国航母舰载战斗机首架次成功着舰 15
5. 国行公祭，为佑世界和平 18

单元练习 23

第二单元

6. 藤野先生 29
7. 回忆我的母亲 39
8.* 列夫·托尔斯泰 45
9.* 美丽的颜色 49

写作　学写传记 52

综合性学习
　　　　人无信不立 55

单元练习 57

第三单元

10. 三峡 63
11. 短文二篇 70
12.* 与朱元思书 79

目录

13　唐诗五首 …………………………………………… 83
写作　学习描写景物 …………………………………… 94
名著导读
　　《红星照耀中国》 纪实作品的阅读 ……………… 97
单元练习 ………………………………………………… 101

第四单元

14　背影 ………………………………………………… 107
15　白杨礼赞 …………………………………………… 118
16*　散文二篇 …………………………………………… 128
17　昆明的雨 …………………………………………… 134
写作　语言要连贯 ……………………………………… 138
综合性学习
　　　　我们的互联网时代 …………………………… 142
单元练习 ………………………………………………… 145

第五单元

18　中国石拱桥 ………………………………………… 152
19　苏州园林 …………………………………………… 159
20*　人民英雄永垂不朽
　　　——瞻仰首都人民英雄纪念碑 ………………… 166
21*　蝉 …………………………………………………… 171
22*　梦回繁华 …………………………………………… 175
写作　说明事物要抓住特征 …………………………… 179

口语交际
  复述与转述 183
名著导读
  《昆虫记》 科普作品的阅读 186
单元练习 189

| 第六单元 |

23 《孟子》三章 195
24 愚公移山 209
25* 周亚夫军细柳 216
26 诗词五首 220
写作 表达要得体 226
综合性学习
  身边的文化遗产 230
单元练习 234

| 学习任务群设计 |

整本书阅读：红色经典与精神赓续
  ——《红星照耀中国》学习任务群设计 238
实用性阅读与交流：昆虫世界探秘
  ——《昆虫记》学习任务群设计 247

注：阅读单元的课文分"教读"和"自读"两类，篇名前标有 * 的为"自读课文"。"活动·探究"单元的课文原则上以学生自读为主。

第一单元

单元教学目标

1. 概括新闻内容,把握常见新闻体裁的特点。
2. 熟悉新闻采访的一般方法和步骤。
3. 撰写一则消息。
4. 根据话题,讲述故事。

单元内容框架

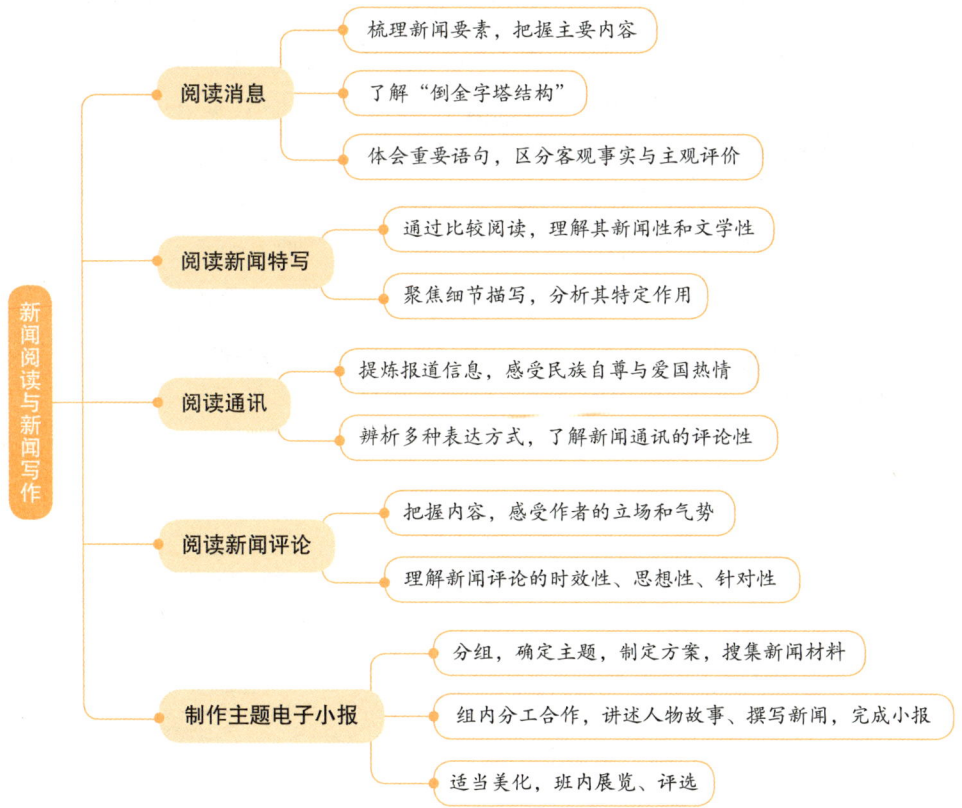

单元设计说明

本单元是活动探究单元,以活动任务为核心,阅读为基础,探究为抓手,强调学生在老师的指导下开展自主学习活动。这是综合了阅读、写作、口语交际、资料收集、活动策划甚至实地考察等学习活动的全新单元,需要集听、说、读、写为一体,实现互融、互促,最终落实新闻的阅读与写作。

本单元的活动任务单确定了新闻阅读、新闻采访、新闻写作三个任务,不仅提供了相应策略,还明确了各项任务的具体内容。六篇新闻作品为活动开展提供了学习内容;旁批既提供了基础知识,也为理解难点提供帮助;补白部分提供了与文体相关的基础知识;技巧点拨则为学生的阅读和写作提供了有力支撑。深入研读教材中提供的阅读材料并适当整合,将隐藏在教学内容背后的活动流程、任务设定等显性化、实践化,是本单元的学习重点。

本单元活动探究主要集中于"新闻阅读"和"新闻写作"两个方面。通过朗读、品读、比较阅读等活动,明确新闻要素,理解新闻内容,把握常见新闻体裁的特点,为新闻采访和新闻写作奠定基础。其中,新闻采访要指导学生发现新闻线索,确定新闻素材,制定采访方案,拟定采访提纲,了解采访礼仪。模拟采访相当于一次口语交际训练,这项活动能够加强学生的参与感和体验感,促进学生的口语表达。新闻写作的目的在于让学生能够规范地撰写消息,练习新闻通讯、新闻特写、新闻评论的写作。从新闻阅读到新闻写作,这是从一种相对静态的学习环节转换、过渡到一种相对动态的活动环节,教师要避免把集中指导变成简单的知识讲解,除了引导学生细致观察范文格式、所写事情的发展过程外,还要对学生的写作及时作出针对性反馈和引导,增强学生写作过程中的读者意识和交流意识,激发学生参与活动的热情,让学生通过实践来提升写作能力。

1 消息二则

毛泽东

一、教学目标与学习要素

(一) 教学目标

1. 把握两则新闻的要素,了解渡江战役状况,体会新闻的时效性。
2. 品读称谓、修饰用词、句间逻辑关系,感受作者鲜明的情感与立场。

(二) 学习要素

1. 两则消息新闻要素中的时间关联、作战进程体现了新闻的时效性、客观性。
2. 敌我称谓、修饰用词及句间逻辑关系所表现出的鲜明倾向性。

二、文本解读

(一) 课文整体解析

本文两则消息均属于狭义的新闻。狭义的新闻专指消息,即用简明扼要的文字,迅速及时地向公众告知新近发生的有价值的事实。一则消息,由标题、电头、正文构成。导语、主体、背景、结语,构成了消息的正文,后两部分不是一定会出现,有时暗含在主体中。正文往往按照重要性递减的原则安排内容,即"倒金字塔结构"。

《我三十万大军胜利南渡长江》这则消息中,作者通过富有情感的笔调,简明扼要地报道了渡江战斗的进程,赞扬了人民解放军英勇善战、勇往直前的英雄行为,也从侧面反映出国民党军队军心涣散、毫无斗志的状况。阅读标题,是获取信息的首要途径,本则消息的标题简明扼要,点明了"何人"——我三十万大军,"何地"——长江,"何事"——南渡长江。电头包含了发布新闻单位(新华社)、发布地点(长江前线)、时间(二十二日二时),体现了消息的真实性和及时性。导语是一篇新闻的精髓,提供了更为详尽的信息,将"何人"——人民解放军,"何时"——二十一日,"何地"——长江,"何事"——渡过长江,一一交代得清楚明了。后面的主体部分,先补充了导语内容,其次介绍了具体战况,然后通过展现战场情景交代了当前的战斗形势,最后以人民解放军的战斗风格和战斗目标对整个战役结果作出了预判。

《人民解放军百万大军横渡长江》这则消息的电头点明了消息发布时间为"二十二日二十二时",和前一则消息联系起来,只相隔了二十个小时,不仅表现了消息的及时性,而且体现了战况近一天来快速推进的状态。该消息选择在渡江战役取得决定性胜利的时刻,及时报道人民解放军三路大军横渡长江的时间、地点和战况,点明了此次战役的全局发展趋势,分析了敌军无心作战、土崩瓦解的原因,表现了我军战士英勇善战、锐不可当、所向披靡的英雄气概。特别是主体部分,层次分明,详略得当,叙议结合,语言精练,感情充沛,气度恢宏。

学习这两则消息,利用课文中提供的旁批,可快速准确地掌握消息的主要结构组成:标题、电头、导语、主体。其次,作为实用文之一的新闻具有实用文"劝说"的特性,两篇消息依托具体情境,立场明确。1949年初,淮海、辽沈、平津三大战役结束,中国人民解放军在全国取得胜利已成定局。但国民党反动政府依然负隅顽抗,在对长江防线经过三个半月的苦心经营之后,于4月20日悍然拒绝签订《国内和平协定》。1949年4月21日,毛泽东主席和朱德总司令立即发布了"向全国进军"的命令,人民解放军于该日凌晨发起了渡江战役。毛泽东接连撰写了《我三十万大军胜利南渡长江》《人民解放军百万大军横渡长江》两篇消息及时报道战况,给全国民众、全军将士以极大鼓舞,其在瓦解敌军士气、鼓舞我军斗志上的效果显而易见。所以,学习这两则新闻,除了把握新闻主要的体式特征、获取主要信息外,还应该关注新闻语言在相关语境中采用的具体表达方式,感受其对社会现实产生的直接影响或巨大效果。

(二)重点语段细读

从理论上来说,新闻只是向读者提供最新的事实,必须是中立客观的,不带有个人感情色彩和价值判断。但这样的新闻严格来说是不可能存在的,好的新闻文本能够把个人情感和价值观渗透在事实的叙述之中,表现出鲜明的立场。

《消息二则》作为动态消息,迅速及时地报道了新近发生事实的相关变动信息,新闻要素交代齐备,文字简洁,语言凝练。例如:

人民解放军二十一日**已有大约三十万人**渡过长江。

人民解放军**百万**大军,从**一千余华里**的战线上,**冲破敌阵**,**横渡长江**。

以上两句中的加点词语,从作战人数、战线长度、作战力度等方面真实准确地报道了我军的实时战况,用词准确,客观明了。

除此之外，两则消息字里行间还表明了作者的立场和感情倾向，如描述人民解放军"万船齐放，直取对岸""英勇善战，锐不可当""我三十万大军"，国民党"军无斗志，纷纷溃退""战犯汤恩伯""都很泄气""不想再打了"等用词或短语，则鲜明地表明了作者身为人民解放军最高统帅的鲜明立场，体现了瓦解敌军士气、鼓舞我军乃至全国人民斗志的意图。这些用词或短语有的是四字短语，铿锵有力，气势宏大；有的带有文言色彩，简明扼要，有的则是口语表达，通俗平直。它们汇聚在一起，形成一股巨大的合力，读来令人激动兴奋，回肠荡气。细读这两则消息，可以充分体会到看似平实的语言中显示出宏大的气势和坚定的信念，其重要性、及时性令人称道，不失为新闻写作的典范。

三、教学过程

（一）导入

请同学们交流平时阅读新闻的主要方式与方法，引出《消息二则》。

（二）活动设计

▲ 活动设计一：消息压缩机

同学们，如果请你担任某报纸的编辑，但今天新闻众多，版面有限，刊发这两则消息还需要加以压缩，请完成以下任务：

1. 如果每则消息只允许保留一句话，你将保留哪一句？
2. 如果每则消息保留一段话，应该是哪一段？请说说你的理由。

如果保留一句话，就保留两则消息的标题："我三十万大军胜利南渡长江""人民解放军百万大军横渡长江"。两个标题均概括了新闻的主要内容，让人一读就能明白事件的主要信息。

如果保留一段话，就保留两则消息的导语部分（包括电头）："英勇的人民解放军二十一日已有大约三十万人渡过长江""人民解放军百万大军，从一千余华里的战线上，冲破敌阵，横渡长江"。电头交代了电讯稿发出的单位、地点、时间，表明新闻来源，体现了客观性、时效性；两个导语则以简要的文字呈现了消息最重要的事实，使读者能够快速全面地了解事件概况。

当然，一则消息还包含主体部分，其主要负责具体充分地报道事件，使读者对事件有更为完整确切的了解。所以，快速获取新闻的主要信息，首先要读标题，消息的标题(或副标题)一般概括了新闻的主要内容。当今时代的新闻为了增加趣味性,会选择较为独特的视角设置标题,不能完全概括消息的主要内容,这种情况下可以通过阅读导语了解新闻的主要内容。

▲ **活动设计二：新闻我来读,地图你来标**

1. 请一位学生播报新闻。

新闻报道的是客观事实,播报语调宜平稳自然,讲究客观冷静,节奏明快舒畅,体现新闻的真实性和客观性。让学生以播报新闻的形式来朗读两则消息,能够直观地感受新闻报道这一特点。

2. 请其他同学边听新闻播报,边在课本第4页的地图上标出解放军渡江的时间、路线及人数。

3. 比较三路大军的空间顺序与新闻中的叙述顺序,想一想作者为什么会如此安排？

消息中并没有按照东路军——中路军——西路军这样的空间顺序来介绍渡江情况,而是按照中路军——西路军——东路军的顺序来安排,这主要和渡江时间有关。中路军是最先渡江的队伍且已基本渡完,所以放在第一个。再者,西路军和东路军同时发动渡江,但西路军和中路军所遇敌情相似,比较微弱,而东路军所遇敌军抵抗较为顽强,明显与前两者不同。将西路军放在中路军后面进行介绍,这样能够节省笔墨,使文章显得结构紧致,语言精炼。

▲ **活动设计三：新闻标题找异同**

解放军横渡长江,这是举国关注的大事,国共双方对此均有报道。有同学从老报纸上找到了国民党报道此事的一个标题,大家可以比较一下。

《消息二则》的标题：我三十万大军胜利南渡长江　人民解放军百万大军横渡长江

1949年4月22日《申报》：中共悍然下令总攻　荻港附近共军登陆　芜湖至铜陵间展开大战

1. 阅读与比较：阅读以上标题,指出国共双方均提及的客观事实及不同之处。

2. 探究与发现：《消息二则》中哪些语句体现了作者的情感立场？作者的情感立场是通过什么方式来体现的？

《消息二则》中作者的情感立场可以从敌我双方的称谓、修饰词的运用、句子间的逻辑关系等角度来加以体会。

称谓：如"英勇的人民解放军""我三十万大军""我西路军""国民党反对派""战犯汤恩伯"等，对人民解放军主要采用第一人称的称谓，鲜明地体现了作者是站在中国共产党的立场写下了这两则消息。

修饰词："英勇的人民解放军""以自己的英雄式的战斗"中的"英勇""英雄式"等修饰词，不仅隐含了作者的立场，还体现了作者对人民解放军的讴歌与赞美。

句子间的关系："汤恩伯认为南京、江阴段防线是很巩固的，弱点只存在于南京、九江一线。不料正是汤恩伯到芜湖的那一天，东面防线又被我军突破了。"两句话间用"不料"一词形成转折关系，既是对国民党自以为是的嘲讽，也再一次赞颂了人民解放军的锐不可当、所向披靡，所持立场和感情倾向非常明显。

（三）课堂小结

概括新闻阅读的一般方法，由学生进行总结。

（四）布置作业

1. 选择并浏览近期的一份报纸，了解本期报纸报道新闻的主要信息。
2. 选择其中最感兴趣的一则消息，了解其新闻事实，以旁批的形式进行简要评论。

2　首届诺贝尔奖颁发

一、教学目标与学习要素

(一) 教学目标

1. 反复朗读，理解本文通过客观事实所传递的观点。
2. 概括文章内容，学习消息的"倒金字塔结构"。

(二) 学习要素

1. 遣词造句上的严谨性体现了作者客观中立的态度。
2. 由主到次的内容编排清晰呈现出消息的"倒金字塔结构"。

二、教学建议

《首届诺贝尔奖颁发》选自《百年好文章——路透社新闻佳作》，这篇消息虽距今已一百多年，但从消息写作的角度来看极为规范，针对人类文化史上的重要一幕——首届诺贝尔奖颁发，提供了准确、详尽、全面的信息，除了标题、电头、导语、主体部分外，还在结尾交代新闻背景，补充说明资金管理权和评奖权的分离。这种由主到次、逐步递减的内容编排，是新闻写作中典型的"倒金字塔结构"，可以使消息内容主次分明，结构严谨。

最后一节的新闻背景，特别是最后两句话值得探究。"诺贝尔基金会是这笔资金的合法拥有者，并管理这笔资金的投资，但与诺贝尔奖的评定无关。诺贝尔奖的评议权属于瑞典和挪威的诺贝尔奖评委会。"这两句话体现了诺贝尔奖的权威性和公正性，是客观事实，但作者特意交代这一点，是不是意味着作者具有一种民主意识和分权意识？因为只有管评分离，才有可能产生公正、公平。当然，这种立场在表达上非常含蓄，不深入探究很容易被忽略。遣词造句上的严谨性，体现了作者撰写新闻时客观中立的态度。阅读新闻时可结合具体语句或词语进行辨析、探究，这既是基于文体特征的活动设计，也能够突出学生主体阅读的地位，更有利于学生掌握新闻阅读的方法，提升思维品质。

作为本单元的第二篇消息，结合新闻要素和旁批提示快速地自主阅读消息、把握主要内容对学生来说并不困难。这则消息可以和《消息二则》进行简要地比较阅读,除了归纳相似点之外,还可以比较不同点。比如,在《消息二则》中,既有交代客观事实的语句,也有将作者感情和立场渗透于描述中的多次呈现;《首届诺贝尔奖颁发》则主要交代客观事实,遣词造句极有分寸,非常严谨,带有个人感情或立场的词句很少。

总之,这则消息,语言客观准确、平实简洁,特别是借助于"倒金字塔结构"来编排内容,是本课的教学重点,也是学生学习新闻写作值得参考借鉴的典范之作。

三、教学过程

(一) 导入

大家知道目前科学领域最崇高的奖项是什么吗?当然非诺贝尔奖莫属。诺贝尔用自己的遗产设立了该奖项,从1901年开始,时至今日已颁发了120余年,这是对全世界杰出科学家的嘉奖和鼓励。首届诺贝尔奖颁发,更是引人瞩目。新闻《首届诺贝尔奖颁发》就是对人类文化史上这一重大事件的及时报道。

(二) 活动设计

▲ **活动设计一:今日我主播**

以小组为单位,一人以播音员的身份播报《首届诺贝尔奖颁发》,其余同学结合旁批,概括本则消息的主要内容。

标题概括了主要事件——首届诺贝尔奖颁发;电头包含了发布新闻单位(路透社)、发布地点(斯德哥尔摩)和时间(1901年12月10日);导语介绍了颁奖者和具备获奖资格的人选要求;主体部分依次介绍了五位首次诺贝尔奖获得者的具体情况、颁奖机构及颁奖时间地点、奖金来源和管理模式。

▲ **活动设计二:填图赛一赛**

请同学们快速浏览消息的主体部分,在下图三个序号处,填写出相应内容,并阐述填写理由。

主体部分依次介绍的内容：①五位首次获奖者的具体情况；②颁奖机构及时间地点；③奖金来源和管理模式。"何人获奖"是该事件中最重要也是读者最想知晓的信息，所以放在最前面，颁奖机构及时间地点也是必不可少的信息，但重要性明显次于"何人获奖"，所以放在其后。结尾部分交代新闻背景，补充说明资金管理权和评奖权的分离，表现了诺贝尔奖的公正与权威。这三部分按照重要性递减的原则来安排内容，属于典型的"倒金字塔结构"，是本则消息最为突出的一个文体特征。

▲ **活动设计三：眼明心亮好阅读**

1. 比一比，看一看：这则消息和《消息二则》在语言表达上有何异同？请举例说明。

相同点：三则消息在语言上均体现了简明准确的特点；

不同点：《消息二则》中多处语句鲜明地表现了作者的立场和感情倾向，而《首届诺贝尔奖颁发》在这点上不够突出，语言表达倾向于客观严谨。

2. 想一想，说一说：为什么同为新闻，语言表达上有如此明显的差异？

撰写新闻时，作者身份、撰写目的、阅读群体等因素均会对写作带来一定的影响，所以在语言表达上自然有差异。

(三) 课堂小结

学习贵在运用。《首届诺贝尔奖颁发》展现了新闻写作中典型的"倒金字塔结构"，结合《消息二则》中学到的有关新闻写作知识，只要留心身边发生的事件，就可以运用所学知识写出一篇新闻来。到时候，我们比一比，评一评，看看谁是我们班上最佳新闻小写手。

(四) 布置作业

成立学习小组，结合教师节活动，选择一位喜欢的教师，确定报道题材，明确分工，草拟出采访提纲。

3 "飞天"凌空

——跳水姑娘吕伟夺魁记

夏浩然　樊云芳

一、教学目标与学习要素

(一) 教学目标

1. 了解新闻内容,分析富有表现力的语句,感受文中体现的运动之美。
2. 把握新闻特写的特点和内涵,理解新闻特写的新闻价值。

(二) 学习要素

明确新闻特写的新闻性与文学性——借助多种表达方式的再现,分析叙事、描写、议论、抒情在文中的重要作用,进而把握新闻特写的主要特点。

二、教学建议

这是一篇新闻特写,其以形象化的描写作为主要表现手段,截取新闻事件中最具有价值、最生动感人、最富有特征的片段和部分予以放大,从而鲜明地再现典型人物、事件、场景的一种新闻体裁。新闻特写兼有新闻和文学的特点,但由于其强调新闻性、时效性和真实性,所以更接近于通讯体裁。

本课以在印度新德里举行的第九届亚运会为背景,报道了中国队员吕伟夺得女子十米跳台比赛冠军这一新闻。作者选择了吕伟一个精彩的跳水动作进行具体描绘,不仅赞美了她在比赛中的精彩表现,也体现出身为中国人的骄傲与自豪,更突显了跳水运动的力量与美。文章直接从吕伟准备十米高台跳水说起,依次描写了起跳、腾空、入水的动作,采用动静结合的手法,突出了吕伟动作之快、姿态之美。然后,作者又把镜头转向观众和记者的反应,借助侧面描写的方法,既显示了吕伟这一跳的不同凡响,又流露出强烈的民族自豪感和昂扬向上的精神。特别值得注意的是,本文的语言表达极具特点。首先,带有新闻语言的特质——客观、准确,如:"修长美妙""轻轻""优美""震耳欲聋"等形容词和副词,都恰当地反映了事实;"舒""蹬""飞""托"等动词,精准地刻画出跳水的动作。其次,生动形象,格外动人。如以"飞天"这个富有动感的静态形象来比喻吕伟起跳时的身姿;以"轻盈的、笔直的箭"比喻吕伟入水时的身体姿态,描写得非常形象;"沉静自若""从容不迫""眼花缭乱"等四字短语的使用,尽显简洁,兼具节奏感与画面感。

本课教学,应着力于具体感受新闻特写的特点和内涵,聚焦新闻特写的新闻性与文学性,抓住最典型、最具表现力的瞬间或片段,可以结合文章进行分析体会,也可以与单元中的前两篇课文进行比较阅读,从而在体例、写法、语言表现力等方面学习得更加深入。同时,也为本单元的新闻写作打下坚实基础。

三、教学过程

(一) 导入

观看中国队十米跳台跳水夺冠视频片段,说说你的感受。

(二) 活动设计

▲ 活动设计一:精彩一刻

1. 阅读这篇特写,看看与你讲述的感受有什么不同的地方。

十米跳台跳水是我国跳水队的强势项目,结合比赛视频,能直观感受中国梦之队的魅力,感受跳台跳水的力与美。但这样的个人感受属于一种主观评价,侧重于议论,这与本文反映同样内容的新闻报道有着明显区别,因为新闻特写兼具新闻性与文学性。

2. 你认为这篇特写好在哪里?为什么?

▲ 活动设计二:竞技"加油站"

1. 加油备战。

95#油——新闻特写

新闻特写——采用类似于特写的手法,以形象化的描写作为主要表现手段,截取新闻事件中最具有价值、最生动感人、最富有特征的片段和部分予以放大,从而鲜明再现典型人物、事件、场景的一种新闻体裁。新闻特写兼有新闻和文学的特点,强调新闻性、时效性、真实性。

2. 同场竞技。

比较:《"飞天"凌空》与《我三十万大军胜利南渡长江》《人民解放军百万大军横渡长江》《首届诺贝尔奖颁发》三则新闻的异同。

《我三十万大军胜利南渡长江》《人民解放军百万大军横渡长江》《首届诺贝尔奖颁发》三则新闻属于消息,《"飞天"凌空》是新闻特写。三则消息主要是报道新闻事件的全过程,而《"飞天"凌空》重在描写中国选手吕伟十米跳台跳水的瞬间,是一个片段的放大。虽然它们都是真实的、及时的,但阅读消息便于人们了解完整的事件,而新闻特写更多是在感染读者,引发共鸣。

在写作体例上,消息与新闻特写也有着明显区别。消息由标题、电头、正文构成,正文中有导语和主体。报道过程中,消息多用记叙的方式,旨在交代事情,让读者了解事件全貌。但新闻特写多是在描写,《"飞天"凌空》中甚至运用了动静结合、正侧面描写相结合的方法来开展写作,使其更加生动,富有感染力。

3. 各领风骚。

在《"飞天"凌空》一文中,哪些语句特别有感染力?试作分析。

如:"她已经展开身体,像轻盈的、笔直的箭,'嗦'地插进碧波之中,几串白色的气泡拥抱了这位自天而降的仙女,四面水花则悄然不惊。"

这里,将吕伟的身姿比作了轻盈的、笔直的箭,生动形象地写出了她体态的轻巧,动作的有力,表达了对她高超跳台跳水技术的赞美与骄傲之情。将吕伟比作自天而降的仙女,则生动形象地写出她技术精湛似已非凡人,表达了对吕伟的喜爱与赞美之情。

▲ **活动设计三:交错相通的十字路口**

读图标记:以小组为单位,在图示恰当的地方标注消息与新闻特写的异同。

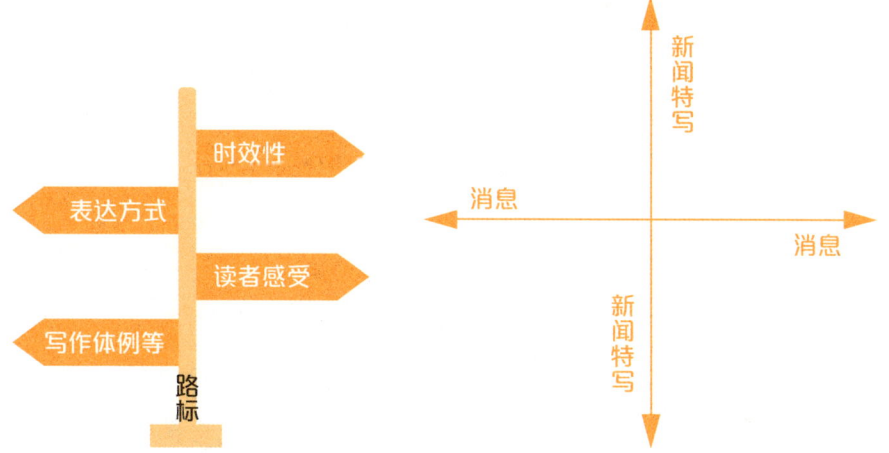

（三）课堂小结

结合本课所学，请学生说说新闻特写的新闻性与文学性。

（四）布置作业

"我是小记者"——请以"校园小记者"的身份，任选一节课或一次辅导，截取生动感人的片段，以形象化的描写作为主要表现手段，写一则新闻特写，报道你身边的教师，配合教师节的活动，题目自拟。

4　一着惊海天

——目击我国航母舰载战斗机首架次成功着舰

蔡年迟　蒲海洋

一、教学目标与学习要素

（一）教学目标

1. 圈画提炼报道信息，理解我国航母舰载战斗机首架次成功的重要意义，体会作者的民族自尊心和爱国情怀。

2. 分析文中综合运用的多种表达方式，阐释其作用，进而把握新闻通讯兼具新闻性、文学性、评论性的特点。

（二）学习要素

分析多种表达方式运用的作用和意义，了解新闻通讯的新闻性、文学性、评论性。

二、教学建议

本文以2012年9月辽宁舰试航，中国人有了第一艘自己的航空母舰为背景，讲述了辽宁舰正式交接入列后，成功进行了歼—15舰载机着舰训练的故事。中国人自己的航空母舰完成舰载机的着舰，对中国海军有着重要意义，对整个中华民族都有着非凡价值。作者带着强烈的民族自豪感和浓厚的爱国之情，写下这篇文章，不仅仅只是为了报道一则新闻，更有感染民众、弘扬国威的意图。这正符合了新闻通讯的新闻性、文学性、评论性的特点，与消息和新闻特写存在明显区别。消息时效性极强，重在了解整个事件的情况，叙述为主；新闻特写相较消息的完整性，更侧重于对瞬间的把握，描写动人；而通讯则是具有明显思想主题的讲述与刻画，叙述、描写、议论、抒情兼而有之。但无论是消息、新闻特写，还是新闻通讯，它们都是最真实的、最可信的，只是在表现形式、写作手法，乃至创作目的等方面有差异。

这篇通讯记录了552号歼—15战斗机着舰的经过，真实地向世人讲述辽宁舰成功完成训练的这一惊心动魄、振奋人心的故事。作者在第1、2段交代了时间、地点、事件，渲染了严肃、紧张的氛围；接着插入两段背景资料，不仅强调完成舰载机着舰的难度之高，而且也明确了这对中国海军的重要意义和价值；之后，作者又利用短促的段落,将小场景、小细节都排列开来,烘托蓄势;正式着舰开始了,动词的运用准确而生动。加之对"V"字的刻画,点明其象征含义,使人们激动的情绪被点燃;这时,作者又插入一段资料,追忆了幕后英雄——科研工作者们的辛苦付出,突显舰载机着舰成果来之不易;最后,文末 4 段主要写了人们欢庆的场面,也再次揭示了本次训练的非凡价值。可以说,作者在本文的创作中,使用渲染烘托的词汇和写作手法,增强了新闻的可读性,也突显了新闻事件的重大意义和价值,将个人的情感上升到了民族自尊心与爱国情,进而感染读者,深化认识,激发情感,体现了新闻通讯的特点。

本文是本单元唯一一篇新闻通讯,教学中,应围绕新闻通讯的特点,结合具体内容,进行实例分析,外显于形,内化于心。同时,还会沉浸于作者的情感表达之中,体会其中溢于言表的民族义、国家情。

三、教学过程

(一) 导入

1. 听音频,说说得知这个消息后,如果你想发一条朋友圈,你会说什么?

辽宁号航空母舰是中国人民解放军海军隶下的一艘可以搭载固定翼飞机的航空母舰,也是中国第一艘服役的航空母舰。2012 年 9 月 25 日,正式更名辽宁号,交付中国人民解放军海军。2013 年 11 月,辽宁舰从青岛赴中国南海展开为期 47 天的海上综合演练,期间中国海军以辽宁号航空母舰为主,编组了大型远洋航空母舰战斗群,战斗群编列近 20 艘各类舰艇,标志着辽宁号航空母舰开始具备海上编队战斗群能力。2018 年 4 月 12 日,辽宁舰编队亮相南海大阅兵。2020 年 4 月,中国海军组织辽宁舰航母编队跨区机动,航经宫古海峡、巴士海峡,到南海有关海域开展训练,这是年度计划内的例行性安排。

2. 有一篇关于辽宁舰的报道,获得了第四届中国人民解放军新闻奖一等奖和第二十三届中国新闻奖文字通讯三等奖。请速读这篇《一着惊海天——目击我国航母舰载战斗机首架次成功着舰》,说说它与上述音频带给你的别样感受。

(二) 活动设计:"自圆其说"

▲甲说:这篇新闻肯定是新闻通讯,而且属于事件通讯。

◆乙说:本文极具故事性,是一篇优秀的事件通讯。

●丙说:这篇报道具体生动,蕴含着深厚的情感,非常具有感染力。

你同意以上三种说法吗?请结合文章内容,为任意一位同学"圆说"。

😊 甲的理据:新闻通讯,是运用记叙、描写、抒情、议论等多种手法,具体、生动、形象地反映新闻事件或典型人物的一种新闻报道形式。通讯的类型有人物通讯、事件通讯、工作通讯、概貌通讯、新闻故事、文艺通讯、主题通讯、旅游通讯;最常见的是人物通讯和事件通讯。

😊 乙的理据:本文将多种表达方式结合在一起,兼有文学性和评论性,带着深厚的情感,讲述了一个具有感染力的故事。其故事性非常典型:战舰航行等待战斗机是开端,舰机协调准备降落是发展,战机下降成功着舰是高潮,人群狂欢争相庆祝是结局。

😊 丙的理据:语言极富生动性,如:"渤海某海域,海风呼啸,海浪澎湃。辽阔的海面上,我国第一艘航空母舰——辽宁舰斩浪向前。舰岛的主桅杆上,艳红的八一军旗迎风招展。"通过对海天环境的描写,使航母、海洋、风浪交织成一幅壮阔、激昂的画面。再如:"航母就像汪洋中的一片树叶""歼—15舰载机像凌波海燕""刀尖上的舞蹈"等,运用了比喻的修辞,既生动,又形象。

语言极具抒情性,如:"航母舰载战斗机上舰,承载着国人的强军梦想。浩瀚的大海可以作证:为了这一梦想成真,古老的中华民族,已经等了近百年;人民海军官兵,已经期盼了半个多世纪。"再如:"随着照相机的快门声响起,中国第一位成功着舰的航母舰载战斗机飞行员的风采,定格在人们的镜头里,镌刻在共和国的史册上。"

这些语句不仅写出了本次航母舰载战斗机成功着舰的意义重大,也表达了作者高涨洋溢的自豪之情和爱国之意。

(三)课堂小结

结合本课所学,请学生说说新闻通讯的新闻性、文学性、评论性。

(四)布置作业

"我是小记者":请以"校园小记者"的身份,把本文作为新闻素材,写一则消息,报道我国辽宁舰舰载战斗机首架次成功着舰的事。

5　国行公祭，为佑世界和平

钟　声

一、教学目标与学习要素

（一）教学目标

1. 把握文章内容，感受作者的立场和气势。
2. 了解新闻评论，掌握其特点。

（二）学习要素

新闻评论的特点：导向正确，就事论理，新闻性强，有的放矢，科学合理，便于传播。

二、教学建议

本文是《人民日报》上的一篇新闻评论，是在第四个南京大屠杀死难者国家公祭日当天刊发的评论文章。作为一篇新闻评论，要先有新闻，再有评论。因此，新闻评论必须要有强烈的时效性，同时，更要有鲜明的思想性和针对性。新闻评论主要具有六个特征，即导向正确，就事论理，新闻性强，有的放矢，科学合理，便于传播。

导向正确是指在新闻评论中立场和情感不能偏颇过激，应做到观点鲜明，态度客观，秉承公允，以理服人。本文紧扣"牢记历史，维护和平"的观点，通过大量新闻事实表明立场，表达了中国政府和人民既要牢记历史、怒斥谎言，又能放下仇恨、珍爱和平的美好愿景。

就事论理是指新闻评论在阐述观点时应事实充分，思路清晰，以理服人。南京大屠杀作为国际重大事件，定然有大量的新闻和史实。本文陈述了许多国际范围内纪念大屠杀死难者、坚守和平立场的新闻事件，也引述了国际组织、权威人士的言论，可以说立场鲜明，理据清晰，立得住，说得响。

新闻性强是指新闻评论虽然叙议结合，论述占了较大比重，但与一般的议论文有较大区别。新闻评论需要快速及时地评述最新事件，对时效性要求极高。本文选择在国家公祭日当天出版刊发，把握住时机非常重要。

有的放矢是指新闻评论不仅立场明确、理据清晰，更要切中要害，有针对性地阐述观点。本文的评论，是针对日本右翼的放肆言论进行抨击，点明我国国家公祭日的重要意义和价值，彰显中国态度。这样强有力地反击，既是揭露，也是引导，将读者的情感倾向引向对和平的祈祷和坚守。

科学合理是指新闻评论中所选择的事实和理据都必须经受得住时间的磨洗和历史的考验，论述过程符合逻辑，语言严谨有力。本文用"公义自在人心"来批判"歪曲否认历史"，不仅提倡"铭记历史"，也呼吁"珍爱和平"。这是公正且适度的评价言论，不过度宣泄，亦不恣意谩骂，而是合理表达。

便于传播是指新闻评论重视读者阅读体验，关注传播效应。因此，评论语言言简意赅且生动易懂。本文一方面要给读者以明确的观点和立场，简洁明了，清晰确凿，引导读者信服；另一方面也需要理据详尽，通俗易读。而"国家公祭日之长鸣警钟振聋发聩，那些装睡梦游的罪恶灵魂无处遁形"这样生动形象的语句，则能够充分吸引读者的阅读兴趣。

学习本文，应致力于围绕"国家公祭日"这一新闻事件，理解作者"牢记历史，维护和平"的观点，明确中国政府和人民"铭记历史、缅怀先烈、珍爱和平、开创未来"的立场，并以此文为例，理解新闻评论的特点和写法。

三、教学过程

（一）导入

你知道国家公祭日吗？

南京大屠杀是抗日战争时期日军对中国人民实施的规模最大、持续时间最长、丧失人性烧杀淫掠的一次暴行。在南京大屠杀中，大量平民及战俘被日军杀害，无数家庭支离破碎，南京大屠杀的遇难人数超过 30 万。

中华人民共和国第十二届全国人大常委会第七次会议全票通过决定：将 12 月 13 日确定为南京大屠杀死难者国家公祭日。国家公祭日是一个国家为纪念曾经发生过的重大民族灾难而设立的国家纪念活动，由国家权力机关决定。

第二次世界大战结束后，主要参战国政府纷纷推出国家级哀悼日，以国家公祭的形式来祭奠在惨案中死难的国民，增强现代人对国家遭受战争灾难历史的记忆。波兰的奥斯维辛集中营大屠杀纪念馆、美国的珍珠港事件纪念馆、俄罗斯的卫国战争纪念馆等，每年都举行国家公祭活动。

(二) 活动设计

▲ 活动设计一：速速读

速读课文，思考：作者写这篇文章，想要对"国家公祭日"表达什么看法？

1. 默读课文，速度最快。
2. 圈画作者对"国家公祭日"所秉持的观点和立场，完成最先。
3. 写出作者对"国家公祭日"所秉持的观点和立场，表述最准。

★观点——牢记历史，维护和平

☆立场——铭记历史，缅怀先烈，珍爱和平，开创未来

▲ 活动设计二：连连看

一篇新闻评论，要先有新闻，再有评论。因此，新闻评论必须要有强烈的时效性，同时，更要有鲜明的思想性和针对性。新闻评论主要具有六个特征，即导向正确，就事论理，新闻性强，有的放矢，科学合理，便于传播。

将下列的内容理解与新闻评论的特点连连看。

1. 阅读彩色方块中的内容理解，以旁批的形式标注在对应文本中。
2. 结合新闻评论的特点，将其与内容理解连在一起。
3. 思考：什么是新闻评论？

内容理解	特点
紧扣"牢记历史，维护和平"的观点，通过大量新闻事实表明立场，号召人们铭记历史，缅怀先烈，珍爱和平，开创未来。	便于传播
理据详尽，通俗易读。如"国家公祭日之长鸣警钟振聋发聩，那些装睡梦游的罪恶灵魂无处遁形"，这样生动形象的语句，可以吸引读者的阅读兴趣。	导向正确

用"公义自在人心"来批判"歪曲否认历史",不仅提倡"铭记历史",也呼吁"珍爱和平",这是公正且适度的评价言论。 —— 就事论理

　　陈述了许多国际范围内纪念大屠杀死难者,坚守和平立场的新闻事件,也引述了国际组织、权威人士的言论,理据清晰。 —— 有的放矢

　　评论是针对日本右翼的放肆言论进行抨击,点明我国国家公祭日的重要意义和价值,彰显中国态度。 —— 科学合理

　　选择在2017年12月13日,即国家公祭日当天出版刊发,对这个时机的把握,是非常重要的,新闻时效性强。 —— 新闻性强

(三)课堂小结

请同学根据本课所学,补全下列表述。

本文围绕"_____"这一新闻事件,表达了作者"_____"的观点,明确中国政府和人民"_____"的立场,体现了新闻评论_____的特点。

(四)布置作业

温故知新:回顾本单元所学,比较消息、新闻特写、通讯、新闻评论的异同,补

全下列表格。

	消息	新闻特写	通讯	新闻评论
时效性				
篇幅				
主要内容				
表达方式				
其他				

单元练习

总活动设计：小组探究，设计以"金秋之教师节"为主题的电子校报。

围绕这一主题，以小组为单位，设计校报版面，完成一版电子校报。

▲ 活动设计一：热身——你准备好了吗？

1. 材料收集。

材料积累：消息、新闻特写、通讯、新闻评论

■ 通过对《消息二则》和《首届诺贝尔奖颁发》的阅读，了解消息的内涵和特点，以及如何撰写消息。

■ 通过对《"飞天"凌空——跳水姑娘吕伟夺魁记》的阅读，把握新闻特写与消息的异同。

■ 通过对《一着惊海天——目击我国航母舰载战斗机首架次成功着舰》的阅读，明确新闻通讯的特点及价值。

■ 通过对《国行公祭，为佑世界和平》的阅读，接触新闻评论的相关内容。

2. 已有资源。

《首届诺贝尔奖颁发》一课的作业

具体要求：成立学习小组，结合教师节活动，选择一位教师，确定报道题材，明确分工，草拟采访提纲，为班级交流做好准备工作。

《"飞天"凌空——跳水姑娘吕伟夺魁记》一课的作业

具体要求：请以"校园小记者"的身份，任选一节课或一次辅导，截取生动感人的片段，以形象化的描写作为主要表现手段，写一则新闻特写，报道你身边的教师，配合教师节的活动，题目自拟。

3. 实施路径。

校报制作流程：确定主题——安排稿件——采编撰写——修改审定——设计板块——美化版面——调整审改——检查校对——制作完成

4. 评价要求。

按照之前的学习小组，明确分工；稿件类别至少包括消息、新闻特写、通讯、新闻评论中的两类；版面设计力求精美，可参考相关模板；注意紧贴主题，选择不同的新闻视角。

▲ 活动设计二：出发——你也去试试吧！

◎ 活动步骤：

1. 了解采访的一般步骤和方法，列出采访提纲，完成一次采访。
2. 能在采访中，围绕一个话题进行完整的讲述，积累采访素材。
3. 可以依据不同新闻类型的特点，撰写新闻。

◎ 活动助手：

👆采访是新闻界词汇，即记者为取得新闻材料而进行观察、调查、访问、记录、摄影、录音、录像等活动。是一种媒体信息的采集和收集方式，通常通过记者和被获取信息的对象面对面交流获得。

👆新闻采访要求采访者具有新闻敏感、应变能力和采访技巧，即能够在纵横交错的客观事物中敏锐地发现新闻，在稍纵即逝的机遇中迅速地捕捉新闻，在各种困难的条件下巧妙地挖掘新闻。新闻采访除突发事件的采访外，新闻记者在平时还从事主动的、有目的的采访。这种采访事先有明确的报道思想，有充分的资料准备，有周密的采访计划。

◎ 活动实施：

👣采访提纲一般包括采访的时间、地点、对象、目的、方式、器材、采访问题等。提纲要具体、客观，有针对性，采访问题之间有逻辑联系。

（　　）采访提纲	
采访时间	
采访地点	
采访对象	
采访目的	
采访方式	
采访器材	
采访问题	

👣根据采访提纲，实施小组的采访活动，可先明确分工，采访后对素材进行整理。

👣采访时，要注意言行得体，尊重采访对象；采访后，应对访得素材进行加工整理，形成相应的文字记录。根据采访内容，每小组完成一篇人物通讯或新闻特写。

▲ **活动设计三：冲刺——全力以赴……**

1. 讲述：请根据自己的经历，用五分钟时间准备讲述一个故事，主题是"我喜欢的一位初中老师"。

2. 交流：注意对象和场合，内容、语速、语气、语调等；重点突出，条理清楚，突出中心、语言简洁、篇幅适宜、停顿恰当等；注意口语表达，多口语、多短句、语气语调及体态大方得体等。

3. 修改：根据讲述的要求，修改自己的故事，讲给同桌听，注意对方感受。

4. 撰写：在小组中，选择一个讲述的故事，作为素材，形成一篇新闻稿。

5. 小组合作，成稿可作为电子校报的稿件，适当美化。

▲ **活动设计四：嘉奖——做最棒的自己！**

1. 各小组电子校报展。
2. 优秀电子校报评选。
3. 出版纸质校报传阅。

第二单元

单元教学目标

1. 了解回忆性散文、传记的特点。
2. 学习刻画人物的方法,理解作者的情感。
3. 品味风格多样的语言,提高文学鉴赏能力。

单元内容框架

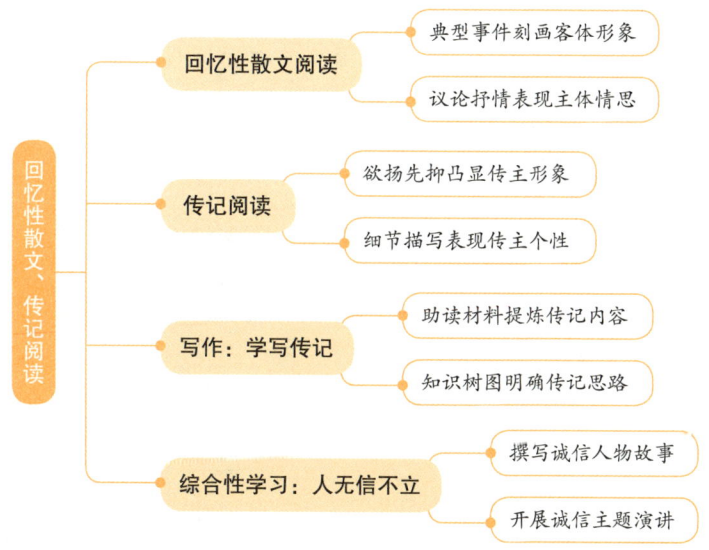

单元设计说明

本单元的课文，以写人为主，包括两篇回忆性散文，两篇人物传记。

《藤野先生》和《回忆我的母亲》同属于回忆性散文，两位作者都深情回忆了自己人生道路上重要的那个人，并把自己的情思灌注在所记叙、描写的客体形象中。

《列夫·托尔斯泰》和《美丽的颜色》同属于人物传记，准确的典型事件、可靠的资料引用，使得叙述真实可信，再现了传主的主要特点；同时，作者发挥想象，借生动传神的人物刻画，强化了传主的形象特征，也流露出作者对传主的情感态度。

阅读回忆性散文和人物传记，要抓住内容真实、事件典型、注重细节等特点，深入感受回忆性散文和人物传记的魅力所在。

本单元写作教学为"学写传记"，这是引导学生对前面传记学习要素的一次实际运用，该训练活动重在选择典型事件表现人物形象，借助助读材料提炼传记内容，通过知识树图明确传记写作思路。

本单元综合性学习为"人无信不立"，是对本单元回忆性散文和人物传记学习要素的综合运用，活动内容重在围绕诚信搜集以诚信为主题的典型事件，撰写诚信人物故事，开展诚信主题演讲。

6 藤野先生

鲁　迅

一、教学目标与学习要素

(一) 教学目标

1. 梳理典型事件，把握鲁迅眼中的藤野先生形象。
2. 感受鲁迅青年时代留学日本时的心路历程，体会其复杂情思。
3. 通过字词替换，品味鲁迅作品中简洁、犀利、幽默的语言特点。

(二) 学习要素

1. 关注回忆性散文的双重视角，深入体会作者的情感变化。
2. 在字词替换的言语活动中品味鲁迅作品中个性化的言语表达。

二、文本解读

(一) 课文整体解析

《藤野先生》选自鲁迅的回忆性散文集《朝花夕拾》，是鲁迅回忆性散文的典型代表。鲁迅 1902 年赴日本留学，1904 年入仙台学医，在此期间结识了藤野先生，并与其结下了深厚的情谊。后弃医从文，于 1926 年 10 月 12 日，在厦门大学任教期间写下了这篇文章。

本文主要记叙鲁迅留学日本时期与藤野先生交往的一段经历，通过添改讲义、纠正解剖图、关心解剖实习、了解裹脚这四个典型事件，从不同侧面表现了藤野先生认真负责、严格要求、严谨求实以及没有狭隘的民族偏见的高贵品质，抒发了作者对藤野先生的感激、景仰与怀念之情，同时也表达了作者的爱国情怀。

本文以时间的推移、地点的转换和事件发生的先后顺序来记叙，可分为三部分：

第一部分(第 1—3 段)：写在东京时的所见所闻，通过写清国留学生、赏樱花和学跳舞两件事，批判清国留学生不学无术、醉生梦死的生活状态。

第二部分(第 4—35 段)：写在仙台学医的经历，和藤野先生交往的情况及弃医从文的思想转变过程。

第三部分(第36—38段):写离别之后,作者对藤野先生的感激、景仰与怀念之情,同时表达了作者的爱国情怀。

本文题目是《藤野先生》,主要记述了与藤野先生交往的一段经历,但是文章却用了较多的笔墨与篇幅写了看似与藤野先生无关的内容,这些内容与藤野先生有什么关系呢?

开篇写在东京时的所见所闻,写清国留学生不学无术、醉生梦死的生活状态,点明了作者离开东京赴仙台和藤野先生成为师生的缘由。接着写由东京到仙台途经的日暮里和水户,这两个地名背后蕴含的深意流露出作者的忧国之思,交代了作者学医的主要动机。写仙台医专的职员对作者的"优待"是为下文藤野先生对自己的真正关心与尊重作陪衬,而写匿名信事件和看电影事件则是作者与藤野先生告别的直接原因。综上所述,这些看似与藤野先生无关的内容,都与表现藤野先生的精神品质有着密切关联。

本文是一篇回忆性散文,文中有两个"我",一个是当时的"我",一个是现在的"我",自然有两种情感交织在一起。当时的"我"有一种特定的感受,而现在的"我"回视当时的"我"时,又别有一番新的感受。比如:写到"添加讲义"情节时,"我"当时的感受是"吃了一惊""不安"和"感激",同时穿插了"我"现在的新感受:"可惜我那时太不用功,有时也很任性。"两个"我"的情感有明显落差,同时又自然地交织在一起,使作者的情感表现得更为丰富立体。

(二)重点语段细读

1. 一处"自嘲"。

大概是物以希为贵罢。

作者到仙台"颇受了优待",可是作者感到的却是"大概是物以希为贵罢",这种猜测的语气中,流露出作者并没有受到尊重的感受,这种表面生活上的关心与帮助,不是建立在平等尊重基础上的。这里包含着一个弱国国民的辛酸,同时也反映出作者强烈的民族自尊心,为后文写藤野先生的真诚关心与尊重作陪衬。

2. 两处"不知怎地"。

从东京出发,不久便到一处驿站,写道:日暮里。不知怎地,我到现在还记得这名目。

"不知怎地"：意思是下意识的、潜意识的感受，这种感受往往是最真实的心理。为什么作者记得"日暮里"这个名目？我们可以联系下文，"其次却只记得水户了，这是明的遗民朱舜水先生客死的地方。"朱舜水先生半生奔赴海外，心系国家，客死他乡。对鲁迅来说，在东京见到的第一个驿站名"日暮里"，难免会兴起"日暮乡关何处是"的感慨，联想到国家风雨飘摇、任人欺凌的现状，以及自己漂泊异乡、只身求学的艰难，心中自然是感慨万千，以至于时隔20多年后在厦门回忆起当时情景时，"还记得这名目"。

但不知怎地，我总还时时记起他……

时隔20多年，作者对藤野先生的怀念是下意识的、潜意识的，可见藤野先生对他的影响之大，作者对藤野先生的怀念、景仰之深。

3. 三处"谈话地点的讲究"。

他使助手来叫我了。到得研究室，见他坐在人骨和许多单独的头骨中间……

还记得有一回藤野先生将我叫到他的研究室里去，翻出我那讲义上的一个图来……

解剖实习了大概一星期，他又叫我去了。

联系全文，我们可以发现，谈话地点不写，上下文内容也是连贯的。即便要写，师生间谈话地点最多的理应是教室或是办公室。但是联系前文添改讲义、纠正解剖图、关心解剖实习的情节，会发现藤野先生每次见"我"的地点都在研究室：坐在人骨和头骨中间问"我"讲义的事情、在研究室翻看指正"我"的讲义错误之处，这些细节既体现了藤野先生教学上认真、治学上科学严谨，同时也表现了藤野先生对"我"的严格要求和循循善诱，但并不仅限于此。藤野先生酷爱医学研究，尊重科学，同时也了解中国的一些民俗。大多数中国人是敬重鬼的，那"我"呢？藤野先生请"我"一次又一次地到研究室，无非是用自己的日常工作和工作环境来现身说法，人死了并不可怕或神秘。三次会见，同一个地点，他对"我"从"担心"到"放心"，足以看到藤野先生对"我"不动声色的影响与关注，这些细节彰显了一份细心，细心中包含着一份真情。藤野先生处世的精细与周到，凸显了他对"我"的关心与尊重，无怪乎"我"由衷地发出赞叹："在我所认为我师的之中，他是最使我感激，给我鼓励的一个。"

三、教学过程

第一课时

(一)课时目标

1. 梳理典型事件,概括鲁迅眼中藤野先生的形象特点。
2. 通过替换字词,品味文章简洁、犀利、幽默的语言特点。

(二)导入

在鲁迅的学习经历中,有几位老师对他影响颇深,其中一位是鲁迅十二岁在三味书屋遇到的寿镜吾先生。从《从百草园到三味书屋》一文中可以了解到寿镜吾老师为人相当严厉,对学生特别严格,在鲁迅眼中,这位老师是"本城中极方正、质朴、博学的人"。

还有一位老师,鲁迅评价甚高:"在我所认为我师的之中,他是最使我感激,给我鼓励的一个",甚至"他的性格,在我的眼里和心里是伟大的",他就是藤野先生。那么,藤野先生是谁?鲁迅是如何与他结识的?这位老师为什么让鲁迅最为感激呢?

(三)活动设计

▲ **活动设计一:为藤野先生制名片**

根据课文内容,圈划出藤野先生的基本信息,并概括大部分学生眼中的藤野先生形象,为藤野先生制作一张名片。

姓名	藤野严九郎
国籍	日本
单位	仙台医学专门学校
执教课程	解剖学中的骨学
主要特点	体态黑瘦,不修边幅,不拘小节,工作认真,性情沉稳

藤野先生"是一个黑瘦的先生,八字须,戴着眼镜",进教室总会"挟着一叠大

大小小的书",说话声调缓慢而很有顿挫。"穿衣服太模糊了,有时竟会忘记带领结;冬天是一件旧外套,寒颤颤的",这样的形象致使"管车的疑心他是扒手"。总体来说,藤野先生是一个做事认真,处事沉稳,不修边幅,不拘小节的普通老师。

▲ 活动设计二:绘制鲁迅的心理变化图

鲁迅是在怎样的心境下与藤野先生这位普通老师结识的呢?

1. 根据课文内容,依次填写鲁迅留学日本时经历过的地方。

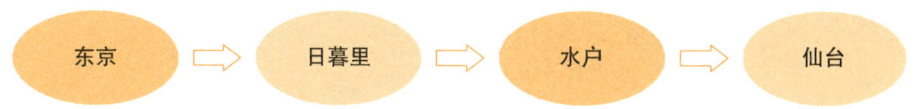

2. 品读交代地点的关键句,概括鲁迅留学日本时的思想发展历程。

(1) 东京也无非是这样。

比较:东京也是这样。

东京无非是这样。

东京也无非是这样。

对比品读,理解"也""无非"的言外之意。"也"照应鲁迅在东京时的所见所闻,通过写清国留学生赏樱花和学跳舞两件事,揭露了清国留学生不学无术、醉生梦死的生活状态。"无非",是"只不过"的意思,与"也"连用,强调此时的鲁迅是失望、痛苦、厌恶等多种复杂而沉重的心情交织在一起,点明了作者离开东京赴仙台见到藤野先生的缘由。

(2) 到别的地方去看看,如何呢?

读第 5 段,想一想:来到仙台的鲁迅,有怎样的所见所闻所感?

来到仙台,鲁迅受到了优待,许多日本朋友非常关心鲁迅在仙台的生活,但鲁迅对于这样的优待并不感激,体会鲁迅此处带有调侃的叙述——把受到的这种"优待"以白菜和芦荟自比,把这些关心幽默地统归为"大概是物以希为贵罢"。从这句幽默的自嘲中,流露出了作者作为一个弱国国民的辛酸和隐痛,这是一种家国愁思,是一种民族自尊心的表现。

(3) 到第二学年的终结,我便去寻藤野先生,告诉他我将不学医学,并且离开这仙台。

默读第 24—31 段,思考:匿名信事件、看电影事件这两件事给了鲁迅怎样的刺激?这和藤野先生有什么关系?

这两件事写出了鲁迅所处的社会背景——大多数日本人歧视中国人,中国人自己也麻木不仁,愚昧落后。从匿名信事件以后,鲁迅就有了弃医从文的念头,到了看电影事件得以爆发,作出了人生的重大选择。在这样的社会背景下,藤野先生则带给了青年鲁迅完全不一样的感受。

3. 绘制鲁迅的心理变化图。

▲ **活动设计三:藤野先生影响因子讨论会**

在鲁迅先生思想发展历程中,藤野先生的影响是一个绕不过去的存在,这些影响是多方面的。小组讨论,分析以下各事件分别对鲁迅有哪些影响?

1. 圈画表示时间、地点变化的词语,概括鲁迅与藤野先生交往的典型事件。

2. 小组讨论会:分析以上四件典型事件中藤野先生的形象特点及对作者的影响。

(1)添改讲义。

原文:从头到末,都用红笔添改过了,不但增加了许多脱漏的地方,连文法的错误,也都一一订正。这样一直继续到教完了他所担任的功课……

改文:从头到末,都用红笔添改过了,不但增加了许多脱漏的地方,而且订正了文法的错误。这样一直继续到教完了他所担任的功课……

改文中的"不但……而且……"是表示递进关系的一组关联词,在意义上表示更进一层,并无惊讶之感。原文中的"不但……连……也……"连缀前后句,"连……也……"带有一种惊讶意味。"我"当时的感受是"吃了一惊"中带有"不安"和"感激"。因为藤野先生只是鲁迅的医学老师,增加学生讲义脱漏的地方是职责所在,但是对于文法错误的订正是出乎鲁迅意料之外的,而且这种行为不是一次两次,而是"每一星期"一次,"一直继续到教完了他所担任的功课"。从中可以看出藤野先生严谨治学、认真负责的精神。在这一情节中,也穿插了"我"现在的新感受:"可惜我那时太不用功,有时也很任性",表达了"我"对当时行为的遗憾和自责,对刻画藤野先生的形象起到了有力的衬托作用。

(2)纠正解剖图。

原文:你看,你将这条血管移了一点位置了。——自然,这样一移,的确比较的好看些,然而解剖图不是美术,实物是那么样的,我们没法改换它。现在我给你改好了,以后你要全照着黑板上那样的画。

改文:你看,你将这条血管移了一点位置了。然而解剖图不是美术,实物是那么样的,我们没法改换它。现在我给你改好了,以后你要照着黑板上那样的画。

从原文的划线句中,可以看出藤野先生面对学生出现的错误,不是直接批评,而是委婉地指出问题,循循善诱,引导学生得到真正的理解。一个"全"字表现了藤野先生严肃、严厉、严谨的性格特点。

(3)关心解剖。

原文:听说中国人是很敬重鬼的。

改文:听说中国人是很迷信鬼的。

"敬重"是恭敬尊重的意思;"迷信"泛指盲目地信仰崇拜。藤野先生作为一个医学研究者,他是了解一点中国的文化的,在《谨忆周树人君》一文中,藤野先生有过这样的表述:"少年时期,有一位先生教过我汉文,我尊敬中国,也就觉得对那个国家的人也应该高看的。"藤野先生并没有直言迷信鬼这种行为是愚昧无知的,而是用"敬重"一词给予了充分的尊重,委婉地表达自己对学生的担心。"敬重"在这里是褒义词,从中可以看出藤野先生和鲁迅交往时的细心及对鲁迅的关心,他毫无民族偏见,能够真诚地尊重学生,尊重中国文化。

(4)了解裹脚。

原文:总要看一看才知道。究竟是怎么一回事呢?

改文:总要看一看才好。究竟是怎么一回事呢?

改文是原稿,教材里的版本是作者修改后的稿子。"好"字容易引起歧义,"知道"是对事物有所了解、认识,强调藤野先生严谨求实的精神。

(四)课堂小结

这节课,我们通过多项活动,了解了鲁迅在日本求学的主要经历,品味了鲁迅作品中简洁、犀利、幽默的语言特点,并通过概括、梳理典型事件,还原了鲁迅眼中藤野先生这一人物形象的主要特征——对待工作严谨、认真负责；对学生严格要求、循循善诱；为人体贴、尊重学生、尊重中国文化，没有民族偏见；治学严谨求实。

(五) 布置作业

1. "他的性格，在我的眼里和心里是伟大的"，请圈画相关的具体描述（至少两处），概括藤野先生的伟大之处。

2. 本文题为《藤野先生》，可作者用了大量篇幅写了看似和藤野先生无关的见闻和感受，请任选其中一处，旁批其作用。

第二课时

(一) 课时目标

分析鲁迅弃医从文的原因，感受鲁迅青年时代留学日本时的心路历程，体会其复杂情思。

(二) 导入

谈谈你对鲁迅弃医从文的认识。

(三) 活动设计

▲ 活动设计一：弃医从文"鱼骨图"

鲁迅最终弃医从文的原因很多，请根据课文内容绘制出一张鱼骨图，分析鲁迅弃医从文的各种原因。

★活动提示：

1. 匿名信事件、看电影事件对鲁迅有何影响？

2. 品味议论抒情句，感受藤野先生对鲁迅"弃医从文"的影响。

(1) 匿名信事件。

作者说"中国是弱国，所以中国人当然是低能儿，分数在 60 分以上，便不是自己的能力了"，前后句之间本不存在逻辑关系，却分别用"所以"和"便"连接，荒谬推理的背后满含着作者的激愤。匿名信事件，让鲁迅有了弃医从文的念头。

(2) 看电影事件。

"但偏有中国人夹在里边"，用"偏"字一方面写出中国人的悲惨境地，另一方面也流露出鲁迅的批评态度。"围着看的也是一群中国人"，说明麻木愚昧的不是个体,而是群体。"在讲堂里的还有一个我",这句话含蓄地表明了鲁迅目睹中国人群体麻木这一现状时的痛苦与悲愤。"呜呼,无法可想",直接抒发了鲁迅忧虑、痛苦且激愤的心情。匿名信事件让鲁迅有了弃医从文的念头,而看电影事件后,情绪的爆发使这一念头转变为行动。

(3) 藤野先生的影响。

藤野先生认真负责,严谨求实,对学生严格要求,尊重中国文化且没有狭隘的民族偏见,这深深影响了鲁迅。正因为藤野先生对鲁迅的关心乃至对中国的关心,所以鲁迅怀着深深的敬意,赞颂"他的性格,在我的眼里和心里是伟大的"。与藤野先生离别之后,鲁迅将藤野先生所改正的讲义订成三厚本,收藏着,作为永久的纪念;讲义不慎遗失,特意写信责成运送局去寻找;将藤野先生的照相挂在鲁迅寓居的东墙上,书桌对面,时不时仰面警醒自己,继续写作之路,写些为"正人君子"之流所深恶痛疾的文字。

(4) 鲁迅的爱国情怀。

"使我忽又良心发现","良心"指作者拯救祖国于水火之中的高度责任感与爱国情怀,"良心发现"意思是作者一想到藤野先生对自己的期待,对中国的希望,便受到鼓舞和激励,增加了拿起笔继续向黑暗作斗争的勇气。

▲ **活动设计二:制作知识卡片框**

1. 结合课后知识卡片框"许寿裳谈鲁迅'弃医从文'",深入理解鲁迅弃医从文的原因。

许寿裳谈鲁迅"弃医从文"

鲁迅在弘文学院的时候,常常和我讨论下列三个相关的大问题:

一、怎样才是最理想的人性?

二、中国国民性中最缺乏的是什么?

三、它的病根何在?

他对这三大问题的研究,毕生孜孜不懈,后来所以毅然决然放弃学医而从事于文艺运动,其目标之一,就是想解决这些问题,他知道即使不能骤然得到全部解决,也求于逐渐解决上有所贡献。因之,办杂志、译小说,主旨重在此;后半生的创作数百万言,主旨也重在此。

(摘自许寿裳《亡友鲁迅印象记》)

2. 依据课文和鲁迅的《自叙传略》,制作知识卡片框:我看鲁迅"弃医从文"。

"但待到在东京的豫备学校毕业,我已经决意要学医了。原因之一是因为我确知道了新的医学对于日本维新有很大的助力。我于是进了仙台医学专门学校,学了两年。这时正值俄日战争,我偶然在电影上看见一个中国人因做侦探而将被斩,因此又觉得在中国医好几个人也无用,还应该有较为广大的运动……先提倡新文艺。我便弃了学籍,再到东京,和几个朋友立了些小计划,但都陆续失败了。"

——鲁迅《自叙传略》

"弃医从文"是鲁迅一生中的重大转变,同样的一段经历,在鲁迅的作品中,以记叙和描写为主的《藤野先生》和以叙述为主的《自叙传略》是不同的。通过不同作品对同一段经历的叙述,以知识卡片框的形式梳理整合,可以加深对鲁迅这一人生选择的理解。

(三)课堂小结

鲁迅离开仙台后就与藤野先生失去了联系,但他始终没有忘记这位异国恩师。这节课,我们通过分析鲁迅弃医从文的原因,感受鲁迅青年时代留学日本时的心路历程,体会了他在这种特殊境遇下对藤野先生的景仰与感激,也感受到了作者那份强烈的爱国情怀。

(四)布置作业

1. 推荐阅读《〈呐喊〉自序》,加深对鲁迅"弃医从文"这一人生选择的理解。

2. 联系实际,说说鲁迅"弃医从文"这一人生选择带给你的启示,写一篇300字左右的短文。

7 回忆我的母亲

朱 德

一、教学目标与学习要素

(一) 教学目标

1. 梳理母亲一生中的典型事件,感受作者眼中平凡而又伟大的母亲形象。
2. 品味议论语句,体会作者对母亲的怀念、崇敬与赞美之情。

(二) 学习要素

1. 梳理回忆性散文中的典型事件来凸显客体整体形象。
2. 夹叙夹议——在叙事过程中穿插精当的议论,可以更好地表情达意。

二、文本解读

(一) 课文整体解析

1944年2月15日,朱德的母亲锺太夫人去世,得知母亲去世的消息后,朱德怀着悲痛的心情写下了这篇回忆性散文。1944年4月5日,以《母亲的回忆》为原题发表在《解放日报》上。1944年4月10日,延安各界隆重举行追悼八路军总司令朱德母亲锺太夫人的大会,中共中央的挽联是"八路功勋大孝为国,一生劳动吾党之光",毛泽东同志的挽联是"为母当学民族英雄贤母,斯人无愧劳动阶级完人"。

本文主要回忆了母亲生平的典型事件以及母亲对作者的教育和影响,赞颂了母亲勤劳俭朴、宽厚仁慈、坚韧顽强、深明大义的优秀品质,抒发了对母亲深深的怀念和无比崇敬之情,也赞美了中国千千万万平凡而伟大的劳动妇女,更表达了自己想要尽忠于民族和人民、尽忠于党来报答母亲深恩的决心。

全文按时间顺序叙述母亲的一生,以母亲勤劳的一生为主线,全文可以分为三部分:第一部分(第1段)总领全文,沉痛悼念母亲,高度概括母亲勤劳的一生,并引出对母亲的回忆。第二部分(第2段至第13段)对"很多事情"的具体回忆。第三部分(第14段至第17段)表达自己对母亲的深切怀念与无比崇敬之情。

文中回忆母亲的事情看起来很平凡,如煮饭、种田、喂猪、养蚕、纺纱、挑水、周济穷人等,实则非常典型,表现的是母亲作为"中国千万劳动人民中的一员"的本质特征。接着,作者从更广阔的社会背景中写母亲的伟大:从庚子年饥荒里的同情弱者,写到光绪年的送"我"科考;从反抗守旧思想,写到中国革命发展对"我"的影响;到后来抗战以后,母亲用实际行动支持"我"的事业。事事典型,件件入心,使一个平凡又伟大的母亲形象跃然纸上。

本文的写作特色是夹叙夹议,在叙事的过程中穿插着若干精当的议论,如:"这在母亲心里是多么惨痛悲哀和无可奈何的事情啊!"这句话中"多么"一词,饱含着母亲的心酸与无奈。一个"多么惨痛悲哀",一个"无可奈何",满含作者对母亲的理解和体谅。再如:"母亲是一个平凡的人,她只是中国千百万劳动人民中的一员,但是,正是这千百万人创造了和创造着中国的历史。"这句议论,点出了母亲的平凡与伟大,抒发了对母亲的无比崇敬之情,也抒发了对中国千千万万平凡而伟大的劳动人民的深情赞美。诸如此类的句子还有很多,夹叙夹议在文中起到了充分表情达意的作用。

(二) 重点语段细读

母亲一共生了十三个儿女。因为家境贫穷,无法全部养活,只留下了八个,以后再生下的被迫溺死了。这在母亲心里是多么惨痛悲哀和无可奈何的事情啊!

这几句平实的话蕴含着对旧社会的血泪控诉。在旧中国的农村,因为家境贫穷,无法养活所有孩子,朱家也不例外,这才被迫忍痛溺死五个孩子。这个事例揭示了旧中国千百万劳动妇女的悲惨境遇,是旧中国农村的缩影。一个"多么惨痛悲哀",一个"无可奈何",字字滴血,悲惨万状却又万般无奈,满含着作者对母亲的理解和体谅。

但是灾难不因为中国农民的和平就不降临到他们身上。庚子年(1900)前后,四川连年旱灾,很多的农民饥饿、破产,不得不成群结队地去"吃大户"。

在这里,"和平"指中国农民勤劳朴实、吃苦耐劳的品性。尽管遭受了严重、惨烈的灾难,灾难却不会因为他们的坚忍而放过他们。"不得不"是必须,指无法忍耐的饥饿、破产迫使他们不得已而成群结队去"吃大户"。这是最起码的自发的反抗行为,但连这样的行为也遭到血腥屠杀,反映出当时中国农民遭受沉重压迫、苦难深重的悲惨境状。

三、教学过程

第一课时

(一) 课时目标

梳理母亲一生中的典型事件,感受作者眼中平凡而又伟大的母亲形象。

(二) 导入

1944年4月10日,延安各界隆重举行追悼八路军总司令朱德的母亲锺太夫人的大会。毛泽东同志的挽联是"为母当学民族英雄贤母,斯人无愧劳动阶级完人"。想一想,为什么这位母亲能获得如此高的评价?

(三) 活动设计

▲ **活动设计一:母亲的事迹简史**

找出表示时间的词语,梳理典型事件,并概括每个典型事件中母亲的形象特征。

时间	事件
小时候	"好劳动""整日劳碌"
1895—1900年前后	遭遇退佃、搬家和天灾
1905年	节衣缩食,借钱供作者读书
1908年	支持、慰勉儿子参加新军和同盟会
1919年	继续劳动,直到最后
1924—1927年	独立支持一家人的生活
1937年	过着勤劳的农妇生活
1944年	86岁高龄仍不辍劳作

朱德小时候,母亲在他眼里是"好劳动"的,并且"整日劳碌着",母亲是勤劳简朴、任劳任怨的;1895—1900年前后,即便遭遇退佃、搬家和天灾,母亲也"没有灰心",反而对穷苦农民的同情和对为富不仁者的反感更强烈,可以看出母亲的宽厚仁慈、坚强不屈及朴素的阶级意识;1905年母亲节衣缩食,借钱供作者读书,可见母亲有着强烈的摆脱贫困和压迫的愿望;1908年母亲支持、慰勉作者参加新军和同盟会,反映出母亲的深明大义;1919年母亲在父亲去世之后继续在家坚持劳动,再次强调母亲的勤劳能干、热爱劳动;1924—1927年母亲独立支持一家人的生活,可以看出母亲的勤俭持家、深明大义;1937年母亲一直过着勤劳的农妇生活,在那个时候,母亲是理解党的困难的,也支持儿子革命;1944年母亲86岁高龄,临近生命的最后仍然不辍劳作,突出了爱劳动是贯穿母亲一生的美好品德。

▲ 活动设计二：小小辩论会

有人说,朱德母亲是一位平凡的母亲,有人说朱德母亲是一位伟大的母亲。你怎么看?朗读课文第3—13节,依据典型事例,说说你的观点。

正方 她是一位平凡的母亲	反方 她是一位伟大的母亲
典型事件1	典型事件1
典型事件2	典型事件2
典型事件3	典型事件3
……	……

辩论过程中,正反两方的理由要从相应语段中找出关键词句,抓住典型事件,进行品读赏析。"平凡"主要体现在勤劳质朴、聪明能干、宽厚仁慈等方面。"伟大"主要体现在意志坚强、有见识、理解儿子、深明大义等方面。正如文章结尾所说,"母亲是一个平凡的人,她只是中国千百万劳动人民中的一员,但是,正是这千百万人创造了和创造着中国的历史。"因此,朱德母亲首先是一个平凡的母亲,同时也是一个伟大的母亲。

(四) 课堂小结

本节课紧扣"平凡"和"伟大"两个词,主要通过辩论会的形式,概括了人物典型事件,梳理出朱德母亲"勤劳的一生",再现了朱德眼中母亲的形象。

(五) 布置作业

1. 拓展阅读《朱德自述》第一章节,理解母亲对朱德的影响。
2. 1944年4月5日,本文以《母亲的回忆》为原题发表在《解放日报》上,教材中标题改为《回忆我的母亲》,你更喜欢哪个题目,请结合文章内容,写出你的理由。

第二课时

(一) 课时目标

品味议论语句,体会作者对母亲的怀念、崇敬与赞美之情。

(二) 导入

朱德母亲锺太夫人的追悼大会上,灵堂布置庄严肃穆,灵幕上高悬"精神不朽"的红旗。刘少奇、周恩来等同志的挽联是"教子成民族英雄,举世共钦贤母范;毕生为劳动妇女,故乡永保好家风"。对于朱德来说,母亲既是一个平凡的女人,更是一个伟大的母亲。

(三) 活动设计

▲ 活动设计一:小小朗读者

1. 选择课文或是《朱德自述》节选中让你感受最深的部分,有感情地朗读给同学听。

2. 分享自己的阅读感受,谈谈母亲对朱德的影响,初步体会朱德的情思。

▲ 活动设计二:撰写墓志铭

朱德母亲既是一个平凡的母亲,又是一个伟大的母亲。请结合文中议论抒情句,以朱德的口吻,为其母亲撰写墓志铭。

1. 搜集资料,制作简要墓志铭知识卡片框。

> **墓 志 铭**
>
> 墓志铭是一种悼念性的文体,用于埋葬死者时,刻在石上,埋于墓中。"志"是用来叙述逝者姓名、籍贯、生平事略;"铭"是对逝者一生的评价或表达对死者的悼念和赞颂。

2. 根据课文内容和"活动设计一",用思维导图的形式填写墓志铭的"志"。

姓名:＿＿＿＿＿＿＿＿＿＿＿＿＿＿＿＿＿＿＿＿＿＿＿＿
籍贯:＿＿＿＿＿＿＿＿＿＿＿＿＿＿＿＿＿＿＿＿＿＿＿＿
生平事略:＿＿＿＿＿＿＿＿＿＿＿＿＿＿＿＿＿＿＿＿＿
＿＿＿＿＿＿＿＿＿＿＿＿＿＿＿＿＿＿＿＿＿

3. 品味文中议论语句，撰写墓志铭的"铭"。

（1）圈画并分析文中的议论语句。

（2）结合议论语句，以朱德的口吻，撰写墓志铭的"铭"，写出朱德对其母亲一生的评价或者表达对母亲的悼念和赞颂。

本文以记叙为主，同时穿插着若干议论性语句，如："母亲是个好劳动"，这句议论总领第4段，直接点出母亲的勤劳能干，接着叙述了母亲日常要做的很多事情。"母亲最大的特点是一生不曾脱离过劳动"，既是对前面的很多事情的总的概括，同时呼应开头"特别是她勤劳一生"，表明至此结束了对往事的回忆。再如："母亲是一个平凡的人，她只是中国千百万劳动人民中的一员，但是，正是这千百万人创造了和创造着中国的历史"，这句议论，点出了母亲的平凡与伟大，抒发了对母亲的无比崇敬之情，也抒发了对中国千千万万平凡而伟大的劳动人民的深情礼赞。诸如此类的议论句还有很多，如："母亲教给我许多生产知识""母亲沉痛的三言两语的诉说以及我亲眼见到的许多不平事实，启发了我幼年时期反抗压迫追求光明的思想，使我决心寻找新的生活""母亲，她教给我与困难做斗争的经验""母亲又给我一个强健的身体，一个勤劳的习惯，使我从来没感到过劳累"等，在回忆母亲的叙述中，穿插着精当的议论，这些议论句或是朱德对其母亲一生的评价，或是表达其对母亲的怀念、崇敬与赞美之情，更是对中国千千万万平凡而伟大的劳动妇女的深情礼赞，以及自己想要尽忠于民族和人民，尽忠于党来报答母亲深恩的决心。

（四）课堂小结

本节课通过品味议论语句，体会了朱德对母亲的怀念、崇敬与赞美，对中国千千万万平凡而伟大的劳动妇女的深情礼赞，以及自己想要尽忠于民族和人民，尽忠于党来报答母亲深恩的决心。

（五）布置作业

比较阅读邹韬奋《我的母亲》、老舍《我的母亲》，自行设计个性化的表格，呈现不同作者笔下母亲形象及作品语言风格等方面的特色。

8　列夫·托尔斯泰

茨威格

一、教学目标与学习要素

(一) 教学目标

1. 品味文章精巧的设喻,把握传主托尔斯泰的形象。
2. 理解欲扬先抑的写作手法,体会传记作者茨威格的情思。

(二) 学习要素

1. 精巧的设喻生动形象地表现了传主的形象特点。
2. 欲扬先抑的写作手法有利于传记作者表达对传主的情感。

二、教学建议

这是一篇人物传记。作者茨威格以饱含崇敬、赞美之情的笔触,刻画了传主托尔斯泰平庸普通的长相和深邃伟大的灵魂世界。文章设喻精巧,运用了欲扬先抑的写作手法,制造出一种巨大的反差,给读者以强烈震撼:前半部分层层铺陈,反复渲染托尔斯泰长相的平庸普通;后半部分聚焦托尔斯泰的眼睛,渲染其目光敏锐、极富洞察力的特点,展示出他"天才灵魂"的深邃、伟大。

因此,学习本文,不仅要品味设喻的精巧,更要体会欲扬先抑的写作手法,感受托尔斯泰"天才灵魂"的非凡之处,体会茨威格对他的赞美、仰慕、崇敬之情。

三、教学过程

(一) 导入

欣赏课文插图《列夫·托尔斯泰》,说说这幅肖像画中让你印象最深刻的地方,谈谈你的感受。

(二) 活动设计

▲ 活动设计一:肖像大扫描

圈出各段的描写对象,借助思维导图提炼茨威格笔下托尔斯泰肖像描写的主要内容。

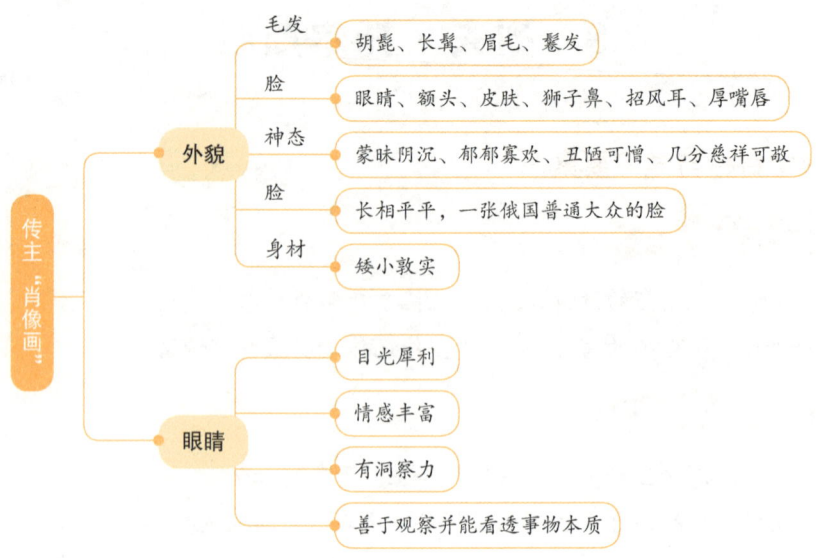

▲ 活动设计二：一"鸣"惊人

1. 借思维导图还原外貌描写中的喻体，把握惊人之语中体现出的人物特征。

他生就一副多毛的脸庞，植被多于空地，浓密的胡髭使人难以看清他的内心世界。长髯覆盖了两颊，遮住了嘴唇，遮住了皱似树皮的黝黑脸膛，一根根迎风飘动，颇有长者风度。宽约一指的眉毛像纠缠不清的树根，朝上倒竖。一绺绺灰白的鬈发像泡沫一样堆在额头上。不管从哪个角度看，你都能见到热带森林般茂密的须发。像米开朗琪罗画的摩西一样，托尔斯泰给人留下的难忘形象，来源于他那犹如卷起的滔滔白浪的大胡子。

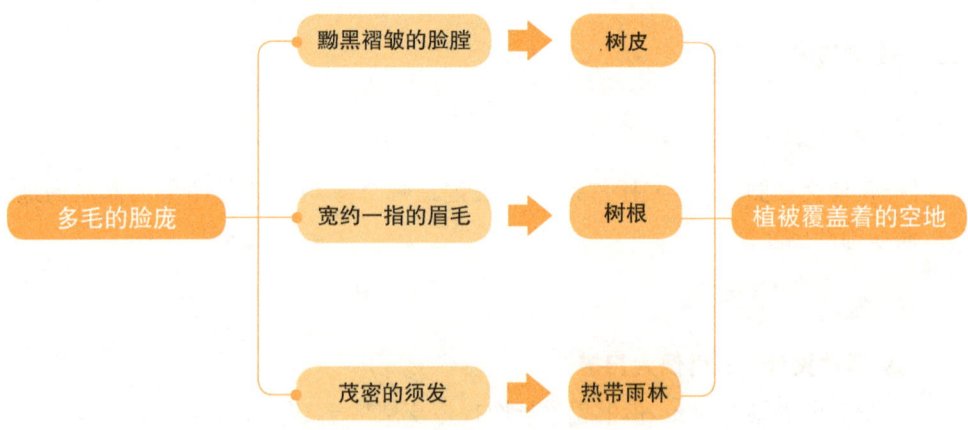

这里将托尔斯泰多毛的脸庞比作植被覆盖着的空地，紧接着又将脸庞中的脸膛、眉毛、须发作为本体，将"空地"中的树皮、树根、热带雨林依次当作喻体。新奇的惊人比喻，极力渲染了托尔斯泰脸庞的普通、丑陋、粗鄙。

2. 学以致用：请品味"脸"与"低矮的陋屋"这一组新奇比喻的表达效果。

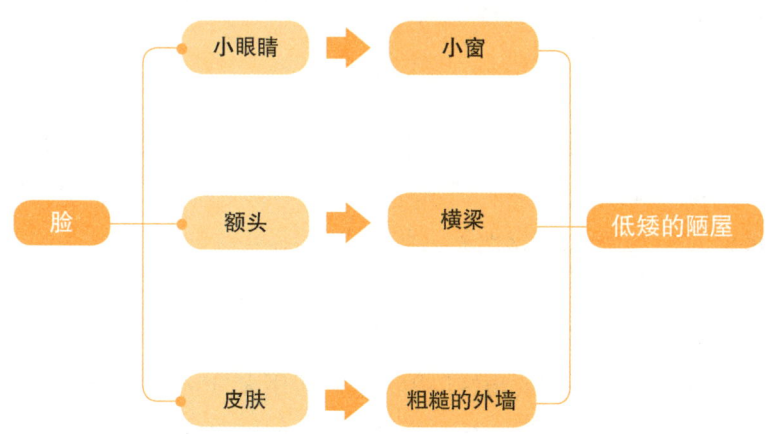

3. 聚焦"眼睛"探究人物性情。

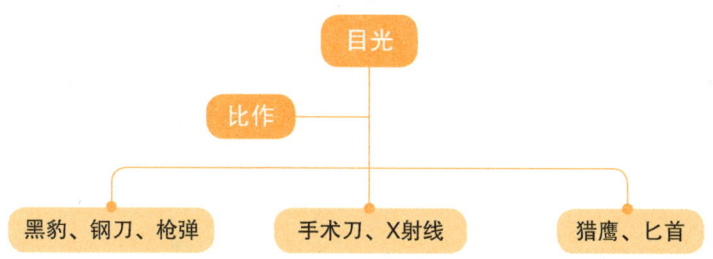

作者从不同角度对传主的目光反复设喻，喻体层层叠加，极力渲染出托尔斯泰目光的犀利、敏锐、极富洞察力的特点，展示出他"天才灵魂"的深邃与伟大。

▲ **活动设计三：独具"匠"心**

1. 大家说：我所了解的托尔斯泰。

托尔斯泰想解放农奴，但农奴不接受；他厌恶农奴制，却又为地主的土地忧虑；他看到沙皇改革的虚伪，却又反对革命消灭农奴制；他同情农民，却招致农奴主敌视……

2. 我来想：材料组合的独特之处？

> 第1—5段：反复渲染传主长相平庸普通，甚至丑陋粗鄙。
> 第6—9段：渲染传主目光敏锐、极富洞察力，凸显其"天才灵魂"深邃、伟大的一面。

前半部分（第1—5段）具体描写了托尔斯泰的毛发、脸、神态、身材，反复渲染托尔斯泰长相的平庸普通，甚至丑陋粗鄙。后半部分（第6—9段）聚焦托尔斯泰的眼睛，渲染其目光敏锐、极富洞察力的特点，凸显传主"天才灵魂"深邃、伟大的一面。

3. 齐探究：作者为什么要这样组合材料？

这是欲扬先抑写作手法的巧妙运用。作者运用大量新奇的比喻，极力表现托尔斯泰长相的平庸普通，这既是对他外貌做真实的刻画，也是为了说明他是俄国人民大众的普通一员。作者极尽铺陈，渲染托尔斯泰外貌的丑陋，不仅没有损害他的形象，反而衬托出他灵魂的高贵，反衬他的眼睛犀利、敏锐、极富洞察力的特点，而这种洞察力往往是"能够看清真相的人"。托尔斯泰看透了暴政、丑恶、虚伪和苦难，也看清了造成人间种种罪恶的原因，并用尽毕生努力去改变它，但总是事与愿违，这才是最大的痛苦。字里行间，洋溢着作者茨威格对传主托尔斯泰的崇敬与赞美之情。

（三）课堂小结

茨威格没见过托尔斯泰，仅仅根据史料、画像写出了这篇作品。全文运用欲扬先抑的写作手法，借用新奇的比喻，将外貌平庸丑陋与目光的犀利敏锐进行对比，突出传主托尔斯泰高贵的灵魂与崇高的品质，表达了作者对传主的仰慕与崇敬之情。

（四）布置作业

推荐阅读《世间最美的坟墓》一文，感受茨威格对列夫·托尔斯泰的崇敬之情。

9　美丽的颜色

艾芙·居里

一、教学目标与学习要素

（一）教学目标

1. 梳理典型事件，感受居里夫人对科学的热爱与执着的探索精神。
2. 朗读文中引用的居里夫人信札内容及原话，理解其增强传记真实性的作用。
3. 品味关键词"美丽的颜色"，把握题目的内涵。

（二）学习要素

1. 梳理典型事件刻画传主形象。
2. 理解引用的作用——叙述与引用结合能增强传记文学真实性的特点。

二、教学建议

本文是一篇人物传记，传主是先后两次分获诺贝尔物理学奖和化学奖的居里夫人。文章以居里夫人的次女艾芙·居里的视角，记述了居里夫妇在艰苦的环境中用四年时间提取镭的艰辛过程。文中大量引用了传主自己的信札和日记中的原话，直接展示了传主的心理感受，增强了传记的真实性。学习本文，要通过概括典型事件了解居里夫妇科学研究的艰辛过程，感受传主的人格魅力；更要结合细节描写，把握"美丽的颜色"的深层次含义，体会本文含蓄优美的语言风格。

三、教学过程

（一）导入：百家小讲坛

学生交流关于居里夫人科研、生活的有关资料或小故事。

（二）活动设计

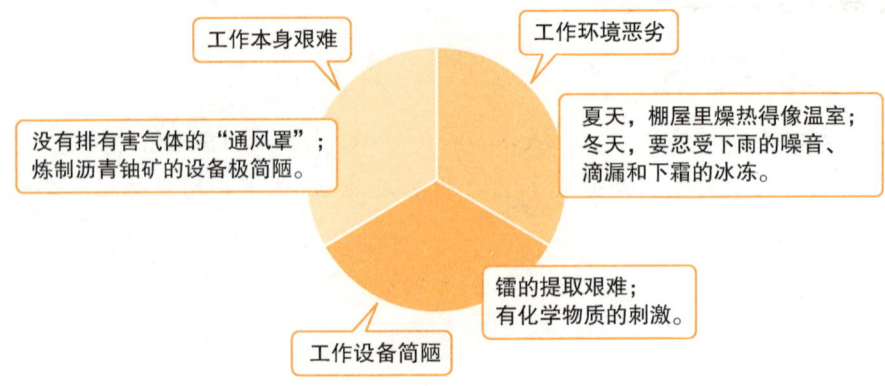

居里夫妇提取镭的艰苦过程

▲ **活动设计一：填图识艰苦**

文章记叙了居里夫妇用了四年时间提取镭的艰苦过程，请结合文中引用的居里夫人信札内容和日记中的原话，圈画出体现"艰苦"之处，并分类梳理"艰苦"的具体内容。

▲ **活动设计二："美丽多棱镜"——勾画美丽的多个侧面**

1. 勾画带有"美丽的颜色"这五个字的句子。
2. 联系前后文语境，分角色朗读。
3. 说说"美丽的颜色"之内涵。

第18段：这个物理学家和颜悦色地回答："我不知道……你可以想到，我希望它有很美丽的颜色。"

第21段：玛丽说："不要点灯！"接着轻轻地笑了笑，再说："你记得你对我说'我希望它有很美丽的颜色'的那一天吗？"

第22段：镭不只有"美丽的颜色"，它还自动发光！

"美丽的颜色"作为文章的线索在文中多次出现，有着双重内涵。一方面，"美丽的颜色"指居里夫人发现的镭的颜色之美，"它们那些略带蓝色荧光的轮廓闪耀着，悬在夜的黑暗中"；另一方面，"美丽的颜色"指居里夫妇对镭的热爱以及在艰苦过程中执着的探索精神。尽管工作环境恶劣、工作设备简陋、工作本身艰难，居里夫妇未曾停下研究的脚步。新领域中的发现、科学研究上的探索、"意外发现"的惊喜，是他们快乐的来源。作为科学家，他们热爱科学、严谨治学，对科学的追求执着而又乐观,他们的灵魂有着"美丽的颜色"。

在勾画美丽的多个侧面时,多次引用居里夫人信札内容和日记中的原话,增强了传记文的可信度和真实性,也使得读者更加近距离地贴合居里夫人的内心世界,感受到居里夫人对科学的热爱与执着探索的精神。

(三)课堂小结

这节课我们通过梳理居里夫妇发现镭的过程,体会了其中的艰苦与快乐,感受到传主崇高的人格魅力;通过品读关键词"美丽的颜色",进一步理解科学家的坚守与乐观。同时,这篇传记多处引用居里夫人自己的话,增强了传记内容的可信度和真实性,使读者更加近距离地贴合居里夫人的内心世界,引起读者群体的共鸣。

(四)布置作业

本文为节选内容,原标题为"伟大的发现",编者将其改为"美丽的颜色",你更喜欢哪个题目?为什么?

写作　学写传记

一、教学目标与学习要素

（一）教学目标

1. 分析助读材料，提炼传记写作内容。
2. 通过列举典型事件，运用时间顺序，借助生动语言，把握传记写作思路。

（二）学习要素

人物传记写作思路——运用时间顺序，列举典型事件，借助生动语言，表现人物特点。

二、教学建议

传记是对人物的生平事迹进行系统记述的一种文章体裁。传记的基本特点：内容真实、事件典型、注重细节描写等。同时，传记作者在记述传主主要事迹的过程中，会发挥想象，渗透自己的某些情感或推断。因此，写传记时，要确保文中涉及传主的基本情况必须是准确的，所引用的传主资料要确保真实可信；在记叙传主的个人经历时，要通过典型事件的描述来具体表现人物言行；与此同时，作者还可以发挥合理想象，填补事实的空隙，生动传神地表现人物特征或精神品质。

三、教学过程

（一）导入：传记知识提炼炉

请结合本单元学过的两篇传记，复习归纳传记特点。

1. 《列夫·托尔斯泰》：
(1) 肖像描写。
(2) 欲扬先抑。
(3) 设喻精巧。
2. 《美丽的颜色》：
(1) 典型事件。

(2) 细节描写。

(3) 资料引用。

（二）活动设计

▲ 活动设计一：传记材料来助攻

老舍在《著者略历》这篇传记中这样写道：

舒舍予，字老舍，现年四十岁，面黄无须。生于北平，三岁失怙，可谓无父。志学之年，帝王不存，可谓无君。无父无君，特别孝爱老母，布尔乔亚之仁未能一扫空也。幼读三百千，不求甚解。继学师范，遂奠教书匠之基。及壮，糊口四方，教书为业，甚难发财；每购奖券，以得末彩为荣，示甘于寒贱也。二十七岁，发愤著书，科学哲学无所懂，故写小说，博大家一笑，没什么了不得。三十四岁结婚，今已有一女一男，均狡猾可喜。闲时喜养花，不得其法，每每有叶无花，亦不忍弃。书无所不读，全无所获，并不着急。教书做事，均甚认真，往往吃亏，亦不后悔。如是而已，再活四十年也许能有点出息！

1. 默读材料，圈画出表示时间的词语。
2. 小组讨论，用思维导图的形式提炼小传内容。

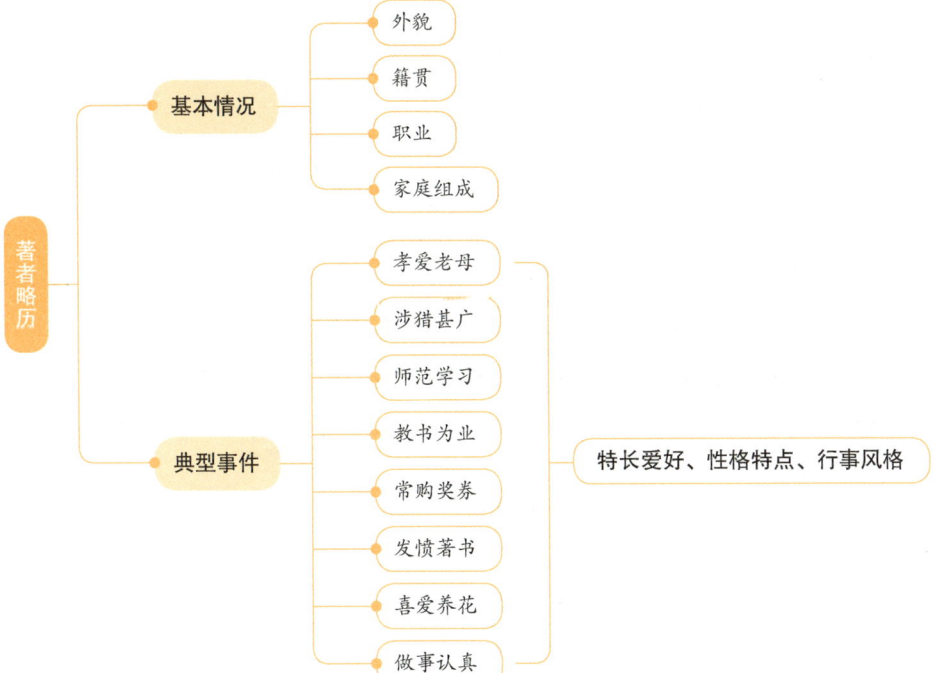

3. 品读材料,总结语言特点。

这篇传记运用大量四字词语,读来琅琅上口;在记述典型事件时,以时间为序,语言幽默生动,极富表现力。内容全面充实而又重点突出,详略分明,字里行间流露出老舍谦逊风趣的特点。

▲ **活动设计二:传记写作知识树**

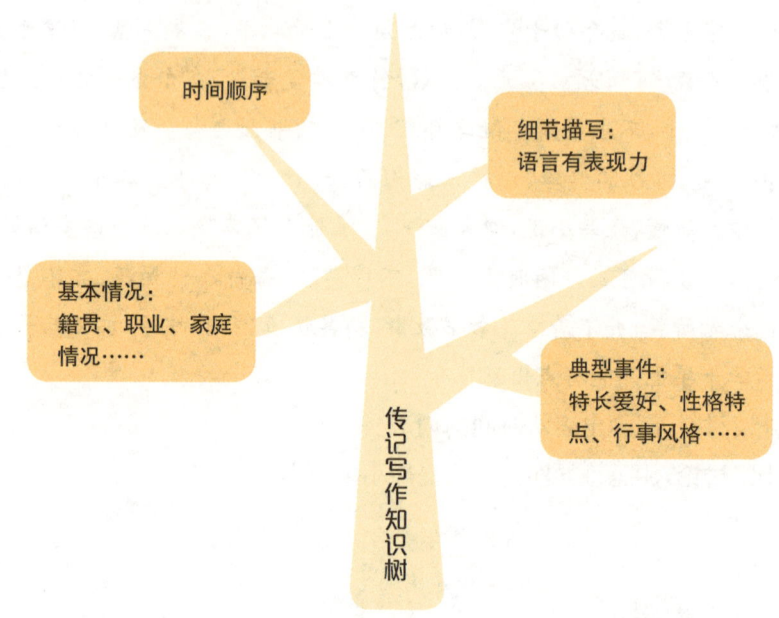

(三) 课堂小结

这节课,我们结合本单元学过的两篇人物传记,归纳了人物传记的一般共同点:内容真实、事件典型、注重细节描写、采用时间顺序、体现人物特点。通过助读材料来提炼人物传记的主要内容,而绘制"传记写作知识树"则明确了传记写作一般思路,这些活动为同学们写作传记从知识和方法两方面提供了有力支撑。

(四) 布置作业

运用所学方法,为自己写一则小传。

综合性学习 人无信不立

一、教学目标与学习要素

(一) 教学目标

1. 搜集有关"信"的名人逸事、经典论述等,探究"信"的现代意义。
2. 撰写诚信人物故事,开展诚信主题演讲。

(二) 学习要素

主题演讲——围绕主题,结合生活中的具体事例,探究其背后意义,提高口语交际能力。

二、教学建议

本单元的学习主题是回忆性散文和人物传记,都以记人为主,记述了作者眼中一个重要的人物。单元中的综合性学习主题为"人无信不立",可以与单元学习有机整合在一起。"人无信不立"这一传统文化命题,八年级的学生对于"信"的表层含义应有一定基本的认知,但对于"信"的传统内涵和现代意义,"信"对于个人、社会、国家的重要性等方面的认知还不够深入、理性,这也正是本单元综合性学习独特的意义和价值所在。因此,结合本单元的学习主题,可以开展如下活动:通过搜集有关"信"的名人逸事等活动来理解"信"的现代意义;聚焦典型事件,讲述身边的诚信故事,开展诚信主题演讲。

三、教学过程

(一) 导入:百家小讲坛

分享交流有关"信"的名言警句、名人逸事、成语故事及其他经典论述。

(二) 活动设计

▲ **活动设计一:诚信分类站**

1. 搜集有关"信"的名人逸事、经典论述等,将资料按类别分为"交友之信""经商之信""国家之信"。

2. 思考:"信"对于个人、社会、国家有怎样的重要意义?

▲ 活动设计二:诚信人物故事会

1. 寻找守信之人,搜集身边人的诚信故事。
2. 抓住典型事件,刻画诚信人物,撰写诚信故事。
3. 开展诚信主题演讲。

结合本单元所学刻画人物的方法,聚焦典型事件,撰写诚信故事,刻画诚信人物;同时,开展诚信主题演讲,加强学生的口语交际能力。

演讲时要注意四个方面:

(1)演讲内容:聚焦诚信人物典型事件;贴近生活,富有鲜明的时代感;行文流畅,结构完整合理。

(2)表达:观点鲜明,重点突出;适应口头表达需要;多使用常用词语。

(3)体态语:体态自然;与观众的目光交流;表情管理;手势语言辅助。

(4)发音:吐字清晰,发音准确;音量合适,音调自然;恰当使用重音,表情达意。

(三)课堂小结

人无信不立,"信"是立身之本、交友之道、经商之魂、为政之要。诚信做人,讲求信用,就要理解"信"的传统内涵和现代意义,更要从生活中的一点一滴开始做起。践行诚信,应成为每个同学的人生准则。

(四)布置作业

联系身边或社会上一些不讲诚信的事情,如考试作弊、借钱不还、制售假冒伪劣商品等。请以"诚信缺失之我见"为题,写一篇300字左右的短文。

单元练习

一、试题举隅

1. 藤野先生只是仙台医学专门学校的一位普通老师,为什么在鲁迅眼里和心里却是伟大的?

2. 在《藤野先生》匿名信事件中,作者写道:"中国是弱国,所以中国人当然是低能儿。""弱国"和"低能儿"之间本无因果关系,此处逻辑是否存在问题?为什么?

3. 在《回忆我的母亲》后半部分中,作者反复强调"我应该感谢母亲",请结合课文具体内容,说说"我"从"母亲"身上得到了哪些教益。

4. 在《美丽的颜色》中,作者多次引用了居里夫人自己的话,请结合文章第6段,说说其表达效果。

5. 在《列夫·托尔斯泰》中,作者写道:"具有这种犀利眼光,能够看清真相的人,可以任意支配整个世界及其知识财富。作为一个始终具有善于观察并能看透事物本质的眼光的人,他肯定缺少一样东西,那就是属于自己的那一份幸福。"结合全文,下列对这句话的理解表述错误的一项是( )

A. 既赞美了托尔斯泰犀利的眼光,同时也揭示了他人生的不幸。
B. 说明了托尔斯泰是因遭到敌对势力的反击,一生才无法过上幸福的生活。
C. 表达了作者对托尔斯泰的崇敬之情。
D. 托尔斯泰看透了暴政、丑恶、虚伪和苦难,想改变却总是事与愿违,这令他非常痛苦。

二、综合阅读

自叙传略

鲁 迅

① 我于一八八一年生于浙江省绍兴府城里的一家姓周的家里。父亲是读书的;母亲姓鲁,乡下人,她以自修得到能够看书的学力。听人说,在我幼小时候,家里还有四五十亩水田,并不很愁生计。但到我十三岁时,我家忽而遭了一场很大的变故,几乎什么也没有了;我寄住在一个亲戚家里,有时还被称为乞食者。我于是决心回家,而我的父亲又生了重病,约有三年多,死去了。我渐至于连极少的学费也无法可想;我的母亲便给我筹办了一点旅费,教我去寻无需学费的学校去,因为我总不肯学做幕友或商人,——这是我乡衰落了的读书人家子弟所常走的两条路。

② 其时我是十八岁,便旅行到南京,考入水师学堂了,分在机关科。大约过了半年,我又走出,改进矿路学堂去学开矿,毕业之后,即被派往日本去留学。但待到在东京的豫备学校毕业,我已经决意要学医了。原因之一是因为我确知道了新的医学对于日本维新有很大的助力。我于是进了仙台医学专门学校,学了两年。这时正值俄日战争,我偶然在电影上看见一个中国人因做侦探而将被斩,因此又觉得在中国医好几个人也无用,还应该有较为广大的运动……先提倡新文艺。我便弃了学籍,再到东京,和几个朋友立了些小计划,但都陆续失败了。我又想往德国去,也失败了。终于,因为我的母亲和几个别的人很希望我有经济上的帮助,我便回到中国来;这时我是二十九岁。

③ 我一回国,就在浙江杭州的两级师范学堂做化学和生理学教员,第二年就走出,到绍兴中学堂去做教务长,第三年又走出,没有地方可去,想在一个书店去做编译员,到底被拒绝了。但革命也就发生,绍兴光复后,我做了师范学校的校长。革命政府在南京成立,教育部长招我去做部员,移入北京;后来又兼做北京大学,师范大学,女子师范大学的国文系讲师。到一九二六年,有几个学者到段祺瑞政府去告密,说我不好,要捕拿我,我便因了朋友林语堂的帮助逃到厦门,去做厦门大学教授,十二月走出,到广东做了中山大学教授,四月辞职,九月出广东,一直住在上海。

④ 我在留学时候,只在杂志上登过几篇不好的文章。初做小说是一九一八

年,因为一个朋友钱玄同的劝告,做来登在《新青年》上的。这时才用"鲁迅"的笔名;也常用别的名字做一点短论。现在汇印成书的有两本短篇小说集:《呐喊》,《彷徨》。一本论文,一本回忆记,一本散文诗,四本短评。别的,除翻译不计外,印成的又有一本《中国小说史略》,和一本编定的《唐宋传奇集》。

一九三〇年五月十六日

(有删改)

1. 阅读全文,完成下列表格。

时间	典型事件
"我"十三岁	家中遭遇变故
"我"十八岁	① _____
② _____	日本留学
东京预备学校毕业后	③ _____
学医两年后	④ _____
回国后	做过学校教员、教务长、讲师、教授等

2. 第①段划线句中的加点词"寄住"能否改为"居住",为什么?

3. 请结合文中鲁迅决意学医以及弃医从文事件,谈谈你对鲁迅人生道路选择的看法。

解析

一、试题举隅

1. 在与藤野先生的交往中,藤野先生治学严谨求实、认真负责;对学生严格要求、循循善诱;为人体贴、尊重学生、尊重中国文化,没有狭隘的民族偏见。在当时的社会背景下,藤野先生的这些性格特点和精神品质是难能可贵的。因此,在鲁迅的眼里和心里是伟大的。

2. 作者在"中国人"前面加上"所以",并用"当然"来强调,揭露这种荒谬逻辑,表达了对这种谬论的愤慨和抨击,流露出作者在遭受凌辱后极为心酸和愤懑的心情。

3. 母亲勤劳吃苦,"我"从小耳濡目染,帮她劳作,拥有一个强健的身体;母亲任劳任怨,教"我"养成勤劳的习惯,也教"我"生产的知识;母亲聪明能干,教会"我"与困难做斗争的经验;母亲反抗压迫,支持革命,对"我"走上革命道路的坚定支持,让"我"拥有了革命的意志。

4. 第6段引用传主自己的话,直接点明传主并未把艰苦的工作条件放在眼里,她认为这是"生活中最美好而且最快乐的几年",是两人共同生活中的"英勇时期",揭示了传主居里夫人对科学的热爱。通过引用资料,展示出传主居里夫人的心理感受,增强了叙事的真实性;同时变换了叙述节奏,使文章更加生动。

5. B

二、综合阅读

1. ① 考入水师学堂机关科 ② 矿路学堂毕业后 ③ 决意要学医,进入仙台医学专门学校 ④ 弃医从文,提倡新文艺

2. "寄住"是"暂时借住"的意思,含有依附别人、依附别的地方的意味。"寄住"写出了鲁迅因遭家庭变故,经济困难而不得不依附亲戚,与后文"乞食者"相呼应,表达鲁迅的心酸与无奈。

3. 从文中看,鲁迅决意学医的原因之一是因为知道了新的医学对于日本维新有很大的助力,于是进了仙台医学专门学校,学了两年。决定弃医从文是因为偶然在电影上看见一个中国人因做侦探而将被斩,因此又觉得在中国医好几个人也无用,还应该有较为广大的运动……先提倡新文艺。鲁迅这两次人生道路选择的背后都源于他渴望拯救祖国于水火之中的高度责任感与爱国情怀。

第三单元

单元教学目标

1. 积累常见文言实词、虚词,感知古诗文内容。
2. 学习多角度描写景物的方法,感受山川风物的灵秀之美。
3. 反复朗读,领略诗文意境,体会作者寄寓其中的情怀。

单元内容框架

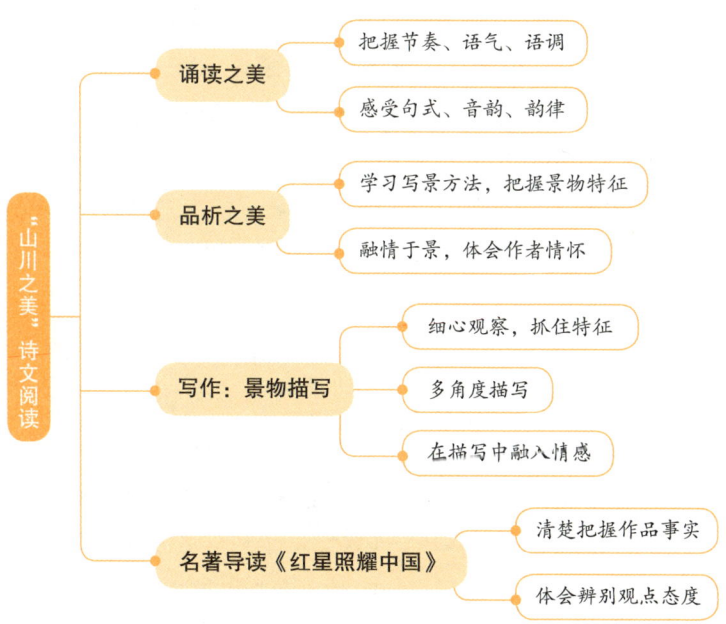

单元设计说明

本单元所选文本,包括四篇散文,五首古诗,均是以山水之美为主题的优秀古诗文。这些诗文既有对山水美景的描写,也寄寓了作者丰富的内心情感,极富表现力,具有很高的审美价值。

郦道元的《三峡》,不仅有地理学家的视角,还有文学家的才思,文章结构清晰有序,语言简洁优美,生动地写出了三峡雄伟秀丽的景色。《短文二篇》包括《答谢中书书》和《记承天寺夜游》,内容重点不同,风格不同,写法亦不同。《答谢中书书》是陶弘景写给友人书信中的一部分,极尽描绘了"山川之美",表达了作者陶醉于美景之中的怡然之情。《记承天寺夜游》是苏轼被贬到黄州第四年所写,主要写和朋友欣赏月下美景,抒发作者的复杂心绪。吴均的《与朱元思书》是给友人书信的一部分,描写了作者游富春江之所见,写景角度多样,方法多种,表现出作者归隐山水、享受自然的美好愿望。

《唐诗五首》中,《野望》通过描写田园风光,表达了诗人落寞、孤独、苦闷的内心世界;《黄鹤楼》通过诗人在异乡登楼的所见所思,抒发对家乡的思念之情;《使至塞上》抓住了塞外风光雄浑壮阔的特点,表现出作者旷达慷慨的胸襟;《渡荆门送别》描写诗人辞家远游中所见之景,表达出对故乡的惜别之情;《钱塘湖春行》借诗人骑马踏春中见到的早春景象,抒发内心的欢愉之情。五首诗融叙事、描写、抒情为一体,无论遣词造句,还是意境格调,各有千秋,值得细加品味。

本单元写作训练的主题为"学习描写景物",重点落在抓住景物特征,学会多角度描写,并在描写中融入情感。在古诗文学习中融入相应的写景训练,能为本次写作训练奠定厚实的基础。本单元安排了整本书阅读《红星照耀中国》,纪实作品阅读中老师的方法指导是要点,学生的阅读活动开展是重点,可让学生选择相关专题进行针对性阅读并制作幻灯片交流,或者组织学生进行主题辩论等。总之,整本书阅读须以丰富的阅读活动来促进学生进入作品,才能实现深度阅读。

10 三峡

郦道元

一、教学目标与学习要素

(一) 教学目标

1. 反复诵读,疏通文意,感受三峡雄伟壮丽之美。
2. 赏析文中简洁生动的写景语句,理解作者陶醉于美景的情感。

(二) 学习要素

1. 掌握朗读中的节奏、重音、语气、语速,体会景物描写中的画面感。
2. 生动的景物描写中寄寓着作者丰富的情感。

二、文本解读

(一) 课文整体解析

本文为北魏地理学家郦道元给《水经》所作注释中关于三峡的一段,从文学性看,也不失为一篇古代写景典范佳作。作者抓住三峡景物的特点,描写三峡雄伟的山势和秀丽的景色,笔法凝练生动。

文章的第一段先写山势。七百里中,"两岸连山,略无阙处",写山势连绵不断。再写山之高耸,"重岩叠嶂,隐天蔽日",以致"自非亭午夜分,不见曦月",这里运用侧面描写,用遮天蔽日不见日月,来烘托山之高峻。

第二段转写水势。"夏水襄陵,沿溯阻绝",写水势之盛大;"虽乘奔御风,不以疾也",以"乘奔""御风"和水流加以比较,突出了水流之迅疾。而"朝发白帝,暮到江陵"两句,借朝发夕至,一泻千里,进一步突显出水势之盛大与水流之迅疾。

第三段写春冬三峡之景。相对于夏季而言,春冬较为平静。"素湍绿潭,回清倒影",写出了水的颜色之美和清澈见底;"多生怪柏""悬泉瀑布"写出了山上树木形态怪异和泉流瀑布随处可见。三峡景色之独特,意趣之丰富,跃然纸上。

最后一段写三峡"晴初霜旦"时节的萧瑟悲凉。除了"林寒涧肃",还有"高猿长啸""哀转久绝",短短几句,道出了深秋时节三峡的肃杀之气与凄凉感伤的氛围。最后借渔人歌谣来侧面烘托,将这种感伤之情推向了顶点,创造出强烈的艺术效果,使人震撼。

(二) 重点语段细读

1. 至于夏水襄陵,沿溯阻绝。或王命急宣,有时朝发白帝,暮到江陵,其间千二百里,虽乘奔御风,不以疾也。

本段先写夏水之多,"夏水襄陵"属于正面描写。夏季雨期到来,水势上涨,吞没山陵,一个"襄"字,让人看到了水以汹涌之势迎面而来,极富有力量感。其次写夏水之迅疾,主要运用侧面描写,通过王命急宣、水推船行、朝发白帝城、暮至江陵边的描述,衬托出了江流之急。以"乘奔""御风"和水流加以比较,竟"不以疾也",更是突出了三峡夏季水流湍急、一泻千里的气势与速度。

2. 春冬之时,则素湍绿潭,回清倒影,绝巘多生怪柏,悬泉瀑布,飞漱其间,清荣峻茂,良多趣味。

"素湍绿潭"两种颜色写出了水的两种状态。流水击石溅起白色的浪花,静水积潭像一块碧绿的翡翠,一动一静,自然交融。再看"绝巘多生怪柏",一个"绝"字写山峰之高,生长于山上的柏树,枝干屈曲盘旋,嶙峋突兀,生命力的旺盛和意志的坚强表现得淋漓尽致,山水也在那一"怪"间充满了无限意趣。"清荣峻茂"四个形容词,一一对应四种景物,水清、树荣、山高、草茂,各具风采,简约而不简单。

三、教学过程

第一课时

(一) 课时目标

1. 反复诵读,感受三峡雄伟壮丽之美。
2. 借助注释和工具书,积累文言词语,疏通文意。

(二) 导入

播放一段关于长江三峡的视频,学生交流观看感受。

通过观看视频,学生从视觉上对长江三峡有了较为直观的认知。学生的交流一方面锻炼了他们的口语表达能力,也为深入感受作者的语言表达之妙奠定基础。

(三) 活动设计

▲ **活动设计一：小小朗诵家**

1. 前期准备。

（1）播放朗读音频。

（2）分组合作读课文，读准以下字音。

阙（quē）　重（chóng）岩叠嶂（zhàng）　曦（xī）　湍（tuān）　巘（yǎn）

漱（shù）　属（zhǔ）　裳（cháng）

2. 我行我来秀。

推选小组内朗读优秀者在班级进行朗读展示，师生共评，选出班级"小小朗诵家"。

播放规范的朗读音频，对学生朗读起到了直接的引领作用。学生通过小组合作，一方面能快速解决本课生字读音，另一方面也能促进学生朗读水平的提升。

▲ **活动设计二：内容理解大通关**

1. 初级通关——自我关。

学生借助课下的注释以及工具书，自主译读课文，疏通文意。

2. 中级通关——小组关。

（1）小组内学生相互交流，有疑而问，相互释疑，进一步理解文意。

（2）教师点拨，就学生疑难问题加以解答。

3. 终级通关——话说三峡之美。

（1）聚焦三峡之美。文中的三峡之美包括哪些景物？用一个词来概括，看看谁写得最全。

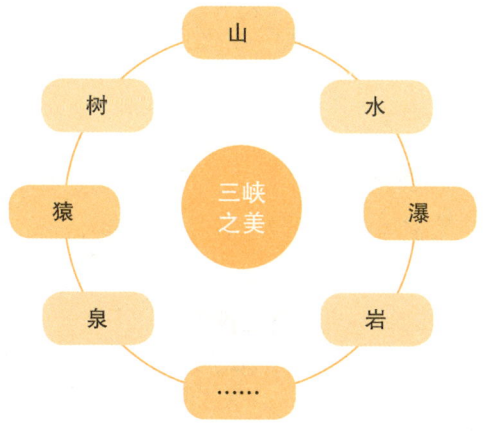

(2) 选用上图中的一个词,以"我看三峡之美,美在＿＿＿＿,＿＿＿＿＿＿＿＿"的句式,结合文章内容,用一句话生动描述美之所在。

如:我看三峡之美,美在山,那里的山两岸相对,连绵不绝,一眼望不到边。

▲ **活动设计三:背诵大比拼**

通过对文章的阅读、理解,学生对文章内容有了一定程度的把握,在此基础上的背诵活动可谓水到渠成。先在小组内进行背诵小比赛,然后优秀选手在班级内进行比拼,一方面能反馈出学生课堂学习的实际效果,另一方面能够激发学生的好胜心,使课堂气氛更加活跃且具有趣味性。

课堂背诵评价表:

	评价基本内容	总分	得分
1	字音准确,普通话标准	2	
2	不漏字,不添字	4	
3	把握朗读节奏、停顿、语调	2	
4	精神饱满,得体大方	1	
5	自荐加分	1	

(四) 课堂小结

这篇文章,作者以文字入画,一句一景,充满诗情画意,让我们处处感受到三峡的美丽。这节课,我们主要通过反复朗读,加强互动交流,不仅多角度感受了三峡风光,还初步体验了作者语言的精妙表达。

(五) 布置作业

1. 我背你听。

2. 运用"我看三峡之美,美在＿＿＿＿,＿＿＿＿＿＿＿＿"的句式,参照文章内容,至少选择四种景物写成排比句,描述三峡之美。

第二课时

(一) 课时目标

1. 赏析文中简洁生动的写景语句,理解作者陶醉于美景的情感。

2. 撰写导游词,描述长江三峡的雄伟奇丽的特征。

(二) 导入

作者知多少——请在框内填写有关作者生平的关键词,看看你对作者了解有多少。

郦道元?

> 北魏人
> 地理学家
> 写出《水经》注文《水经注》
> 少时随父游历,观察各地山川风物……

(三) 活动设计

▲ 活动设计一:"峡"之渊源

"峡"是会意兼形声字。从山从夹会意,夹兼表声。通过字形,"峡"字的词意不难看出,两山夹着的水道。是先有山,才会有"峡"。所以,本文是先从"山"写起,然后写"水",是不是也和"峡"字的本义相关呢?

▲ 活动设计二:"品"山之美

1. 朗读课文第一段,圈划出描写山的句子。

句1:两岸连山,略无阙处。

句2:重岩叠嶂,隐天蔽日。自非亭午夜分,不见曦月。

2. 这两句话分别写出了三峡山峦怎样的特点?

"两岸连山,略无阙处",描写山势连绵不断的特点。"重岩叠嶂,隐天蔽日"直接描写了山之雄伟高耸。"自非亭午夜分,不见曦月",则运用侧面描写来进一步对此加以烘托。这几句采用正面描写和侧面描写相结合的方法,从广度、高度两个方面对三峡进行了概貌式描写,让人领略到三峡峰峦叠嶂、雄伟壮丽的宏大气象。

▲ 活动设计三:"赏"水之韵

1. 理一理:文中是按照什么顺序来描写三峡之水的?

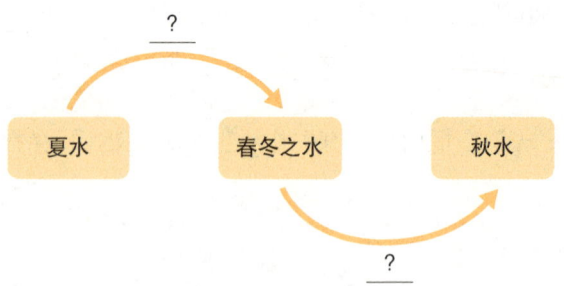

2. 说一说：把文章按照春夏秋冬的季节顺序来写三峡之水，效果如何？

3. 想一想：文章为什么不按季节顺序来写水？

三峡的水是最有特色的。夏水暴涨承山高江窄而来，最能代表三峡水的特征，所以作者没有按照季节的先后顺序，而是先写夏季的三峡之水，"夏水襄陵，沿溯阻绝"，写出了夏水的盛大汹涌；"虽乘奔御风，不以疾也"，写水流之迅疾；"朝发白帝，暮到江陵"两句，借朝发夕至写水流一泻千里，进一步突显出水势之盛大与水流之迅疾。

而后合写春冬之水，最后再写秋天之水，也是和水势的涨落密切关联。夏天水势暴涨，春冬相对风平浪静，秋天则是水枯谷空，这样顺势安排，合情合理，文气通畅。另外，写秋季之水，重点表现秋季肃杀凄清的氛围，自然引出猿鸣之悲，表现了三峡的悲凉之美，和前文夏水表现出的浩荡澎湃之美、春冬之水体现出的清幽雅致之美迥然不同，既表现了三峡之水不同季节各具特色，也将作者对三峡之水的不同意趣自然统一起来。

▲ **活动设计四：我是三峡小导游**

1. 了解导游词撰写的基本要求。

导游词撰写的一般要求：先总体，再具体，包括地理位置、气候特点、知名景点、交通情况等；力求抓住景观的特点；语言力求生动、形象，要让游者身临其境等。

2. 为三峡撰写一段导游词。（可适当借用文中词句）

导游词示例：

亲爱的游客，大家好！今天由我来介绍我国著名景点——三峡。

三峡由瞿塘峡、巫峡、西陵峡组成，它西起重庆奉节白帝城，东至湖北宜昌南津关，全长191公里。三峡两岸的山势连绵不断，高耸险峻；三峡的水更是绝美，四季各有特色，夏水浩荡澎湃，春冬之水清幽雅致，秋水则有凄清悲凉之感。古往今来，许多文人墨客被三峡的壮美所折服，留下了许多脍炙人口的名篇佳作。诗仙李白的名句"朝辞白帝彩云间，千里江陵一日还"，就是对三峡之美的动人描述。另外，三峡还有很多古迹，它们和三峡的山水风光交相辉映，让三峡变得更加熠熠生辉，动人心魄。

欢迎大家和我一起领略三峡的魅力！看，美丽的三峡在等你。

3. 师生共同交流，评选最佳小导游。

（四）课堂小结

本堂课，我们领略了三峡的山水之美，作者准确地抓住三峡每个季节不同的特征，运用简洁且形象的语言描绘了三峡的无限风光，让人有种身临其境之感。作者在语言表达上多种手法的巧妙运用，值得我们好好学习。

（五）布置作业

1. 积累：背诵本文，借助网络查阅并摘抄一则关于三峡景观的说明。
2. 比较阅读《三峡》和"三峡景观说明"，完成下表。

		《三峡》	三峡景观说明
异	表达方式		
	主要内容		
	情感抒发		
同			

11　短文二篇

一、教学目标与学习要素

（一）教学目标

1. 反复诵读，通过句式、节奏、用词来感受古代小品文的特点。
2. 品味寓情于景的写法，体会文中"主客一体"的诗意境界。

（二）学习要素

1. 以骈散结合、节奏明快、用词考究，呈现出形式和内涵的双重之美。
2. 在主客一体、寓情于景中表达出作者对生活的积极态度和独特领悟。

二、文本解读

（一）课文整体解析

《短文二篇》包括了《答谢中书书》和《记承天寺夜游》这两篇风格迥异的文言小品。

《答谢中书书》这篇短文作为六朝山水小品名作，其实是南朝齐梁年间思想家陶弘景写给朋友书信的部分节选。六朝时期，不少文人往往希望从大自然中得到精神的慰藉。陶弘景在写给朋友谢中书的这封书信中，不仅与友人描绘了自己眼中的山水之美，表达了自己沉醉于自然山水的愉悦之情，还将自己比肩谢灵运，颇有自得之意。

首句中的"美"字概括了全文内容，直接表现了作者对山水的喜爱之情。接着写高山、流云、溪流、石壁、青林、翠竹等景物，描绘了山之高峻、水之澄净、林竹之青翠的四季之景。然后又转向一天当中的早晚之时，通过描写猿鸟、游鱼等，表现出大自然的多姿多彩、生机勃发。这里的描写采用骈句，每句四字，对仗工整，句式整饬，读来琅琅上口，富有节奏感和音韵美。

文中采用多种视角的变换，从距离、高低、动静、范围、时间等角度来描写江南的山水鸟兽，用笔虽简，却能精准地抓住各种事物的特征，描绘出一幅宏大开阔、万物勃发的江南山水美景图，表现了作者寄情山水、与自然和谐相融的自在畅快。

"实是欲界之仙都"一句,将江南山水比作人间仙境,直抒胸臆,毫无掩饰的赞美之情跃然纸上。最后一句"自康乐以来,未复有能与其奇者",是面对山水美景的由衷感慨,情感丰富细腻,意蕴起伏跌宕,可谓神来之笔。如果说"康乐"二字,表明了作者对先贤谢灵运畅游自然、寄情山水的仰慕与追随,"未复有"三字则急转而下,道出了作者对当今世人不懂山水、不解风情的深深惋惜。"与其奇者"看似指向康乐,其实还委婉地表明了自己能够从山水中享受自然意趣的不流于世俗的自许之情,真是一波三折,含蓄隽永,回味悠远。散文的自然流畅和骈文的整饬凝练在文中实现了有机结合,形成了一种圆融畅达的风格之美。

《记承天寺夜游》一文是作者苏轼被贬谪到黄州任团练副使期间所作,此时的作者因"乌台诗案"成为了一名有职无权的闲官。全文仅仅85字,却能将叙事、描写、议论、抒情自然交融在一起,不仅叙事要素交代得清清楚楚,还通过细腻的描写营造出一种清幽雅静、脱尘忘俗的氛围。同时,借议论和抒情,表达了作者在这种特定氛围之下复杂微妙的心绪。

文章开篇为叙事,交代了夜游的时间、地点、起因、经过。然后写景,运用一个比喻句传神地描绘了承天寺庭院中澄澈透明的月色,营造了一种静谧通透、悠然清雅的夜色之美。最后是议论和抒情,作者运用两个问句和一个判断句,特别是突出了一个"闲"字,表达了自己融孤寂、悲凉、欣喜、洒脱、平和于一胸的复杂心绪,是本文的点睛之笔。

(二) 重点语段细读

1. **山川之美,古来共谈。**

作为文章首句,起到了引领全文的作用。看似平和自然,却立意深远,一个"美"字道出了作者对山川之美的热爱,表达了自己的志趣所在。

2. **高峰入云,清流见底。两岸石壁,五色交辉。青林翠竹,四时俱备。**

这六句选取了峰、流、石壁、五色、林、竹等景物,围绕其特征加以生动的描写。"入云"这一夸张描写是对"高"的具化,突出山之高耸与雄伟;"见底"一词通过写实,表现水的清澈与透明,作者通过视角变换,先仰后俯,让山水尽收眼底,给人一种开阔宏大之感。接着是平视四周之景:色彩纷呈的石壁,郁郁葱葱的树林和竹园,让人目不暇接,心旷神怡。此处对仗工整,动静结合,形色皆具,精彩纷呈。

3. 晓雾将歇,猿鸟乱鸣;夕日欲颓,沉鳞竞跃。

这四句描写从上文的"四时"转向了一日之早晚,并且聚焦于猿鸟鸣和沉鳞跃。通过对其动态描写,描绘了清晨薄雾即将消散,猿鸟的叫声此起彼伏,夕阳西下,水中潜游的鱼儿竞相跃出水面,展现山间万物灵动自由、生机盎然的景象。用词精准,画面灵动,再一次呈现出大自然的美好。

4. 庭下如积水空明,水中藻、荇交横,盖竹柏影也。

这一句描写堪称高妙!全句无一月字,却让人感到月光无处不在。"积水空明"运用比喻,生动地描绘出月色如水,澄澈通透;"藻荇交横"给人一种动态之美,既承接上句"积水"这一比喻,又借水草的摇曳多姿来写出了竹柏倒影的清丽雅致。这处描写静中有动,以动衬静,设喻精巧,想象奇特。作者沉浸其中,主客融为一体,既描绘了月光笼罩之下的清幽世界,又暗含了作者遭受贬谪、身处逆境中自解自适的生活状态。

5. 何夜无月?何处无竹柏?但少闲人如吾两人者耳。

作者运用两个问句和一个判断句来抒发感叹,其中的"闲"字乃点睛之笔。到处都有月光,到处都有竹柏,可是能拥有如此闲情逸致来静心赏月的,除了自己和张怀民,应该没有别人了吧?这一句道出了作者遭贬后谪居黄州的闲散生活,明显有一种苦闷悲凉在其中。但这个夜晚的月光如此皎洁清幽,竹柏之影如此清丽雅致,能让自己有幸看到,令人欣喜,陶醉其中,乐而忘返,也是事实!是幸还是不幸?只能说苦闷之中杂有欣喜、洒脱、旷达的复杂心绪,自嘲、自慰、自许、自解,万般情愫,一语皆蔽之。

三、教学过程

第一课时

(一)课时目标

1. 反复诵读整句,借助联想和想象绘制"仙都"胜景,理解寓情于景的写法。
2. 揣摩结尾散句,探究作者隐逸山水的志趣追求。

(二)导入

中国历史上,朝庭宰相千千万,"山中宰相"只一人,大家知道这是谁吗?
是《答谢中书书》的作者陶弘景。陶弘景(公元456—536年),南朝齐梁时道教的思想家、医学家,字通明,自号华阳隐居,丹阳秣陵(今江苏南京)人。三十六岁辞官隐居,并遍历名山大川。梁武帝萧衍即位后,曾多次派使者礼聘其到朝中为官,他坚辞不受。无奈之下,梁武帝只能经常和陶弘景书信往来,请教治国理政之道,被时人称为"山中宰相"。

(三) 活动设计

▲ **活动设计一:欣赏山川之美**

1. 看图索句:熟读文章,为下图快速说出对应语句。

A. 高峰入云　　B. 清流见底　　C. 两岸石壁,五色交辉　　D. 青林翠竹,四时俱备

2. 看图背美句,理清其顺序,并体会运用这种顺序的好处。

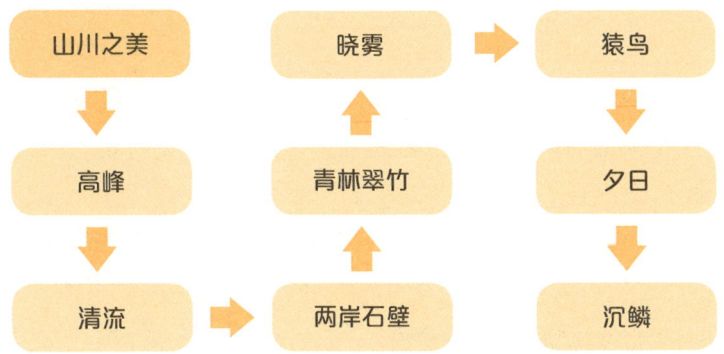

3. 山川之美串串说:任选一景,参照句式,运用修辞手法,美说山川。

句式:_____美在_____,_____。

如:一座座山峰,美在其雄伟高耸,它们一个个直钻云层,好像不把天戳个窟窿不罢休。

▲ **活动设计二:写景技法大转盘**

"高峰入云,清流见底。两岸石壁,五色交辉。青林翠竹,四时俱备。晓雾将

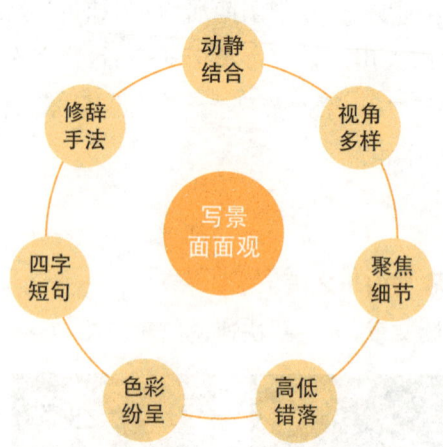

歇,猿鸟乱鸣;夕日欲颓,沉鳞竞跃。"这十句描写历来为人称道,作者究竟运用了哪些手法?说说你的理解,看看是否和上边转盘上的内容一致。

"高峰入云,清流见底。"两句仅八字,先仰视后俯视,对仗工整,生动地写出了山之高耸与水之清澈。一高一低,俯仰之间,山川美景,尽收眼底。可谓开合自如,气象宏大。

"两岸石壁,五色交辉。青林翠竹,四时俱备。"这四句转为平视,极目远眺中,视野极为开阔。五色石壁和青翠竹木,相互映衬,色彩纷呈,如画卷铺展,一片绚烂多姿。

"晓雾将歇,猿鸟乱鸣。夕日欲颓,沉鳞竞跃。"这四句对应一早一晚,描写了自然天地间生物灵动的场景。通过聚焦"乱鸣""竞跃"两个特定的画面,传达出一种自由蓬勃的生命气息。

这十句描写,采用多种视角,从距离、高低、动静、范围、时间等角度来描写江南山水鸟兽。"一切景语皆情语",精炼形象的描写,处处透露出作者对山水的喜爱及置身其中的自在畅快。

▲ 活动设计三:添词助读,体悟情感

1. 写一写:结合对文章的理解,为下列句子添加主语。

(1)(　　)能与其奇者。

(2)(　　)未复有能与其奇者。

A. 康乐(谢灵运)　B. 世人

2. 读一读:体会作者的情感。

(1)（康乐）能与其奇者。
(2)（世人）未复有能与其奇者。
对比之中，表达了作者对谢灵运的追慕与赞赏及对世人不懂山水风情的惋惜之情。

3. 论一论："自康乐以来，未复有能与其奇者"的言外之意。

康乐"能与其奇者"，表达了作者对康乐的追慕与赞赏。世人"未复有能与其奇者"，表达了作者对世人不懂山水风情的惋惜之情。那作者呢？通读全文，从作者对山水美景的喜爱之中，可以看出，"与其奇者"不仅指向康乐，还暗含着作者也"能与其奇者"，从而委婉地表明了自己能够从山水中享受自然意趣的不流于世俗的自许之情。

(四) 课堂小结

陶弘景用高妙的笔法，生动地展现出一幅宏大开阔、绚烂多姿的江南山水美景图，表现了自己与自然山水和谐相融的自在畅快。他让读者明白，美丽的大自然，不仅能带来愉悦的视觉享受，更能陶冶情操，抒发性灵，让人流连其间。希望同学们也能走进自然，发现美好，抒写真情，给生活增添一份雅趣。

(五) 布置作业

1. 熟练地背诵全文。
2. 借助联想和想象，将文章写成白话散文。

第二课时

(一) 课时目标

1. 反复诵读，理解文意，借助联想和想象，感知"景语皆情语"的意蕴。
2. 提供资料，围绕"闲人"二字探究作者的复杂心境，体会作者豁达的人生态度。

(二) 导入

今天，我们来学习苏轼的《记承天寺夜游》，从文章题目中你获得了哪些信息？
地点：承天寺；时间：夜晚；事件：游玩。

(三) 活动设计

▲ 活动设计一：简画夜游路径

1. 朗读课文，圈画出此次夜游的要素。

时间：十月十二日夜；地点：承天寺；同游人：被贬之人张怀民；夜游的起因：月色入户；经过：寻张怀民，相与步于中庭。

▲ 活动设计二：共赏月下美景

1. 圈画夜游所见美景，反复赏读，用自己的话加以描述。

庭下如积水空明，水中藻荇交横，盖竹柏影也。

庭院中的月光宛如一泓积水那样清澈透明，水中藻、荇纵横交错，原来是绿竹和翠柏的影子。

2. 比较阅读，体会作者的内心情感。

{ 庭下如积水空明，水中藻、荇交横，盖竹柏影也。
 庭下如积水空明，水中藻、荇交横，竹柏影也。

天上皎皎一轮月，洒下了空明澄澈的月光，地上的竹柏倒影婆娑淡雅，令人沉醉其中。一个"盖"字，写出了作者先醉心于虚幻世界后回到现实生活时的恍然大悟。朗读时，把"盖"字读得长一点，能更加体会到作者的这种心境。

▲ 活动设计三：一词见风流

1. 下列句中，哪个词语删去不会影响句意？

何夜无月？何处无竹柏？但少闲人如吾两人者耳。

提示："闲人"。

2. 作者称自己和张怀民为"闲人"，他们当时处于怎样的境况？

学生交流作者与张怀民的生平。

> **苏 轼**
>
> 　　因反对王安石变法，苏轼在宋神宗元丰三年（1080年），被贬为黄州团练副使，有职无权，在城东坡上租50亩荒地，经营生活。诗句"去年东坡拾瓦砾，自种黄桑三百尺。今年刈草盖雪堂，日炙风吹面如墨"这就是他当时生活的真实写照。

张怀民

1083年张怀民也被贬谪到黄州,刚来时居住在承天寺,和苏轼交情很好。曾在住所旁筑亭,苏轼命名为"快哉亭"。他为人豁达坦荡,从不把被贬之事放在心上,公务之余,以山水怡情养性,处逆境而无悲戚之容,是位品格清高超逸的人。

3. 品一品"闲"字况味有几许?

(1) 结合文章和作者生平,你能读出哪种"闲"味?

因为被贬,有职无权,没有官家事务,所以生活较为空闲。

皓月当空,良辰美景,又有境况相似、志同道合的友人相伴散步,可以看出作者的闲情雅致。

(2) 齐读补充资料,再品"闲"字。

苏轼自幼"发愤识遍天下字,立志读尽人间书";21岁中进士渴望"致君尧舜";38岁任密州太守渴望有朝一日"会挽雕弓如满月,西北望,射天狼"为国杀敌,建功立业;40岁任徐州太守时抗洪救灾,力挽狂澜;他在政论文章中一再阐述"天行健,君子以自强不息"的思想。

请同学们想一想:这样的苏轼,内心真的想做一个白天种田晚上赏月的闲人吗?再读最后一句,又能读出怎样的意味呢?

苏轼满腹经纶,胸怀壮志,却被闲置弃用,再读"闲人"二字,分明能感受到一丝悲凉、无奈、苦闷的心绪。

(3) 朗读名句看苏轼。

黄州	谁怕? 一蓑烟雨任平生。	我本无家更安往? 故乡无此好湖山。	杭州
惠州	日啖荔枝三百颗, 不辞长作岭南人。	会挽雕弓如满月, 西北望,射天狼。	密州

苏轼的后半生不断被贬谪，颠沛流离，但从这些词句中，可以看出他淡然无惧、洒脱豁达的性情。如果了解了苏轼的性情，再读最后一句，是否也能感受到他的平和达观、自嘲自慰呢？

(4) 下列语气词中，你认为哪个放入句子最佳？试读一下，然后说说你的感受。

_____！何夜无月？何处无竹柏？但少闲人如吾两人者耳。

A. 哎　　B. 哈哈　　C. 呜呼　　D. 呀

一个语气词的添加，让我们看到了深受儒、道、释三家影响之下的苏轼可能具有的不同心绪，让遭受贬谪、弃置不用的苏轼在苦闷之中杂有欣喜、洒脱、旷达的复杂心绪愈发显性化。这句话中，包含了自嘲、自慰、自许、自解等诸般情愫，皆由"闲"字而起，可谓一字见风流。

(四) 课堂小结

一篇仅仅85字的短小游记，带领着我们穿越历史，回眸千年，走近了苏轼这位伟大的先贤。这篇文章，融叙事、描写、议论于一体，借清幽宁静的月光传达了作者复杂微妙的心绪。林语堂曾评价苏轼："苏东坡是个秉性难改的乐天派，是悲天悯人的道德家，是黎民百姓的好朋友……是政治上的坚持己见者，是月下的漫步者，是诗人，是生性诙谐爱开玩笑的人。可是这些也许还不足以勾绘出苏东坡的全貌。"看来，这篇文章的学习，仅仅是我们了解苏轼的一个小小开端。

(五) 布置作业

1. 熟读成诵。
2. 摘录两首作者被贬黄州的其他诗文，感受作者的不同心境。
3. 推荐阅读：林语堂《苏东坡传》、余秋雨《苏东坡突围》。

12　与朱元思书

吴　均

一、教学目标与学习要素

（一）教学目标

1. 反复诵读，体验骈体文节奏明快、声韵和谐的特点。
2. 学习多角度描写景物的方法，感受山川之灵秀和作者之意趣。

（二）学习要素

多角度描写——通过不同视角的观察，调动多感官捕捉细节，进行景物描写。

二、教学建议

本文是南朝梁文学家吴均写给朋友一封书信中的部分内容，共计144个字，描述作者乘船自桐庐至富阳途中所见，生动逼真地描绘出富春江沿途的绮丽风光，表现了作者忘情于山水、超凡脱俗的高雅志趣。

本文是篇自读课文。第一节中的"奇山异水，天下独绝"八个字是本文的文眼所在，高度概括了一百多里山水的总体特征。接下来的两节侧重写景，先"异水"，后"奇山"。结构分明，用词精当，以四字句居多，讲究平仄，声韵和谐，读起来琅琅上口，是一篇著名的骈体文。

本文写景重点在于抓住景物的特征进行多角度描摹。作者善于通过不同视角来观察景物，调动多种感官来捕捉细节，交错使用多种修辞手法，甚至抓住光影变化细加描写，使笔下的山水异彩纷呈，绮丽多变。

如写水，"水皆缥碧"用白描手法写出了江水透亮的青色；"游鱼细石"则采用动静结合，从侧面烘托出江水清澈透明。再如，"千丈见底"运用夸张来写江水之深之清；"猛浪若奔""急湍甚箭"运用比喻生动形象地写出了水势之大之急促；"负势竞上，互相轩邈"则通过拟人手法形象地写出了山的高峻和连绵不断；"泉水激石，泠泠作响；好鸟相鸣，嘤嘤成韵"两句互为对仗，音韵铿锵有致。

另外，作者还善用联想和想象，如"鸢飞戾天者，望峰息心；经纶世务者，窥谷忘反"，这一组对偶句抒发了作者的慨叹，通过常人看到自然美景，生发出忘却利禄、陶醉山水的反应，反衬出景色之迷人。

总之，作者综合运用多种手法，生动地描绘了富春江两岸充满活力、奇伟瑰丽的景象，宛如一幅山水画卷徐徐铺展开来。老师在课堂上应创设多样活动，引导学生自主学习，深切体会本文语言的魅力。

三、教学过程

（一）导入

元代著名画家黄公望的《富春山居图》，展示了富春江一带的优美风光。今天，我们将在南朝文学家吴均的文字中，去领略这一带的奇丽风光。

（二）活动设计

▲ 活动设计一：读一读，文章谁最熟

> 风烟俱净天山共色从流飘荡任意东西自富阳至桐庐一百许里奇山异水天下独绝
> 水皆缥碧千丈见底游鱼细石直视无碍急湍甚箭猛浪若奔
> 夹岸高山皆生寒树负势竞上互相轩邈争高直指千百成峰泉水激石泠泠作响好鸟相鸣嘤嘤成韵蝉则千转不穷猿则百叫无绝鸢飞戾天者望峰息心经纶世务者窥谷忘反横柯上蔽在昼犹昏疏条交映有时见日

通过对无标点文本正确断句进行朗读，能够检测学生对文本的熟悉状况，同时能让学生直观体验到骈体文节奏明快、声韵和谐的特点。

▲ 活动设计二：理一理，奇山异水各自美

1. 结合文章内容和下图提示，给每个关键词找出对应的语句。

结合文中语句，明确"奇山""异水"各自包括的主要内容及特点，对文本内容再一次进行较为深入的梳理和把握。

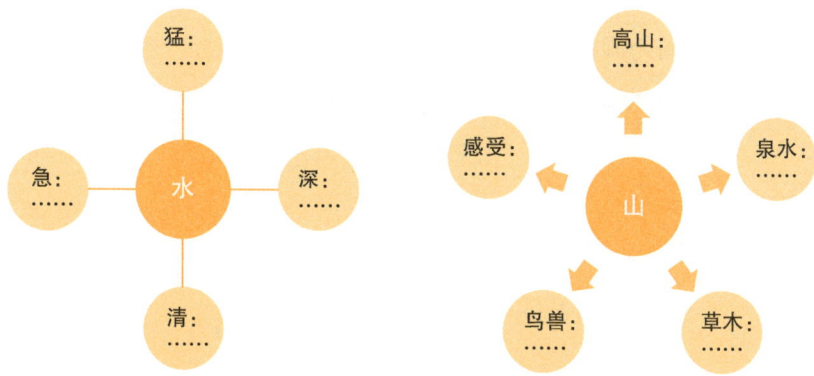

▲ **活动设计三：赏一赏，写作手法之妙处**

1. 写作手法知多少。

本文综合运用了多种写作手法，你能发现多少呢？

观察视角：俯视、仰视、远观、近察

多种感官：听觉、视觉、移觉

修辞手法：比喻、拟人、对偶、夸张

其他手法：动静结合、以静写动、光影变化、联想与想象、烘托与反衬等

2. 从以上写法中任选一种，举例分析其表达效果。

▲ **活动设计四：比一比，同为写景有何异同**

本课和《答谢中书书》均描写了瑰丽奇崛的江南山水，请从多角度比较一下两篇文章的不同点。

提示：写景内容、写作手法、写作目的等。

（三）课堂小结

《与朱元思书》这篇小品文让我们再一次领略了江南山水的神韵。文章用词丰富，笔法细腻，节奏明快，是一篇传颂不衰的写景佳作，特别是作者在欣赏山水时所表现出的审美情趣，更是给人享受与启迪。

（四）布置作业

1. 理解性背诵全文。
2. 制作"富春山水明信片"。

从文中选择一个画面，然后手绘或从网上选择一张图片，制作一张富春山水

明信片。

要求：(1) 正面为画面，可添加文字；

(2) 反面运用多种手法对所绘(选)画面进行描绘，字数 100 字左右。

13　唐诗五首

一、教学目标与学习要素

（一）教学目标

1. 诵读诗歌，领略律诗的韵律之美。
2. 借助思维导图，梳理诗歌的内容与结构。
3. 把握诗歌中的意象，理解诗人所要表达的情感。

（二）学习要素

借助特定意象来表现诗人情感。

二、文本解读

（一）课文整体解析

1.《野望》

《野望》这首诗是王绩的代表作，当作于诗人辞官隐居东皋（在今山西河津）之时。这是一首现存唐代最早的格律完整的五言律诗。全诗描写了山村傍晚的秋景，在看似安闲的气氛中流露出诗人惆怅、抑郁、孤独、苦闷之情。

首联通过"徙倚"这个徘徊不定的动作描写和"欲何依"的心理刻画，表现了诗人的迷茫和失意。颔联转写夕阳笼罩下的秋树与山峦，意境苍茫，呈现出秋天傍晚时分特有的安详宁静。颈联则由远景到近景，连续使用"驱""返""带""归"几个词语进行动态式描写，再现了农民结束劳作赶牛回家和猎人骑马满载而归的场景，农民和猎人带着收获回家的喜悦被诗人看在眼里，诗人又是怎样的一种感受呢？尾联中"相顾无相识"一句，道出了诗人身居乡村却又无法真正融入其中的孤独落寞；"长歌怀采薇"一句借典抒情，此时此刻的诗人只能放声高歌，通过怀想古代先贤来寻找慰藉。整首诗风格朴素清新，言辞自然流畅，和之前轻靡华艳的诗风迥然不同，读来自然恬淡，别具特色。

2.《黄鹤楼》

黄鹤楼，江南三大名楼之一，后代诗家题咏黄鹤楼的作品不少，但崔颢的《黄鹤楼》举世公认为绝唱，连诗仙李白也发出"崔颢题诗在上头"的感慨而搁笔。诗人从黄鹤楼的来历入手，从传说着笔，先怀古再写景，之后从中寄托乡愁，情思悠长，场面宏大。前四句从楼的得名入笔，写此地空此楼，人鹤俱远去。黄鹤一去不再返，只留下悠悠白云，充满了对黄鹤楼历经变迁的种种感慨。这四句看似字眼寻常，实则灵动大胆，它跳出格律的要求，连用了三次"黄鹤"，虚中有实，抚今追昔，一气呵成，丝毫没有呆滞重复的感觉。后四句由景生情，写诗人站在楼上北望所见所思。先远望江北历历汉阳树，再回看眼前的鹦鹉洲头萋萋芳草，最后描述楼下大江上的那片浩渺烟波，日暮时分雾霭重重，故乡还在远方。于是，漂泊异地的诗人思乡愁绪油然而生。纵览全诗，诗人巧妙地将神话和眼前事物融为一体，以景触情，吊古伤今，飘逸清新，尽抒胸臆。

3.《使至塞上》

开元二十五年，曾受张九龄提拔的王维也遭受牵连，朝廷诏令王维以监察御史的身份出使边塞，实际是被排挤出朝廷。对于这次出使，诗人内心自然是抑郁苦闷的。首联就交代了这次出使的情况。"单车欲问边"交代了诗人轻车简从，前往边界慰问作战的将士们。"单车"未必是独自出使，但可以表现出诗人孤寂的内心。颔联"征蓬出汉塞，归雁入胡天"中，作者显然是以"征蓬"和"归雁"自比，寄寓了命运无定，身世飘零之感。"归雁"可以是眼前实景，也可以理解成作者触景生情，由雁及己。前四句更多是着眼于诗人自身的荣辱得失，而颈联两句则陡然一转，意境瞬间变得雄浑开阔。"大漠孤烟直，长河落日圆"两句，历来被评为千古传诵的名句。茫茫大漠中，一道烽烟直上，滔滔黄河边，硕大的落日缓缓下沉，展现了塞外风光的奇丽壮美。尾联"萧关逢候骑，都护在燕然"，和开头形成了照应，虽是叙事，却蕴含着作者的丰富情感。在萧关终于遇到了负责侦查、巡逻的骑兵，得知前线统帅正在带兵打仗，听到边塞将士们如此不顾自身安危在疆场浴血奋战，怎能不激起诗人满腔的报国热情呢？原本个人失意的郁闷不快，在边塞风光的雄浑大气和将士们的奋勇杀敌中悄然化解，取而代之的是一种慷慨达观的心绪，虽戛然而止，却给读者留下了回味的空间。

4.《渡荆门送别》

此诗描述了李白第一次离开家乡漫游全国，意求实现个人的理想抱负。全诗景象雄浑壮阔，不仅写出了作者年少远游的喜悦、对未来的无限憧憬，还表达了对故乡的依依惜别之情。"渡远荆门外，来从楚国游"，这时候的青年李白，坐在船上沿途纵览巫山，一路看来，眼前景色渐次变化；颔联"山随平野尽，江入大荒流"，形象地描绘了船出三峡、渡过荆门山后长江两岸的特有景色,山峦渐渐隐去,挣脱束缚的长江之水向着莽莽原野奔去,视野顿然一片开阔,给人以流动感与空间感,将静止的山岭摹状出活动的趋向来。颈联"月下飞天镜,云生结海楼"又以明月的水中倒影重回平静,以天上云彩呈现出海市蜃楼般的奇幻美景,衬托江岸辽阔,江水澄澈,天空高远,云霞绮丽。尾联"仍怜故乡水,万里送行舟"由景抒情,江水已流过蜀地,那是养育诗人长大的故乡,此次初离别,心中自然会生出留恋之情。但诗人巧妙之处在于不说自己如何思念故乡,而是说故乡之江水恋恋不舍,一路送其远行,此处妙笔不愧"诗仙"之称。

5.《钱塘湖春行》

此诗是唐代诗人白居易在杭州刺史任上所作,是一首描写杭州西湖的七言律诗。白居易此次春游,从孤山到湖东再到白沙堤,移步换景,游踪分明,抒发了诗人对西湖早春风光的喜爱之情,表现了诗人对自然美景的赞美与热爱。此诗的妙处在于写景,"几处早莺争暖树,谁家新燕啄春泥,乱花渐欲迷人眼,浅草才能没马蹄",颔联和颈联四句描写中,诗人紧扣早春景物的特征,运用准确而富有表现力的词句加以渲染描绘,如早莺放歌啼暖树,新燕剪飞筑泥巢,春花已开但还未进入盛期,芳草初生仅仅能盖住马蹄,各种景物既相互独立,又浑然一体,动静结合,生机焕然,明媚灿烂。尾联"最爱湖东行不足,绿杨阴里白沙堤",则直抒胸臆,道出了诗人的最爱,最喜欢徜徉于绿杨树荫下的白沙堤,居高临下,极目四望,饱览湖光山色之美,西湖美景真是让人流连忘返、意兴不减啊!

(二) 重点语段细读

1. 东皋薄暮望,徙倚欲何依。相顾无相识,长歌怀采薇。

"东皋薄暮望,徙倚欲何依"这两句富有强烈的画面感:秋天的一个傍晚,诗人独自一人站在东皋漫无目的地看着远方。诗人化用曹操的"绕树三匝,何枝可依",自问"欲何依",很自然地表达了诗人内心无所依靠的孤单。"相顾无相识,长歌怀采薇"两句则写出了诗人仔细观看夕阳西下乡村牧人、猎人回归家园的场景,竟没有一人相识,这种热闹快乐和他没有丝毫关联,诗人被巨大的陌生感和孤独感紧紧包围着,整首诗的感情基调又回到空寂无聊中去。"采薇"典故的运用,表明了此时的诗人只能放声高歌,通过怀想古代先贤来寻找慰藉,排遣内心的惆怅与孤寂。

2. 日暮乡关何处是？烟波江上使人愁。

诗人登楼既久，自然把视线转向家乡的方向。时值"日暮"，江面烟霭迷蒙，四周暮色笼罩，正是飞鸟回巢人归家的时候，而自己却羁旅他乡。诗人触景生情，才下眉头的愁思又上心头。这里的愁，有乡愁，但绝不是单一的乡愁，而是由乡愁勾起的更多的愁思。诗人在长安任职时，本想长伴君王侧，施展满腹才华，实现自己的抱负，但无情的现实破灭了他的希望；仕途阻断后又企求成仙避世，但黄鹤楼上仙人杳无踪影。求仙无方，避世无途，归隐故乡的心情便更加深切，但此时的故乡却被沉沉暮霭所遮掩，不得一见……诗人以"愁"字收束全篇，其中交织着饱经人生坎坷之后的失意、愤懑、羁旅、乡思等多种情思，极大地丰富、深化了诗歌主旨。

3. 大漠孤烟直，长河落日圆。

这两句看似用字普通，却给人以真切动人的画面感，给人以震撼之美，被徐增评为"独绝千古"，被王国维称为"千古壮观"。上句"大漠孤烟直"仅有两个意象——大漠、孤烟，边疆沙漠，广袤无垠，用一个"大"字概括，显得拙而真。沙漠大而无边且没有什么特别的景物，所以烽火台上的一缕孤烟就显得格外醒目。这一道浓烟，垂直而上，显得劲拔坚毅。诗人用简单的"直"字形容孤烟，不仅是对景物的客观记录，还巧妙地将自己内心的孤寂情怀融入到了自然景象之中。下句"长河落日圆"，用字更显拙笨。沙漠上的黄河之水，没有其他景物的映衬，和沙漠的阔大相比自然显得绵长，就像一根横贯的锦带；而以长河为背景的落日，相比河流之"长"，必然显得很"圆"。"长河""落日"互相映衬，"长""圆"二字不加修饰，简单朴实，准确地描摹出了大漠傍晚时的独特景观。另外，落日本来就是令人感伤的意象，在大漠的背景下，越显苍凉。然而诗人用"圆"字来形容，反而给人以亲切温暖，可谓妙手天成。

4. 山随平野尽，江入大荒流。

两句十字，形象描绘了船只出三峡、过荆门山后两岸长江的特有景色：山峰逐渐退去，原野展现眼前，一个"随"字，化静为动，逼真地呈现了群山与平野的渐次变换，给人以清晰的画面感、流动感。"江入大荒流"则写出了江水奔腾而泻的气势，江水和荒原，一动一静，视野开阔，境界高远。该句点睛之笔在"入"字，江水仿佛有了生命，自己主动地奔向大漠，从而含蓄表达了诗人此时内心的豪情万丈。两句中"平野""大荒"这两个意象带来了开阔的气势；"随""尽"两个动词不仅让景物变得灵动起来，还自然地描写了舟行水上时，诗人看到壮丽景色时内心的畅快与开阔。

5. 几处早莺争暖树,谁家新燕啄春泥。乱花渐欲迷人眼,浅草才能没马蹄。

白居易的这四句诗被后人尊为描写春光,特别是描写西湖春光的点睛佳句。"几处"为虚指,意为多,表示生机勃勃。用"早"来形容黄莺,可谓别致,富有意趣,树上的黄莺一大早就争抢最先被阳光笼罩的"暖树",好像晚了就赶不上似的。既写出了春天的小生命富有生机的画面,也表现了诗人看到此景后内心的由衷欢愉。一个"争"字,让人顿感春光的珍贵与难得,"新燕"对照"早莺"延续了这份生机,而后一个"啄"字,把小燕子忙碌于衔泥筑巢的灵动活泼写得栩栩如生。黄莺是公认的春天歌唱家,歌喉婉转动听;燕子是候鸟,它们随着春天一起回到家乡,飞进飞出地搭窝重建家园,让人倍感生命之美好。这两句通过聚焦描绘黄莺与春燕两种禽鸟的动态画面,呈现出了早春特有的景致,使全诗顿然增添了一种活力与生机。接着,诗人的视线自上而下,由飞鸟转向脚下的植被。"乱花渐欲迷人眼,浅草才能没马蹄",娇艳的春花已开但还未进入全盛期,初生的芳草一片嫩绿,仅仅能盖住马蹄,这两句延续了前两句因早春而生的欢快愉悦之情,是情感、色彩与生命活力的统一体现。春天这些富有代表性的动植物,在诗人的笔下既相互独立又浑然一体,动静结合,生机焕然,展现了明媚的大好春光,又融情于景,表现了诗人对西湖早春的热爱与赞美之情。

三、教学过程

第一课时

(一) 课时目标

1. 诵读诗歌,领略律诗的韵律之美。
2. 借助思维导图,梳理诗歌的内容与结构。

(二) 导入

唐代是中国古代诗歌发展的巅峰时期,佳作迭现,名家辈出,被称为"诗的时代"。今天让我们跟随名家佳作,一起走入唐诗,共同感受律诗的格律之美。

(三) 活动设计

▲ **活动设计一:最佳朗读者**

1. 自读五首古诗,做到读得准,读得熟。

2. 小组内进行赛读,选出读诗小能手。
3. 班级内赛读,评选最佳朗读者。

▲ **活动设计二:绘制诗歌结构图**

1. 律诗小百科

> 律诗,起源于南朝,至初唐进一步发展定型,盛行于唐宋时期,是近体诗的一种,因在押韵、平仄、对仗等方面有严格规定而得名。
>
> 律诗包括五律和七律,律诗通常八句,每二句成一联,计四联,习惯上依次称为首联、颔联、颈联、尾联。

2. 以《野望》和《黄鹤楼》为例,师生共同绘制诗歌的结构图,梳理诗歌结构,进一步理解诗歌内容。

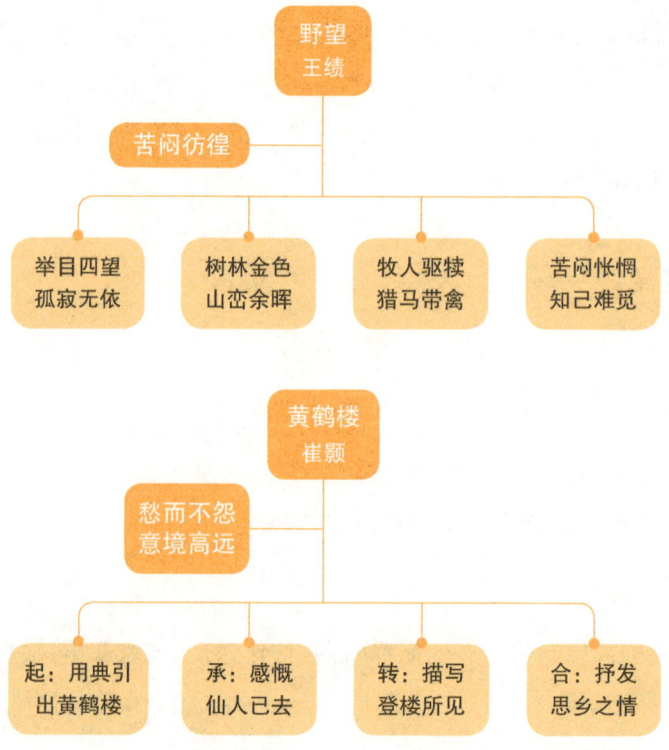

3. 小组合作,共同绘制其余三首律诗结构图。

要求:小组合作,对三首律诗分联进行概括。

4. 根据所绘思维导图,小组代表讲解三首诗主要内容,其余成员进行补充。

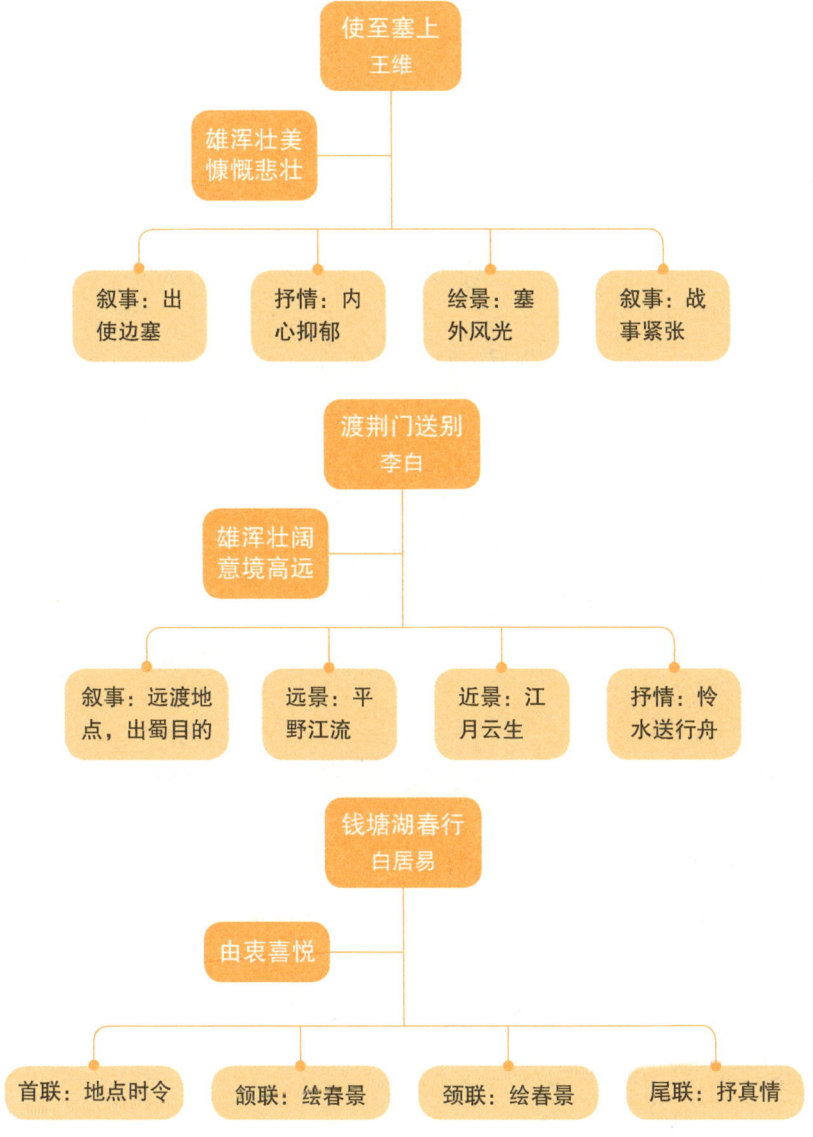

设置这个环节,旨在让学生模仿前面两首诗歌的学习,对剩余的三首律诗通过绘制思维导图来深入理解。思维导图的绘制看似简单,但在梳理结构和概括内容的过程中,能引导学生从内容、结构甚至情感等多个方面对诗歌进行整体理解,这不仅有助于学生有感情地朗读或背诵全诗,还可以增强学生阅读时的整体意识。

▲ **活动设计三:名句小讲台**

1. 名句我来选:如果需要从这五首古诗中各选一处名句,你会选什么?

2. 名句我来赏：如果请你从该名句中抓住一个词来品析，你会选择哪个词？

3. 名句我来讲：请你把对该名句的理解和大家进行分享。

例如：

1. 我喜欢《野望》中"牧人驱犊返，猎马带禽归"两句。

2. 这两句中的"驱""带"两个动词特别传神。

3. "驱""带"两个动词使两句诗的画面富有一种动态感。傍晚时分，劳作了一天的牧人赶着牛儿走在乡间的小路上，牛儿大概累了，慢腾腾地走着，牧人只好时不时地扬起鞭子吆喝几声；哒哒的马蹄敲打着路面，马鞍两旁倒挂着不少猎获的禽鸟，这是满载而归的猎人策马奔驰回家的情景。两个动词都在写"回归"，一慢一快，亦张亦弛，让傍晚的乡村充满了浓郁的生活气息。放在整首诗中，则更加有力地反衬出诗人当时不知所归的忧郁茫然、孤单落寞。

这一活动设计旨在引导学生通过赏析关键词句来进一步理解诗歌的内容或意境。活动以小组合作的形式进行，这不仅是对诗歌的进一步深入理解，也对培养学生特定情境中的想象力、语言表达能力起到了积极的促进作用。

（四）课堂小结

五位诗人用优美的笔触，描绘了天地之间迥然不同的景致。《野望》朴素自然，意境清新恬淡；《黄鹤楼》借登楼所见所思，抒发吊古怀乡之情；《使至塞上》诗中有画，短短诗行中奇美壮丽的塞外风光跃然纸上；《渡荆门送别》气象阔大，明丽畅达，饱含深情；《钱塘湖春行》抓住景物特征，用词鲜活，色彩鲜明，自然清新。这些诗歌的景物描写，均饱含着诗人丰富的思想情感。多读多思，既可以学习诗人的写作之道，也可以让自己从精神上获得美的熏陶。

（五）布置作业

1. 熟练背诵五首诗。

2. 选取学校或小区一处自然景观，抓住其特征进行描写，150字左右。

第二课时

（一）课时目标

1. 品析写景手法，学习多角度描写景物。

2. 捕捉诗歌意象，理解诗人表达的情感。

(二)导入

通过描写景物来抒发感情,是中国古代诗歌的一大特色,自然景物经诗人摄入笔端,就必然带上诗人个人的感情色彩,达到情景交融的艺术效果。今天我们继续走进唐诗五首,在领略景物描写的同时,能充分感受景物中蕴含的丰富情感。

(三)活动设计

▲ 活动设计一:推介"我最爱的写景诗句"

我喜爱的一句写景诗句:_____
推介理由:_____

我最爱的写景诗句是:<u>树树皆秋色,山山唯落晖。</u>

推介理由:<u>这句诗描写了漫山遍野树叶枯黄,夕阳尽染的萧瑟衰败景色,诗人通过描写自己在东皋远眺之景,来表达他的孤独、落寞之情。</u>

五首诗歌在景物描写上都非常出色,学生在学习这五首诗歌时,了解诗人写景的方法,尤其是能够区分它们的不同之处,这也是本课的一个学习重点及难点。设计"我最爱的写景诗句"推介活动,其实是创设一个小平台,让学生在相互交流中,能抓住诗歌中的主要意象,较为深入地赏析写景句,从而充分理解诗人通过写景所表达的情感。

《野望》一诗,胜在写景富有特色。颔联聚焦于秋天的树林和夕照下的山峦,由远及近,描写静景;颈联通过"牧人"与"猎马"返回家园,展现动景。四句诗远近交织,动静结合,描写了夕阳西下农民和猎人带着收获回家的喜悦,展现出一幅山野晚秋图,从而反衬出诗人不知所归的忧郁茫然、孤单落寞的内心情感。

《黄鹤楼》中,虚实结合,情景交融,意境开阔。前两联从传说入笔,带来神秘的意境;后两联实写登楼之所见所感,自然抒发诗人乡愁。尾联的日暮思归,恰与诗歌开篇缥缈意境达成一致,首尾连通,情景交融,虚实相映,韵味悠长。

《使至塞上》用语精准传神。"大漠孤烟直,长河落日圆",一个"大"字,写出沙漠最突出的特征;"孤""直"静动相宜,传神地描写出狼烟直上云空之景;"长""圆"朴实无华,却抓住了事物本真的状态,写出大漠黄河苍茫阔大的意境。

《渡荆门送别》巧妙地以乘舟移动带来的不同视觉书写景物的变化,"山随平野尽,江入大荒流",远近景结合,给人空间感、流动感。"随""尽"之动态感,完全是得自诗人的实际体验,生动自然,将长江壮阔之景与诗人豁然开朗的心情融为一体。

《钱塘湖春行》则选取早春典型景物与生灵意象,用字精练巧妙,勃勃生机跃然纸上。"早莺""新燕""乱花""浅草"这些春季特有的意象,"争""啄""迷""没"这些充满生机的动词,将宏观和微观巧妙结合起来,静态与动态相互映衬,远景与近景遥相呼应,展现出一幅江南特有的春光旖旎图。

▲ **活动设计二:诗歌意象小仓库**

1. 考一考,意象知多少。

五首古诗中的意象在写景和抒情上发挥了极为重要的作用,那么,你还知道古诗中有哪些常见意象?

2. 找一找,谁是好朋友。

根据表格中的提示,把下列框中的常见意象填写在对应的表格内。

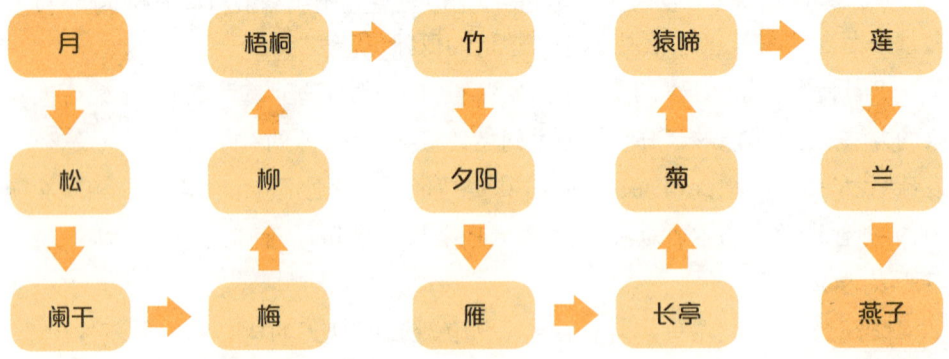

意象	常见情感	意象	常见情感
	思乡、怀人		隐逸、清高
	超凡脱俗		高洁
	高洁、隐士		坚贞、不屈
	正直、虚心		凄凉悲伤
杜鹃	凄凉哀伤、乡愁	鹧鸪	离愁别绪
寒蝉	思乡、离愁别绪		依依惜别
	送别、思念		思乡
	时光流逝,世事沧桑		思念、寂寞、离愁
红豆	相思		悲伤凄凉

此活动是为了让学生积累一些古诗中常见的意象及这些意象所表达的丰富情感,这有助于学生对整首诗歌意境及情感的理解。但是,意象的象征意义是丰富多彩的,诗歌情境不同,同一意象的象征意义也会有差别。所以,要提醒学生切勿不顾及诗歌的具体内容,生搬硬套,按图索骥,造成理解错误。

▲ 活动设计三:小试牛刀

通过寻找意象,阅读王湾的《次北固山下》。

客路青山外,行舟绿水前。潮平两岸阔,风正一帆悬。

海日生残夜,江春入旧年。乡书何处达?归雁洛阳边。

1. 诗歌中写到了哪些意象?

主要意象:青山、行舟、绿水、潮、帆、日、乡书、归雁。

2. 这些意象组合在一起表达了诗人怎样的情感?

海日东升,春意萌动,诗人放舟于绿水之上,继续向青山之外的客路驶去。这时候,一群北归的大雁正飞过晴空。雁儿是要经过洛阳的啊!诗人想起了"鸿雁传书"的故事,那么就请大雁捎个信吧:雁儿啊,烦劳你们飞过洛阳的时候,替我问候一下家里人。所以,这首诗通过描述诗人泛舟东行,停船北固山,看见潮平岸阔,残夜归雁的情景之后,情不自禁地抒发了自己的怀乡之情。

(四)课堂小结

王国维的《人间词话》:"昔人论诗词,有景语、情语之别。不知一切景语皆情语也。"意思是以前人们讨论诗词,都会有写景的语言,写感情的语言,殊不知所有写景的语言都是为了表达情感。今天,我们通过诗歌中的意象,着重体验了诗人通过写景来抒发的情感。今后我们在阅读诗歌中,要记住这一方法,抓住描写景物的诗句,特别是写景句中特定意象的表达作用,能够帮助我们深入理解诗人蕴含其中的情感。

(五)布置作业

选取课堂活动设计二"诗歌意象小仓库"中的某个意象,借助网络查找带有该意象的三首诗,摘录并体会该意象在诗中的作用。

写作　学习描写景物

一、教学目标与学习要素

(一) 教学目标

1. 学习多角度观察景物的方法，准确把握景物特征。
2. 运用多种修辞方法，生动描写景物。
3. 借助一定的联想与想象，在描写中融入感情。

(二) 学习要素

多样化的描写——进行多角度观察，恰当地运用修辞，借助一定的联想与想象，寓情于景。

二、教学建议

本单元虽然为文言文单元，但聚焦于景物描写是贯穿始终的一个学习重点。本节写作课旨在引导学生通过学习名家诗句学会观察生活，感知景物，并从中汲取相关的语文知识和艺术营养，在懂得欣赏的基础上，尝试借鉴、模仿，进而创新，观察生活，表达生活，达到学以致用的目的。所以，让学生试着将自己对身边景物的独到观察和独特感受，借助于恰当的写景方法，通过准确生动的语言进行描绘与抒情表达，是本次写作课的主要目标。

三、教学过程

(一) 导入

回忆所学课文中景物描写的片段，学生自由背诵。

如《三峡》中的"素湍绿潭"、《答谢中书书》的"高峰入云""晓雾将歇"、《记承天寺夜游》的"庭下如积水空明"、《黄鹤楼》《使至塞上》《渡荆门送别》《钱塘湖春行》中相应的描写等，哪些景物让你印象深刻？你能描绘一下吗？

通过问题导入，让学生回顾本单元课文写景的主要内容，为提炼写景方法做好初步准备。

(二)活动设计

▲ 活动设计一：美句中寻宝藏

赏析下列描写的语句,思考景物的特点、描写的角度、具体的写法、表达的情感,然后写成一段话,作为你的写作"宝藏"储存起来。

例句	思考	结论
"雨是最寻常的,一下就是三两天。可别恼。看,像牛毛,像花针,像细丝,密密地斜织着。"	作者在这段文字中,通过细致入微的观察,抓住春雨_____的特点,用_____、_____、_____等修辞手法进行描写。	通过视觉角度来描写,抓住春雨细、密、亮的特征,还运用了排比、比喻的修辞手法。
"这里除了光彩,还有淡淡的芳香,香气似乎也是浅紫色的,梦幻一般轻轻地笼罩着我。"	这里从花的_____写到_____,将_____觉和_____觉互通,传神地描绘出紫藤萝花的_____和_____。	① _____。
"夜,太静了,而且月光又像朦胧的银纱织出的雾一样,在树叶上、廊柱上、藤椅的扶手上、人的脸上,闪现出一种庄严而圣洁的光。海似乎也睡着了,我听到轻柔的浪花拍在沙滩上的微语。"	作者适当_____和_____,充分运用_____和_____的修辞手法,写出了月光的_____和海的_____。	② _____。
"素湍绿潭,回清倒影,绝巘多生怪柏,悬泉瀑布,飞漱其间……"	方法:_____结合,_____相衬,描写生动灵活,读起来让人有身临其境之感。	③ _____。
"东临碣石,以观沧海。水何澹澹,山岛竦峙。树木丛生,百草丰茂。秋风萧瑟,洪波涌起。日月之行,若出其中。星汉灿烂,若出其里。"	_____结合,_____结合,_____描写,_____结合等角度描写景物,使景物描写更丰满、更生动。	④ _____。

① 从视觉、嗅觉的角度,写出了花的美丽和繁盛,还运用了通感的修辞手法。

② 运用了联想和想象,以及比喻、拟人等修辞手法,写出了夜晚朦胧、轻柔、寂静的特点。

③ 俯仰结合,动静相衬。

④ 采用了多种手法:俯仰结合、远近结合、动静结合、正侧面描写相结合、虚实结合。

▲ 活动设计二：合作探究，归纳写法

请同学对上述表格中的常见写法予以归纳并交流。

$$\text{描写景物方法}\begin{cases}\text{抓住景物特征}\\\text{多角度描写}\\\text{恰当运用修辞手法}\\\text{在描写中融入自己的感情}\end{cases}$$

如果让学生直接去想有哪些写景方法，有一定难度，可利用所学过的课文中经典的写景片段，通过例句分析，从中提炼出景物描写的方法，让学生参与其中，更容易给学生留下深刻的印象。

▲ 活动设计三：当堂训练《校园一景》

1. 结合事先布置的观察活动，学生结合下面问题进行交流。

（1）自己最感兴趣（最喜欢）的校园一景是什么？

（2）你看到些什么？听到些什么？嗅到些什么？感受到什么？

（3）你观察到的，哪些是静止的？哪些是活动的？高、远处各有哪些景物？低处、近处各有什么？

（4）面对你观察到的景物，你心中有怎样的感触？

2. 尽量利用多种写法，从多角度来描写自己喜欢的校园一景，字数150字左右。

3. 课堂交流点评并修改该片段。

用学生熟悉的场所作为写作对象，结合所给的写法提示，学生在进行写作训练时有内容可写，有方法可依，能较好地落实本节课的写作目标。

（三）课堂小结

不管是生活在喧闹的都市，还是宁静的乡村，或者是美丽的校园，只要对大自然有一份浓浓的喜爱之情并能够投之以深情的目光，我们心里就会有一幅属于自己的自然图景。今天的写作活动是我们再现心中图景的一次尝试，事实证明，只要仔细观察，精心揣摩，多读多练，成功地描写景物也并不是一件难事。

（四）布置作业

以《我爱我校》为题，写一写自己学习生活的校园，课堂上的片段写作必须作为内容之一放进去，不少于500字。

名著导读 《红星照耀中国》 纪实作品的阅读

一、教学目标与学习要素

(一) 教学目标

1. 了解纪实作品，学习纪实作品的阅读方法。
2. 通过专题探究，感知书中内容，了解作者观点。

(二) 学习要素

纪实作品的阅读方法——利用序言、目录进行整体把握，梳理作品中的事实，读懂作者的观点与态度，指导读者的生活。

二、教学建议

《红星照耀中国》，曾易名为《西行漫记》，是美国记者埃德加·斯诺所著的纪实文学作品。1936年6月至1936年10月，他在中国西北革命根据地（即后来以延安为中心的陕甘宁边区）通过采访、对话和实地考察，对中国和中国工农红军以及许多红军领袖、红军将领的情况予以报道。该作品从多个方面展示了中国共产党为民族解放而艰苦奋斗、不怕牺牲、甘于奉献的精神，瓦解了种种歪曲、丑化共产党的谣言。斯诺通过对领导人和普通民众的观察和描述，把枯燥的内容转变为让读者读起来感到亲切生动的文字。美国哈佛大学教授、历史学家费正清评价该书："《红星照耀中国》经受住了时间的考验，它不仅是一份历史记录，而且阐明了时代的发展趋势。"

作为一部纪实作品，指导阅读时，最基本的要求是让学生清楚地把握作品所写的事实，学习作者用事实来表明立场、观点和态度的方法，最终用来指导自己的学习与生活。

三、教学过程

(一) 导入

纪实作品，是记录人与事真实情况的作品，其基本特点是用事实说话，其内容必须是真实的，不能凭空虚构。《红星照耀中国》就是一部纪实作品，它不像一些文学艺术作品，要么有曲折跌宕的情节，要么有华丽隽永的语言或丰富神奇的想象，但它也有自己的特点和价值。我们该如何来阅读此类作品呢？

(二) 活动设计

▲ 活动设计一：七嘴八舌话方法

1. 归纳。
- 利用序言、目录，获取整体印象
- 梳理作品中事实的前因后果、发展线索
- 读懂作者用事实表达的观点及持有的态度
- 结合实际，指导学习与生活

2. 读序言，了解相关背景信息。

作者是谁？是在怎样的背景下完成的作品？作品有什么影响？题目是什么意思？

作者简介	
时代背景	
作品影响	
题目含义	

3. 根据目录制订阅读计划。

阅读内容	阅读任务
第一篇： 探寻红色中国	1. 作者是带着哪些问题出发的？ 2. 用图表标注一路遇到的人和事，了解作者进入红区的方式和路线。

阅读内容	阅读任务
第二篇： 去红都的道路	1. 画出周恩来的人生轨迹图，了解周恩来的成长史。 2. 列表概括贺龙的相关事件和人物性格。

方法的归纳，是指导阅读《红星照耀中国》的重要教学手段。确定并根据阅读方法，有条不紊地安排阅读计划，展开阅读，才能保证学生在阅读任务的驱动下有目的地完成阅读，使阅读更有效。

▲ **活动设计二：主题探究**

1. 了解红军领袖的成长史，感悟红军精神。

◆梳理人生轨迹：用线形图呈现毛泽东、周恩来、朱德、贺龙等自己感兴趣的红军领袖的个人成长轨迹。

◆比较人物之异：通过比较领袖们的人生轨迹，分析人物经历的差异。选择最欣赏的人物，结合生平，写一份赞词。

◆洞悉领袖之同：归纳这些红军领袖身上的共同点，以"从他们身上我看到了……"的句式表达。

人物档案表：

	外貌形象、言谈举止	出身与家庭	童年经历	受教育情况	参加革命的原因	参加革命的经历
毛泽东						
……						
……						

2. 我是长征百事通。

★标注：长征地图。读书小组合作，在地图上标注红军长征的路线图，明确时间、地点和主要事件。

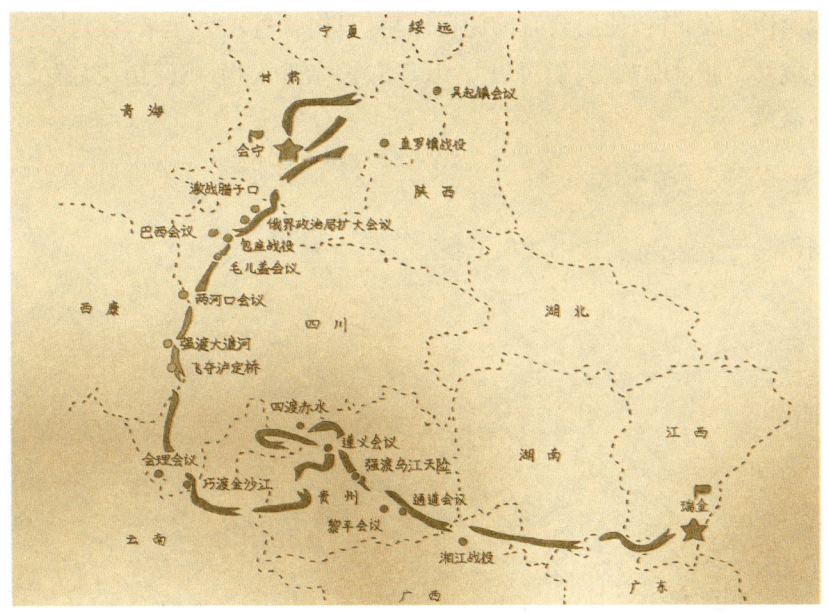

★交流：印象最深刻的一次战斗。

了解战斗的起因、经过和结果，对敌我双方的表现发表自己的看法。

★思辨：长征是逃跑吗？

结合原著内容，对长征的意义和价值发表观点。

★感悟：长征精神。

结合原著内容思考：长征精神是什么？它有什么现实意义？对现在的生活有什么启示？

整本书阅读完之后，各读书小组可按照自己的喜好，选择自己感兴趣的主题，进行个性化的探究活动，充分发挥学生的主观能动性，充分调动学生参与活动的积极性，使阅读更深入。

▲ 活动设计三：展示与交流

在前两个活动完成的基础上，开展展示交流活动：

1. 阅读小组读书成果分享会（制作幻灯片，选出小组主讲人）
2. 开展班级辩论赛（根据学生意愿，组成辩论队）

给学生提供展示阅读成果的舞台，无论是成果分享会还是辩论赛，让学生在这些活动中充分展现自己对《红星照耀中国》的阅读体验，交流其带给自己的影响。

（三）课堂小结

纪实作品的阅读，使用合宜的阅读策略，我们就可以读起来，读进去，从而获得阅读成就。通过阅读，我们可以"亲历"事件，亲近人物，感受历史，感受家国天下的使命感。

（四）布置作业

制作一份个性化的"读书成果汇编"。

单元练习

一、试题举隅

1. 课文《三峡》写三峡四时风光,为什么从"山"写起?而写"水"又是按照什么顺序来写的?这样安排有什么好处?

_____

_____

2. 《记承天寺夜游》中"水中藻荇交横,盖竹柏影也"一句写出了将_____当作水草的错觉,体现了_____的特点。《答谢中书书》一文中,作者则从三个方面描写出"动静结合"的景物特点:(1)_____(2)_____(3)_____

3. 《与朱元思书》中,作者从哪几个方面表现水"异"这一特点?试结合文中语句进行分析。

_____

_____

4. 《钱塘湖春行》写了早春的景色,诗中哪些词语充分体现了早春的特点?

_____

5. 选择题:

(1) 下列对《野望》这首诗的赏析不恰当的一项是(　　)

　A. 首联借陶渊明"登东皋以舒啸"的诗句,暗含诗人归隐后,尝耕东皋。

　B. 颔联和颈联运用动静结合的表现手法,使诗歌充满画面感,突显乡村气息。

　C. 颔联和颈联运用工笔细描的表现手法,精细描画出农村生活的真实场景。

　D. 尾联表明了诗人在现实当中难觅知音、孤苦无依,只好追怀古代高士贤人。

(2) 下列对《黄鹤楼》这首诗的赏析不正确的一项是(　　)

　A. 此诗起、承、转、合出神入化,文思如行云,富于变化,历来被推崇为题黄鹤楼的绝唱。

　B. 开头四句以传说落笔,巧借今昔变化,抒发出寂寞惆怅之感,气概雄浑,感情真挚。

C. 后四句想象在天晴时登楼远眺,由渺不可知的感觉转到晴川草树的景象,文势波澜起伏。

D. 尾联紧承前三联,用烟波浩渺的长江烘托作者归思,与开头意境相应,情融景中。

(3) 下列对《使至塞上》这首诗的赏析有误的一项是(　　)

A. 这首诗形象生动地描绘出壮丽、奇特、别致的塞外风光,意境雄浑。

B. 这首诗首尾叙事,中间写景,融叙事、写景、抒情于一体。

C. 颔联既言事又写景,更在叙事写景中传达出诗人"出汉塞""入胡天"时的激动与自豪。

D. 这首诗中最值得称颂的是颈联,它充分体现了王维诗歌"诗中有画"的特色。

(4) 下列对《渡荆门送别》这首诗的赏析不恰当的一项是(　　)

A. 这首诗是李白乘船出蜀至荆门时所作,随着眼前景物的变换,诗人自然地描绘出画卷般的景色,乡愁旅情,尽在诗中。

B. 颔联炼字精妙,"随"表现出群山与平野位置逐渐推移、变换,写出空间感和流动感;"入"渲染出江水汇流的磅礴气势,展示出诗人的广阔胸襟。

C. 颈联描写了一幅空阔辽远的月夜云天图,想象大胆奇特,有灵动之感,情韵悠长,体现了诗人的豪迈之情。

D. 尾联由欣赏美景转入深沉的乡情之叹,用拟人手法含蓄地表达了诗人对故乡山水的无限眷恋。

(5) 下列对《钱塘湖春行》这首诗的赏析不正确的一项是(　　)

A. 这是一首七言律诗,它描绘出刚刚披上春装的西湖生意盎然的景色,抒写了作者对西湖美好春光的喜爱。

B. 三、四句中,诗人抓住"争""啄"这两个极具表现力的词语,勾画了一幅早莺争向暖树、新燕啄泥衔草的动态画面。

C. 五、六两句,作者看到的是一派花团锦簇、繁花盛开的美丽景象,而浅浅的小草,翠绿如茵,刚刚能将马蹄埋没。

D. 结尾处写诗人来到绿树成荫的白沙堤上,这里景色美不胜收,让人久久不忍离去,不由发出"最爱"的赞叹。

二、综合阅读

与顾章书

吴 均

仆去月①谢病,还觅薜萝②。梅溪③之西,有石门山者,森壁争霞,孤峰限日;幽岫④含云,深溪蓄翠;蝉吟鹤唳,水响猿啼,英英⑤相杂,绵绵成韵。既素重幽居,遂葺宇其上。幸富菊花,偏饶竹实。山谷所资⑥,于斯已办。仁智之乐,岂徒语哉!

【注释】①去月:刚过去的一个月。②薜萝:一种山中生长的藤本植物。屈原《楚辞·九歌·山鬼》:"若有人兮山之阿,被薜荔兮带女萝。"后以此代指隐士的服饰。③梅溪:山名,在今浙江安吉境内。④幽岫(xiù):幽深的山穴。⑤英英:同"嘤嘤",象声词,形容虫鸟动物的鸣叫,也形容声音和谐动听。⑥资:出产的东西,提供。

1. 解释文中加点词。
① 既素重幽居(　　　　)　② 岂徒语哉(　　　　)
2. 用现代汉语翻译划线句。
山谷所资,于斯已办。

3. 能体现山之高峻的句子是"_____",请作简要分析。

4. 这篇写景散(骈体)文,表达了作者怎样的情感?

解 析

一、试题举隅

1. 因为"峡"的意思就是两山夹水的地方,有山才有"峡",所以从山写起。写水是按照水势由涨到落的顺序来安排的,先写夏水襄陵,再写春冬之时的素湍绿潭和悬泉瀑布,最后写秋天山涧的水枯,先写夏水的凶险、迅疾,可以突出三峡夏水最盛的特点,给人留下深刻的印象。

2. 庭中竹柏之影　月色清澈透明

(1)形体的动与静：流水为动，高峰为静；(2)光色的动与静：五色交辉为动，林青竹翠为静；(3)声响的动与静：猿鸟乱鸣为动，晓雾为静。

3. 水"异"主要是从水色、水深、水清、水急等方面来表现。如"千丈见底"中"千丈"，运用夸张手法，写出了富春江水之深；"见底"一词也直接刻画了水的清澈。"游鱼细石，直视无碍"，运用侧面描写，描写了水之清这一特点。作者从视觉的角度，描写了水中游动的鱼儿和细小的石头，可以直接看见，毫无障碍。"急湍甚箭，猛浪若奔"这一句中，作者拿湍急的水流和箭进行对比，同时运用比喻的修辞手法，把凶猛的巨浪比作奔腾的骏马，生动形象地写出了江水水流之急。

4. 颔联和颈联细致描绘出西湖春行所见景物，以"早""新""争""啄"表现出黄莺与新燕的动态，以"乱""浅""渐欲""才能"描写花草向荣之趋势，凸显早春特色。

5. (1) C　(2) C　(3) C　(4) B　(5) C

二、综合阅读

1. ① 向来，一向　② 只，仅仅

2. 山谷中隐居生活的必需品，这里都已具备。

3. 森壁争霞，孤峰限日　化静为动；拟人修辞，赋予了人的心态动作；动词"争""限"对应宾语"霞"和"日"，作者极尽夸张之力，写出了山之高大。

4. 本文写了作者醉心于美丽的山水之中，表达了作者对美景的喜爱之情。而从文章的开头与结尾，也能看出作者的归隐之心。（与《与朱元思书》的主题相似）

第四单元

单元教学目标

1. 了解不同类型散文的特点。
2. 掌握文章内容,体会作者情思。
3. 品味赏析富有特色的语言。

单元内容框架

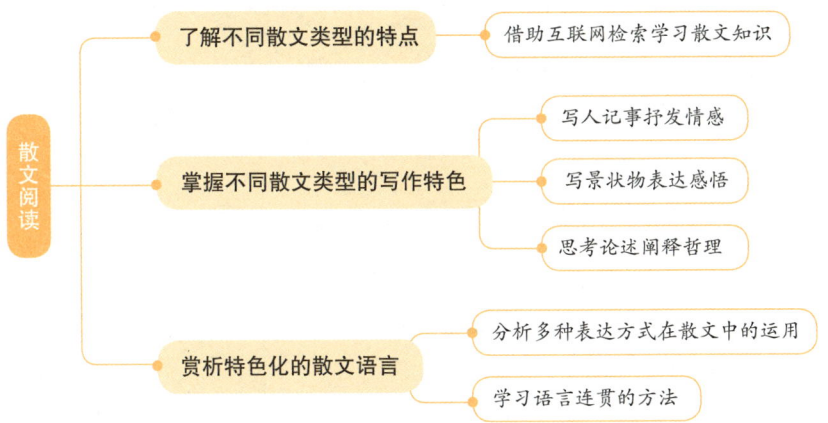

单元设计说明

本单元是一个散文阅读单元，内含多种类型的散文。有写人记事表达父子情深的《背影》；有托物言志赞美民族精神的《白杨礼赞》；有阐发深刻哲思的《永久的生命》《我为什么而活着》；有写景抒情歌颂美好的《昆明的雨》。

阅读本单元多样化的散文，需要抓住类型化的写作手法，体会特色化的语言，感悟个性化的情思，理解作者在特定情境下对特定事物所产生的特殊的情感体验和深邃的人生感悟。写作部分以"语言要连贯"为训练主题，亦是对散文形神合一的语言的深层次品析实践。综合性学习"我们的互联网时代"的探索，正可以成为研究本单元内容的帮手，借助查找、搜集等互联网手段，助力完成了解不同类型散文特点的学习宗旨。

14　背影

朱自清

一、教学目标与学习要素

（一）教学目标

1. 品读特定意象"背影"的相关语段，理解其中蕴含的深情。
2. 品味平实且饱含情感的叙述语句，概括、梳理作者的情感变化。

（二）学习要素

1. 特定意象"背影"反复出现，承载着"父子亲情"的永恒母题。
2. 关注隐讳的叙述语句，体会作者的情感变化。

二、文本解读

（一）课文整体解析

《背影》发表于1925年，1930年选入语文教材，这篇散文在不同时期不同版本的语文教材中均有出现。作者曾说过："我写《背影》，就因为文中所引的父亲来信里的那句话，当时读了父亲的信，真的泪如泉涌。我父亲待我的许多好处，特别是《背影》里所叙的那一回，想起来跟在眼前一般无二。"[①]文章主要叙写了作者的所见、所感、所闻、所思，通过"背影"这一特定意象，刻画了"父亲"这一真实具体的人物形象，看似叙述家常的琐事，却记录了作者丰富的个人情怀，真挚朴实的情感流淌其间，打动了一代又一代的读者。

作者写父亲，没有选择正面描写，而是选择了父亲的背影，通过这种以小见大的手法来反映人物的行为特点和精神世界。"背影"在文中共出现了四次，这是儿子回忆父亲时选定的一个特定角度。作者最不能忘记的是父亲穿过月台买橘子时的背影，这个背影后面有着怀揣复杂心绪的儿子那深情注视的目光。"背影"这一意象固然能体现出父亲对儿子的深爱，但也绝对不能忽略作者通过"背影"来体会父爱的那颗心和那双眼。

---

① 朱自清：《关于散文写作答〈文艺知识〉编者问》，载《朱自清全集》第4卷，江苏教育出版社1990年，第483页。

除了借助"背影"这一核心意象来描写父亲外，文章所呈现的事件同样经过了作者极具个人特性的感官过滤。比如文章前半部分叙述家里的变故及父亲的忙乱，且儿子已成年的情况下父亲坚持为儿子送行，不理解这种刻意为之，就无法进一步理解作者独特的情思。散文阅读，首先需要关注言说的对象，这是作者表情达意的前提和基础。

《背影》一文中有两个"我"，一个是和父亲之间存有隔膜还在读大学的"我"，一个是已成为大学教授回忆往事写作此文的"我"。从"那年冬天"到写作此文，中间相隔八年之久，成年后的"我"在看到父亲的来信后，回忆往事，情不能已，于是用文字叙写了自己对过去日常生活的独特感悟和情感认知。文中有因深沉父爱而带来的那份感动，更有因父子隔膜而带来的悲哀难过以及和父亲消除误解后的忏悔自责。这种情感是属于作者的独特的人生经验。作者在经历了人世艰难之后，面对日益老去的父亲，纵然彼此间曾有过较深的隔膜，但最终被出于天性的父子之情所消解，彰显出父子之爱的伟大与永恒，从而使文章生发出感人的力量，打动了一代又一代读者。

当然，这种独特的情感认知是通过个性化的言语表达传递给读者的。《背影》这篇散文在语言表达方面主要有两个特点。简净动人的直接描写中饱含着挚爱深情最为突出，读者通过自我阅读就能直观且强烈地感受到这一点。其次是简洁叙述语言中的隐讳表达。比如文章并没有直接描写作者在车站所见的父亲的背影，而是从作者离开北京写起，先到徐州，回到扬州，再到南京。为什么不直接从南京或从扬州写起呢？为什么在结尾处写完作者所见父亲的背影后，又提及近几年和最近两年的事情呢？这样安排会不会减弱背影带给读者的强烈感受呢？其实，这正是本文语言表达的另一特点。朱自清在回忆父亲的背影时，暗含了他们的家庭史，仔细阅读就能够发现文中的省略和隐讳之处。也正因为这一点，文章在语言表达的用词上极为讲究，看似点到为止，实则包含着许多复杂信息。所以，阅读时还需了解一下作者的家庭状况，补充一些必要的背景介绍。如果忽略了这一点，只聚焦于背影所蕴含情感上的解读，无疑会大量减缩文章所表现的丰富内容和所承载的深厚情感。

（二）重点语段细读

1. 我与父亲不相见已二年余了，我最不能忘记的是他的背影。

开头第一句话表明了"我"和父亲近两年的相处情形——"不相见"。这三个字的意思是不能相见还是不愿相见？联系作者的经历，自然知道这三个字暗含了父子之间多年来的矛盾和冷战，但简洁冷静的叙述却很容易让人忽略这一点，从而把目光聚焦于第二句"我最不能忘记的是他的背影"，为什么"我"最不能忘记的是"他的背影"呢？那又是怎样的一个"背影"？这样开头，直接点题，语言简净，富有张力，既突显出"背影"的不同寻常，奠定了本文的感情基调，又能够吸引读者带着思考进入文本。

2. 他嘱我路上小心，夜里要警醒些，不要受凉。又嘱托茶房好好照应我。我心里暗笑他的迂；他们只认得钱，托他们只是白托！而且我这样大年纪的人，难道还不能料理自己么？唉，我现在想想，那时真是太聪明了！

父亲反复地嘱咐"我"，又嘱托茶房，细致入微，呵护备至。这样一位慈爱的父亲，却并没有得到儿子的理解和认可，面对父亲的行为，"我"觉得这是一种"迂"，觉得自己更了解世事，这是不到二十岁的"我"对父亲的一种认知与评价。究其原因，除了有初涉社会年轻人常见的那种自以为是之外，还带有一种不能理解父亲的关爱和不愿意接受父亲关爱的心理。这里的施爱者与被爱者之间明显存在着隔膜，父子之间的情感呈现出一种错位。文中没有明确标明"那年冬天"是哪一年，但据朱家的家族史可知是1917年冬天。作者写这篇文章则是在1925年10月，近八年之后已饱尝生活艰辛的"我"再回望当年的自己，用"那时真是太聪明了"这句似褒实贬的话语道出了自己当年不理解父亲的后悔与自责，同时也写出了"我"最终对父亲爱子之情的理解和体谅。

3. 我看见他戴着黑布小帽，穿着黑布大马褂，深青布棉袍，蹒跚地走到铁道边，慢慢探身下去，尚不大难。可是他穿过铁道，要爬上那边月台，就不容易了。他用两手攀着上面，两脚再向上缩；他肥胖的身子向左微倾，显出努力的样子，这时我看见他的背影，我的泪很快地流下来了。

父亲的穿着是民国初年常见的男衣样式，即俗称的长袍马褂，和现在中年男人出门办事身着正装有些类似。从"黑布""深青布""棉袍"等词语中可以看出冬天父亲穿的衣服较多，衣服材质非常普通，其中"黑""深青"这样的暗冷色表明了父亲还在守孝期间。"蹒跚地走""慢慢探身"两个动作形象地写出了父亲行动不便的状态。原因可以从多个角度来思考：一是冬天父亲身着棉袍马褂，衣服臃肿，行动不便；其次是父亲体态偏胖且年近五十，已进入中老年时期；再加上家中遭遇的多种变故：办丧事、丢职务、还债务、谋求职。白描式的语句勾勒出一个心力俱乏、备受生活煎熬的父亲形象。

　　但父亲坚持要为"我"买橘子,这件事情对父亲来说并不轻松,有一定高度的月台让身子肥胖、衣着臃肿的父亲攀越时显得十分艰难。"攀""缩""微倾""努力"等词语具体细腻地描写了父亲爬上月台的艰难姿态。这就是"我"最不能忘记的父亲的背影,情不自禁地流泪是"我"内在情绪的外显。父亲的背影让人感受到一种艰难的努力,这一份父爱着实朴素而深厚,感人泪下。身着长袍马褂的父亲艰难攀爬月台的背影看上去并不雅观,甚至有些难看,而此时的父亲却完全忘却了自己的不雅观或者说根本就没有在意自己当时的形象,这恰恰表现了当时父亲心中只有儿子却没有自己。作为儿子目睹这一幕,除了感动之外或许还有一股心酸泛上心头。所以,"父亲买橘"这一幕是"我"眼睛所看,更是"我"的内心所感,"我的泪很快地流下来了"便是"我"的内心在瞬间受到强烈触动和情感上不可遏制的表现,父亲的背影自然便在"我"心中定格,成为永恒的画面。

三、教学过程

第一课时

(一) 课时目标

精读围绕"背影"所描叙的情景,通过品析富有表现力的词句,感受父爱深沉。

(二) 导入

请同学们回忆写父亲、母亲的文章。如果让你来写自己的父亲,你会选择一个怎样的视角?通过这个视角想要表现一位怎样的父亲呢?

(三) 活动设计

▲ 活动设计一:七嘴八舌说背影

通读全文,用一个词语或短语概括这是一个(　　)的背影。

填写的不同词语,其实是从不同角度感知父亲的形象。如:父亲的背影——点明了本文的叙事对象;蹒跚的背影——表明了父亲行路时的艰难,概括了人物年老、身材肥胖等特点;感人的背影——表达了作者内心的情感;父亲买橘子的背影——概括了文章的主体事件;充满回忆的背影——明确了文章属于回忆性散文……通过不同词语的填写,引导学生从不同角度感知课文。这是走进文本整体感知的第一步。

▲ **活动设计二：最佳插图评背影**

如果课文中需要配一张插图，请选择一张你认为最合适的图片，圈画出该图和文中对应的语句，并陈述一下你选择该图的理由。

图一　　　　　　　　图二　　　　　　　　图三

图一："我看见他戴着黑布小帽，穿着黑布大马褂，深青布棉袍，蹒跚地走到铁道边。""又看见那肥胖的、青布棉袍黑布马褂的背影。"

图二："他用两手攀着上面，两脚再向上缩；他肥胖的身子向左微倾，显出努力的样子。"

图三："过铁道时，他先将橘子散放在地上，自己慢慢爬下。"

三张图片是父亲在南京浦口车站为"我"买橘子时不同阶段的动人情景，细节刻画中均能体现作者观察之仔细，用词之精准，感受父爱之深刻。

"蹒跚"的意思是"走路摇摆的样子，不方便"。结合文本可知，父亲年纪大了，又是一个胖子，所以腿脚不灵活，走路动作缓慢，有些摇摆。再加上铁道边的路并不好走，需要爬上爬下，但父亲还是坚持自己去给"我"买橘子。比如图二中所描绘的"攀着""向上缩""向左微倾"一系列动作，既体现了父亲对儿子深沉的爱，也传递出这份深爱背后的艰难和不易。这样描述，表达出"我"对父亲的细致观察，对父爱的深切理解，为下文"我的泪很快地流下来了"从情感上进行了蓄积和铺垫。

▲ **活动设计三：透过衣着看父子**

通读全文，找出有关父子衣着的描写，然后进行比较、思考，体会其中的深情厚爱。

1. 我的服装——"紫毛大衣"

"我将他给我做的紫毛大衣铺好座位。"

2. 父亲的服装——"黑布小帽""黑布大马褂""深青布棉袍"

"我看见他戴着黑布小帽,穿着黑布大马褂,深青布棉袍。"

3. 父子服装比一比:你有何发现?

"我"有一件漂亮高档、能抵御严寒的"紫毛大衣",作者特意交代是父亲给"我"做。相比之下,父亲的穿着太不显眼了。"黑布小帽""黑布大马褂""深青布棉袍",这些语句主要交代了衣服的材质和色彩,看似普通,其实蕴含着丰富的内涵和情感。文中交代了祖母去世,家道中落,父亲需要外出寻找工作,再加上正值冬天,所以他穿的衣服较为正式且厚重,但衣服材质非常普通。此时还在为祖母守孝的父亲,自然也充满着复杂的心绪:丧母的悲伤、失业的压力、离别的伤感等。此种家境、心境之下,父亲还为北上的"我"做了件紫毛大衣御寒,尽可能把更好的东西给"我",考虑之细微周到、父爱之浓烈厚重可见一斑。所以,关注父子的装束,并加以比较,不仅能让读者看到一个隐忍含蓄、默默承受的父亲形象,还能深切感受到细致入微、厚重博大的父爱深情。

▲ 活动设计四:放大镜中看细节

1. 除了"买橘"之外,"买橘"之前的哪些细节同样让人感到父爱情深?

文章四、五节主要叙述父亲送"我"的过程,整个过程写得非常细碎。特别是"终于不放心""终于决定还是自己送我去""但他终于讲定了价钱"这三句,三个"终于"写出了父亲仅仅因送儿子这一件事情,就在诸多小事上反反复复、犹犹豫豫,周到琐碎中让人看到了一个为了儿子操碎心的慈父形象,也自然引出了后文父亲艰难买橘一事。从父亲对儿子的爱这一点来看,文章前后可谓一气贯注,一脉相承。

2. 送别过程中,父子的行为表现各不相同,通过填写下列表格,说说自己的发现。

	父亲	儿子
第一日	(为找工作东奔西走)	和朋友游逛
第二日	再三仔细嘱咐茶房	(认为不必要)
	照看很多行李	买票

续 表

	父亲	儿子
	（和脚夫讨价还价）	认为父亲说话不漂亮，插嘴
	（送我上车并拣定椅子）	将紫毛大衣铺好座位
	（反复嘱咐我、嘱托茶房）	（暗笑父亲"迂"）
发现	（父亲忙碌不停，儿子悠闲自在，父亲为儿子几乎倾尽全力，但儿子并不理解、认同父亲的所作所为。）	

(四) 课堂小结

送别时父亲放下自己手头的事情，为了儿子倾尽全力，毫无保留，但这份爱，并不被当时的"我"所理解。父亲买橘子时的背影在"我"心里掀起了情感狂澜，是因为当父亲在力不从心地攀爬月台时，"我"却坐在垫着紫毛大衣的座位上看父亲。"我"知道父亲过去要费些事，"只好让他去"并非只是在满足父亲的愿望，也有对父亲一贯的冷漠和嫌弃。但当真正目睹年迈的父亲艰难攀爬时，"我"原来那颗冰冷的心被感动了，"赶紧拭干了泪""赶紧去搀他"这些行为举动包含着担心、歉疚、自责和怜惜。这是父爱伟大之所在，"我"的变化，有力地衬托了父亲这一动人形象。

(五) 布置作业

面对父亲背影暗暗地两次流泪，"我"是怎样的心理呢？请结合下列两个句子，分别为"我"添加一段内心独白。

1. 这时我看见他的背影，我的泪很快地流下来了。
2. 等他的背影混入来来往往的人里，再找不着了，我便进来坐下，我的眼泪又来了。

第二课时

(一) 课时目标

梳理文章的时间脉络和相关事件，理解隐讳叙述中所折射出的父子关系及作者在生活推移中的情感变化。

(二) 导入

父亲的背影令人动容动情，有没有细心的同学在阅读中发现：作者是在什么时候用深情的文字写下这篇动人的文章的?

> (三) 活动设计

▲ 活动设计一：填写时间轴,梳理相关事件

找出文中表示时间的词语,按照先后顺序完成时间轴的填写,和文章对比一下,看看有何发现。

时间轴:"那年冬天"——"近几年来"——"已二年余了"——"最近两年"

疑问：为什么"两年不见"首尾反复提及?

"那年冬天"指哪一年?

"近几年来"来发生了什么导致"不相见已二年余了"?

为什么作者不在去北京的路上或到北京之后写下本文,而要到几年之后才写呢?

为什么有些事情没有明确叙述呢?

作者通过深情回忆,对父亲的"背影"这一特定形象进行精细描写,将"父爱"的真挚厚重写得格外动人,这一点学生很容易理解。但作者在此文中多处隐讳的表达却不大容易被人关注,这是学习本文的一个难点,关注这些表述含糊的时间词,厘清其顺序及对应的内容,是进一步解读文本、理解作者情感的前提和基础。

▲ 活动设计二：信息连连看

根据材料,将文中的时间词和以下内容连接起来。

- 1915年,朱自清父亲包办朱自清的婚姻,朱自清有怨言,父子生隙。
- 1916年,朱自清上北大后,自作主张把"朱自华"改名为"朱自清",父亲很生气。
- 1917年,父亲失业,祖母去世,家庭经济陷入困顿,朱自清的二弟几乎失学。据《朱自清年谱》记载：父亲朱鸿钧时任徐州榷运局长(榷运局为民国初年官方所设掌管盐专卖专运的机构),在徐州纳了几房妾。此事被当年从宝应带回的淮安籍潘姓姨太太得知,她赶至徐州大闹一场,终至上司怪罪下来,撤了父亲的差。为打发徐州的姨太太,朱鸿钧花了许多钱,以至亏空五百元,让家里变卖首饰,才算补上窟窿。祖母不堪承受此变故而辞世。[①]
- 1921年,朱自清北大毕业参加工作,父亲私自扣留了朱自清的工资,父子发

[①] 姜建、吴为公：《朱自清年谱》,光明日报出版社,2010年版,第9页。

生激烈矛盾,朱自清离家出走。
- 1922年,朱自清带儿子回家,父亲不准他进门,朱自清只能怅然离开。
- 1923年,朱自清在温州十中任教,再次回家,父亲不搭理他,父子冷战。
- 1924年3月,朱自清前往白马湖春晖中学任教。9月,朱自清抵宁波浙江省立第四中学任教。10月,朱自清携眷到春晖中学。
- 1925年8月,朱自清受聘清华大学,8月底抵北京,开始任教于清华大学,生活自此才比较稳定。同年,父亲写信给朱自清说"大约大去之期不远矣",12月8日,朱自清在泪水中完成《背影》。

提供作者与本文有关的必要经历,才有可能解答学生的疑惑,或者和学生的猜读形成相互印证,揭秘隐含信息。结合以上背景,可以得知,"那年冬天"指的是1917年;文章写于1925年,"不相见已二年余了""最近两年的不见"大约是1923年以来的一段时间;"近几年来"则指作者从1921年以来求职谋生的一段经历。父子二人之间因生活诸事产生了较深的矛盾和隔膜,但作者只用"他待我渐渐不同往日"这淡淡一笔道出了与父亲的恩怨,笔法可谓含蓄简约。

▲ **活动设计三:遥遥相应两日记**

如果朱自清有写日记的习惯,1917年和父亲告别后写下一则日记,八年后(1925年)写好这篇文章后又写下一篇日记,这两则日记大概会写些什么内容?分别表达出作者内心怎样的情感?小组合作,结合文章内容,任选一个时间写一则日记,在班级中交流。

_____年×月×日

这两则时隔八年的日记,是作者对生活、对亲情、对父子关系认知的两个不同阶段。

通过这样的活动,能够让学生更深入地感受作者八年前后的内心情感和变化,从而理解作者其实是在借这篇文章委婉地向父亲传递自己的愧悔之意。

作者曾说:"我写《背影》,就因为文中所引的父亲来信里的那句话,当时读了父亲的信,真的泪如泉涌。我父亲待我的许多好处,特别是《背影》里所叙的那一回,想起来跟在眼前一般无二。"从父亲的来信中可以隐约感觉到,在父子关系长期僵化的情况下,父亲的态度有所软化,信中含蓄表达了希望儿子回家看看的愿望。作者看到这封信,回想起诸多往事,"那年冬天"父亲差使交卸、祖母去世、父亲买橘,以及"近几年来"各自东奔西跑及父亲"老境颓唐""触目伤怀"等,时间交叠中,父子之情变得更为丰富和复杂,既有作者对父亲当年细微之爱的理解与感动,又有作者对父子过往中自我表现的反省与悔意。"我那时真是聪明过分""唉,我现在想想,那时真是太聪明了!""唉!我不知何时再能与他相见!""聪明"一词两次褒义贬用,"唉"的反复出现,结尾处的两个感叹号,饱含了作者说不尽的愧疚,想见父亲的热望及对父亲身体的担忧等丰富的情感。

所以,回忆性散文的创作,大多是因为作者偶然受到触发,想起了过往的人和事,又借着对过往的人和事的描写,来表达此时此刻的情感。因此,作者不会把过往的人和事全都叙述出来,而只是有所选择地叙述那些最能反映此时内心状态的典型事件、关键场景等,从而更好地抒发特定情感,表达写作意图。

(四)课堂小结

这节课的学习让我们感受到了回忆性散文侧重于表达"我"内心情感这一鲜明特点。回忆性散文往往有两个"我",一个是生活中经历系列事件的"我",一个是回忆往事进行写作的"我",两者之间会构成一种自我批判或自我发现的关系,于是也就有了叙述视角和回忆视角的交错出现,随之而来的是叙述视角的"我"在彼时彼地和回忆视角的"我"在写作本文时的不同感受,让人不仅仅读到了父子情深,还感受到了作为儿子多年之后选择了和父亲和解时的复杂心境。

(五) 布置作业

把课文最后一节改为第二人称直接抒情并朗读,然后比较和原文在表达效果上的不同。

15 白杨礼赞

茅 盾

一、教学目标与学习要素

(一) 教学目标

1. 通过概括白杨树的特征,体会作者对坚贞不屈、奋勇顽强精神的礼赞,理解题目"白杨礼赞"的内涵。

2. 梳理文章的抒情脉络,通过析词赏句,能够带着昂扬向上的情感朗读课文。

(二) 学习要素

理解象征的作用——运用具体形象表现某种抽象的概念、思想和情感。

二、文本解读

(一) 课文整体解析

《白杨礼赞》是茅盾先生在 1941 年抗日战争相持阶段创作的作品,这正是中国共产党抗日战争最艰难的时期——外有日本帝国主义的侵略,内有国民党政府的阴谋,在内忧外患之下,中国共产党坚定立场,顽强抵抗,挺起了民族的脊梁。作者茅盾先生恰在这一年收到朱德同志的邀请,前往延安,切身感受到解放区军民的团结奋进、坚毅刚强,留下深刻的印象。"皖南事变"后,作者看到了国民党反动派的消极抗日、积极反共的态度,因此毫不掩饰地借"白杨树"抒发了对我们民族解放斗争中所不可缺的朴质、坚强、力求上进的精神的赞美之情,也讽刺和批判了国民党反动势力。本文是在特殊时期下,因作者的特定目的而创作出的抒情散文。作者采用象征的手法,通过对比、衬托,反复直抒胸臆,由树及人,由人物形象到精神品质,充分地表达了对"白杨"的礼赞,对抗日战争时期共产党领导下的广大军民崇高精神品质予以歌颂。

象征是借某一具体事物或形象表达某种意义,这一意义不是事物本身就具有的,而是作者借此事物所做的联想和寄托。作家将想说而不愿直说或不能直说的思想、情志寄托于某事物、某形象上,以更具感染力的方式传达给读者,增强了文章的表现力。本文作者就赋予了"白杨"以特殊的意义,通过礼赞白杨,突显"白杨精神"的崇高,这种精神象征着广大的北方农民,象征着面对日本帝国主义的入侵而坚决抵抗保卫家园的抗日军民,象征着抗日军民骨子里那种坚贞不屈、奋勇顽强的精神。

  作者在文中先描绘了白杨树辽阔平坦却又单调的生长环境,再转入对白杨树的具体描写——那是力争上游的一种树,笔直的干,笔直的枝。它所有的丫枝一律向上,而且紧紧靠拢,也像加过人工似的,成为一束,绝不旁逸斜出;它的宽大的叶子也是片片向上,几乎没有斜生的,更不用说倒垂了;它的皮光滑而有银色的晕圈,微微泛出淡青色。这段文字从整体到局部依次描写了白杨树的干、枝、叶、皮,刻画了其高大、挺拔的外形。而"力争上游""一律向上""紧紧靠拢""绝不旁逸斜出""片片向上"等词的形容,好像塑造的不仅仅是一棵树的形象,而是一个人,一个充满向上精神和顽强斗志的人。不,这又不仅仅是一个人,而是一群牢牢团结在一起,奋勇向前的人们。此处,已经隐约显露了白杨的象征意义。

  接下来,作者层层推进,不遗余力地揭示着"白杨"的意义。其间,有间接地表达,如"它没有婆娑的姿态,没有屈曲盘旋的虬枝。也许你要说它不美。如果美是专指'婆娑'或'旁逸斜出'之类而言,那么,白杨树算不得树中的好女子。但是它伟岸,正直,朴质,严肃,也不缺乏温和,更不用提它的坚强不屈与挺拔,它是树中的伟丈夫"。此处,既有对比,也有比喻,彰显了白杨所象征的质朴正直与坚忍不拔的精神品质。其间,更有诸多直抒胸臆,如"难道你就觉得它只是树?难道你就不想到它的朴质,严肃,坚强不屈,至少也象征了北方的农民?难道你竟一点也不联想到,在敌后的广大土地上,到处有坚强不屈,就像这白杨树一样傲然挺立的守卫他们家乡的哨兵?难道你又不更远一点想到,这样枝枝叶叶靠紧团结,力求上进的白杨树,宛然象征了今天在华北平原纵横决荡,用血写出新中国历史的那种精神和意志?"这里,既有反问,也有排比。作者一连三问,强势推出白杨的象征深意,这是北方解放区农民的精神,这是捍卫家乡军人的精神,这是抗击外敌、创造新中国的军民们共同的精神。

  作者借用象征的手法,毫不掩饰,也无须含蓄地通过赞美白杨来讴歌此时此刻——中国抗日战争最艰难的日子里,中国人最最需要,也真正具有的崇高品质。正是作者赋予了"白杨"如此浓烈的情思和深刻的意义,孙绍振曾认为:"第一,这是一篇散文形式的颂歌,或者叫做散文诗;第二,语言句式是散文的,但是结构模式是诗歌的复沓式;第三,修辞方法是象征的,象征的特点是,感性的形象中蕴含着的主要是思想而不仅仅是感情;第四,这种象征性的颂歌,是一种政治性的颂歌,歌颂的对象是,抗日战争时期,在共产党领导下,在敌后方浴血奋战的广大军民。"[1]即便认定本文是一篇托物言志的抒情散文,那么所托之物"白杨",也是透过其自身特点,加以联想和想象,赋予了个性化的"志"。与《爱莲说》中作者借写莲"出淤泥而不染,濯清涟而不妖,中通外直,不蔓不枝,香远益清,亭亭净植"的特点,寄托对洁身自好、不与世俗同流合污的高贵品质的追求,是相一致的。因此,理解本文的象征,是走进文本的关键。

(二)重点语段细读

① <u>白杨树实在是不平凡的</u>,我赞美白杨树!

② 那就是白杨树,西北极普通的一种树,<u>然而实在是不平凡的一种树</u>!

③ 这就是白杨树,西北极普通的一种树,<u>然而决不是平凡的树</u>!

④ <u>白杨不是平凡的树</u>。它在西北极普遍,不被人重视,就跟北方的农民相似;它有极强的生命力,磨折不了,压迫不倒,也跟北方的农民相似。我赞美白杨树,就因为它不但象征了北方的农民,尤其象征了今天我们民族解放斗争中所不可缺的朴质、坚强、力求上进的精神。

这四个语段,是文章第 1 段、第 4 段、第 6 段和第 8 段的组合。其共同点是都在强调白杨树的"不平凡",都是通过直接抒情的方式表达赞美之情。四个语段的划线句,在语言表达上非常类似,反复出现,具有突出强调的效果。这就是前文援引孙绍振先生的评价时,提及的"语言句式是散文的,但是结构模式是诗歌的复沓式"。这样的语言形式,更有利于抒情,是毋庸置疑的。然而,作者此处的遥相呼应,真的只是简单的重复吗?

语段①,由"白杨树"说起,到"白杨树"结束,志在点题——"白杨树"对应"白杨",突出抒情的本体;"赞美"对应"礼赞",又不等同于"礼赞",分歧之处,恰恰是探究的起点。如此这般,奠定了情感基调,也给读者留下了深刻的印象。

语段②,延续了语段①中的"实在是不平凡的",这是一次呼应。可是,中心语落在"一种树"上,用"然而"进行转折强调,便再次形成了分歧:树,为什么会"不平凡"? 这是文章的第 4 段,而答案在前三段是觅寻不到的,因此得以引出下文对白杨树的具体描写,且听作者娓娓道来。

语段③,俨然从语段②的"那就是"变成了"这就是",从远指变成了近指,拉近

---

[1] 孙绍振.关于树的诗文赏析(四)——茅盾《白杨礼赞》[J].中学语文,2009:40—43.

了距离,是更加深入地走进了白杨。这是文章的第 6 段,在亲见白杨树的外形之后,切身感受到了白杨的气质,所以也自然更加深入了。作者在这里喊出"然而决不是平凡的树",翻转之后是确凿无疑,"不平凡"的不是它的生长环境,而是"力争上游""一律向上""紧紧靠拢""绝不旁逸斜出""片片向上"……这种气质,亦或说"精神",已初露锋芒。用"决不",而不是"绝不",将主观意识强化至此,可见作者情感之浓烈,思考之深刻,所以也使用了感叹号。为何能如此决绝,则需要继续阅读第 7 段的分析。

语段④,直接说"白杨不是平凡的树",用了相较而言最短的一句否定,虽然提取主干是"白杨不是树",但其强调的核心是"白杨不平凡"。答案至此,已然呼之欲出,只要对前文进行梳理和总结便可知晓——我赞美白杨树,就因为它不但象征了北方的农民,尤其象征了今天我们民族解放斗争中所不可缺的朴质、坚强、力求上进的精神。这样的回馈,将四个语段有机的整合在了一起,环环相扣,又层层深入。

故而,这四个语段不只是复沓强调,突显情感,更是在语言形式的变换上,侧重于不同的内容,构成了本文的抒情线索。以形式美,造就了内容丰,情意浓。

三、教学过程

第一课时

(一) 课时目标

1. 结合背景资料,把握文章内容,理解题目的含义。
2. 分析白杨树的特征,借助象征的手法,体会作者"礼赞"的情感。

可提前进行预习,准备如下:查找资料,了解 1941 年抗日战争相持阶段中国社会的状况,整理成一段文字;通读课文,结合"不平凡"一词,为文章划分层次并概括段意。

(二) 导入

1. 今天我们学习《白杨礼赞》一课,齐读这个题目。
2. 请你推测这个题目的含义。

礼赞:对某事物或人物的赞美,现代汉语中指赞赏,是比赞赏更书面的一种用法,带有敬重和钦佩的味道。

白杨礼赞,其实是礼赞白杨,动宾短语中宾语前置,是在突显"白杨"这一形象。所谓"礼赞",既是"赞"——赞美,更是"礼"——敬意,这里表达了作者对白杨树的赞美与敬意。

(三) 活动设计

▲ 活动设计一:贴个标签,初识白杨

1. 初次见面:圈画文中对白杨树的描写语句。

如:傲然地耸立,像哨兵似的树木。

那是力争上游的一种树,笔直的干,笔直的枝。

它的干通常是丈把高,像加过人工似的,一丈以内绝无旁枝。它所有的丫枝一律向上,而且紧紧靠拢,也像加过人工似的,成为一束,绝无旁逸斜出;它的宽大的叶子也是片片向上,几乎没有斜生的,更不用说倒垂了;它的皮,光滑而有银色的晕圈,微微泛出淡青色。

2. 贴标识树:从圈画出的描写中,你认识到白杨是一种怎样的树?

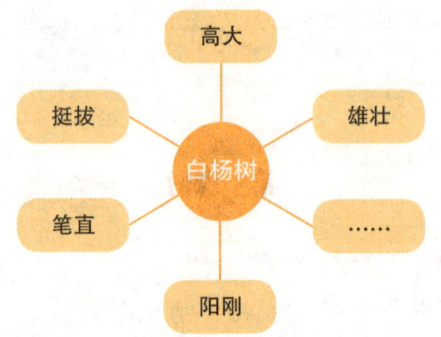

▲ 活动设计二:知树论人,深读白杨

1. 作者是怎么评价白杨树的呢?

请以"赞美白杨_____",整理作者对白杨树的赞美之词。

> 白杨树实在是不平凡的,我赞美白杨树
>
> 这是虽在北方风雪的压迫下却保持着倔强挺立的一种树
>
> 但是它伟岸,正直,朴质,严肃,也不缺乏温和,更不用提它的坚强不屈与挺拔

> 难道你就不想到它的朴质，严肃，坚强不屈
> 到处有坚强不屈，就像这白杨树一样傲然挺立的守卫他们家乡的哨兵
> 难道你又不更远一点想到，这样枝枝叶叶靠紧团结，力求上进的白杨树

2. 你能把这些赞美与白杨树的特点联系在一起吗？

如：

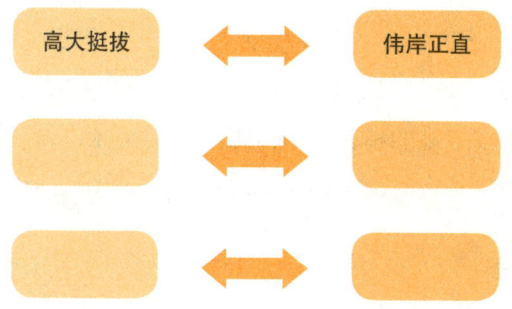

3. 此时，这白杨树在作者眼中还只是树吗？尝试用图示法画画你读到的白杨树。

由一棵树到一类树，由树到人，由人到一种精神。赞美白杨树，是突显"白杨精神"的崇高，是赞美那种坚贞不屈、奋勇顽强、团结奋进的精神。

▲ **活动设计三：穿越时空，礼赞白杨**

1. 本文写于1941年抗日战争相持阶段，让我们穿越时空，看看此时中国社会的情况，思考：作者为什么要在这时礼赞白杨？

提示：可结合预习作业——关于"1941年抗日战争相持阶段中国社会的状况"的资料，思考这个问题。

小助手：象征是借某一具体事物或形象表达某种意义，这一意义不是事物本身就具有的，而是作者借此事物所做的联想和寄托。作家将想说而不愿直说或不能直说的思想、情志寄托于某事物、某形象上，以更具感染力的方式传达给读者，增强了文章的表现力。

本文作者就赋予了"白杨"以特殊的意义，通过礼赞白杨，突显"白杨精神"的崇高，这种精神象征着广大的北方农民，象征着面对日本帝国主义的入侵而坚决抵抗保卫家园的抗日军民，象征着抗日军民骨子里那种坚贞不屈、奋勇顽强的精神。

2. 在历史的天空下,请你思考文章结尾段作者的用意是什么?

作者将贵族化的楠木与西北极普通的白杨做比较,其实隐含深意。楠木本就是珍贵的木材,相对而言多长于我国南方地区;而白杨是生命力顽强的树木,在我国西北极其普遍。二者从本体角度就有着明显的不同,其所象征的意义也就形成了比较关系。在相对位置上,楠木的生长环境与国民党统治区域相近,它的珍贵程度也恰似"贵族化"的军统阶层,甚至是直接针对"那些看不起民众、贱视民众、顽固的倒退的人们",所以楠木实有所指。而白杨树的生存环境本就与解放区域一致,它的形象气质也贴合为民族解放事业奋斗着的军民,因此象征义之前两种树就存在着对比关系。可见本段的写作目的一则是突显白杨的崇高品质,赞美其质朴、坚强、团结、力求上进的精神;二则,也是对反动派的鄙夷和讽刺。这一段放在文中,正是茅盾先生特定时期下的特殊思考,在当时具有极高的现实意义。

(四) 课堂小结

这节课我们从思考本文的题目"白杨礼赞"入手,结合课前的两项预习内容,依次研读了白杨树的特征、白杨树的象征意义以及作者的写作目的。其间,可以明显地感受到茅盾先生在本文中寄予的浓厚情感与深切思考。表面上礼赞白杨,其实质是在赞美特殊的抗日时期那些坚守阵地、顽强奋斗、团结向上的军民,在向他们身上的那种精神和骨子里的那股刚毅表达深深的敬意。这也是抒情散文的核心表达。

(五) 布置作业

作者茅盾曾写过一首《题白杨图》的诗歌,请自读诗歌内容,说说你从中读出的"白杨精神"。

题白杨图

北方有佳树,挺立如长矛。
叶叶皆团结,枝枝争上游。
羞与楠枋伍,甘居榆枣俦。
丹青标风骨,愿与子同仇。

北方有一种好的树木,挺拔高耸犹如长矛。每个叶子都团结在一起,每个枝条都在力争上游。它羞于与树中的贵族楠木为伍,却甘愿同榆树、枣树互相作伴。诗人画家都要推崇白杨的风度、气概,也都愿意同心协力抵御外敌入侵。

第二课时

(一) 课时目标

1. 梳理文章的抒情脉络,析词赏句,体会作者层层深入的情感。
2. 朗读感悟,整体把握,读出文章昂扬向上的深厚情感。

(二) 导入

根据已学,完成下列图表。

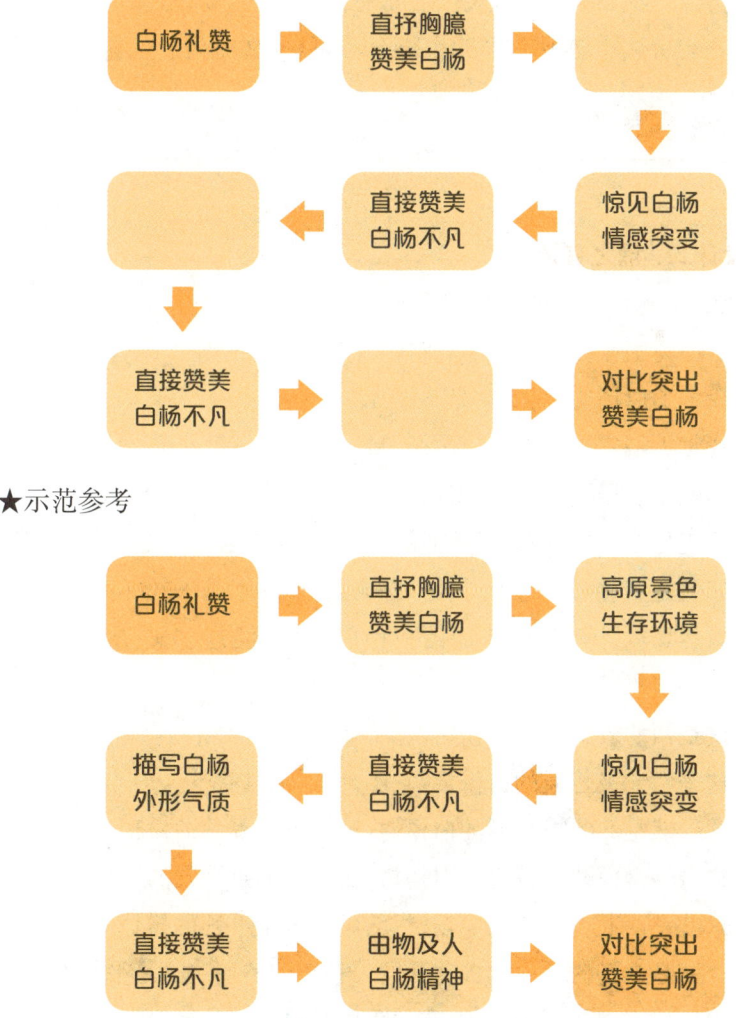

★示范参考

（三）活动设计

▲ 活动设计一：言之有序

1. 那就是白杨树，西北极普通的一种树，然而实在是不平凡的一种树！
2. 白杨不是平凡的树。它在西北极普遍，不被人重视，就跟北方的农民相似；它有极强的生命力，磨折不了，压迫不倒，也跟北方的农民相似。我赞美白杨树，就因为它不但象征了北方的农民，尤其象征了今天我们民族解放斗争中所不可缺的朴质、坚强、力求上进的精神。
3. 这就是白杨树，西北极普通的一种树，然而决不是平凡的树！
4. 白杨树实在是不平凡的，我赞美白杨树！

以上4处内容分别出自文章的四个部分，请根据文意为它们排序，并说说你排列的理由。

排序：＿＿＿＿＿＿＿＿＿＿＿＿＿＿＿＿＿＿＿＿＿＿＿＿＿＿＿＿＿＿＿

理由：＿＿＿＿＿＿＿＿＿＿＿＿＿＿＿＿＿＿＿＿＿＿＿＿＿＿＿＿＿＿＿

▲ 活动设计二：诵之有情

比较阅读，感受昂扬向上的深厚情感。

★组一：白杨树实在是不平凡的，我赞美白杨树！
　　　　我赞美白杨树，它实在是不平凡的！
　　　　我赞美那实在不平凡的白杨树！

★组二：那就是白杨树，西北极普通的一种树，然而实在是不平凡的一种树。
　　　　那就是白杨树，西北极普通的一种树，然而实在不是平凡的一种树。
　　　　那就是西北极普通的一种白杨树，它实在不是平凡的树。
　　　　虽然那就是西北极普通的一种白杨树，但是它实在不是平凡的一种树。

★组三：这是西北极普通的白杨树。
　　　　这是西北极普通的白杨树，它不是平凡的树！
　　　　这虽然是西北极普通的白杨树，然而不是平凡的树！
　　　　这虽然是西北极普通的白杨树，然而决不是平凡的树！
　　　　这就是西北极普通的白杨树，然而决不是平凡的树！
　　　　这就是白杨树，/西北极普通的一种树，/然而决不是平凡的树！

★组四：白杨树实在是不平凡的，我赞美白杨树！

那就是白杨树,西北极普通的一种树,然而实在是不平凡的一种树!

这就是白杨树,西北极普通的一种树,然而决是不平凡的树!

白杨不是平凡的树。它在西北极普遍,不被人重视,就跟北方的农民相似;它有极强的生命力,磨折不了,压迫不倒,也跟北方的农民相似。我赞美白杨树,就因为它不但象征了北方的农民,尤其象征了今天我们民族解放斗争中所不可缺的朴质、坚强、力求上进的精神。

(四)课堂小结

本文是茅盾先生于 1941 年在中国共产党抗日最为艰难时期创作的抒情散文,其情感直接,意图明确。作者开宗名义,从白杨树的生存环境写起,再转向发现白杨的惊叹,进而详写白杨的外形,突显其高大、挺拔、聚拢、向上的特点。再借助联想、想象,写出白杨树的精神品质,揭示其象征意义。最后,通过对比突出,再次高声礼赞白杨。其间,作者四次直接抒情,层层深入,环环相扣,使文章有机地统一起来。诗化的结构,长短句的结合,多种修辞的配合使用,托物言志、对比、烘托等写作手法的集结,增强了文章的表现力,加强了抒情的气势。本文可谓是一篇雄壮阳刚、铿锵有力的抒情散文佳作。

(五)布置作业

象征,是抒情散文常见的表现方法。阳光常象征温暖,松柏常象征顽强,莲花常象征高洁,烈火常象征热情。请你也尝试体会"象征"的手法,选取熟悉的事物,赋予其特殊的意义,自拟题目,写一段文字创生你的"专属象征"。注意写出本体与象征意义之间的联系,不少于 300 字。

16　散文二篇

一、教学目标与学习要素

（一）教学目标

1. 圈画段落中心句，借助关联词梳理段落间的逻辑关系。
2. 品味文中化抽象为具体的语句，体会其中的深刻哲理，探寻作者的人生境界。

（二）学习要素

1. 借用关联词语和段落中心句来梳理哲理散文内在的逻辑关系。
2. 具体语句中寄寓着抽象哲思，展现作者的生命热情和崇高人格。

二、教学建议

哲理散文主要表达思想历程，讲述人生感悟，此类文章往往饱含着作者的坦荡与睿智，让读者阅读后从思想上获得深刻启迪。

《永久的生命》采用欲扬先抑的手法，抒写了生命本身所具有的不同特点。作者将个体生命放在人类发展的时间轴上，通过个体和整体之间的关系，来揭示出生命永久的真谛——有限的个体生命造就了整体生命的繁衍不息与生机盎然，让人类精神得到了延续与传承，从而表达了作者对生命的热情讴歌与真诚礼赞；《我为什么而活着》则采用了总分总的结构形式，从三个角度层层递进地阐述了作者面对人生的不懈追求，既饱含激情，又充满理性，表达了作者作为一名思想家的博大胸襟和高远理想。两篇哲理散文虽然短小精悍，但文采斐然，且感情充沛，逻辑严密。其中多处语句含蓄隽永，能够让读者从不同角度获得对生命意义的认知和启迪，读来酣畅淋漓，令人回味无穷。

学习这两篇短文，应着眼于把握文章缜密清晰的结构，理解富有哲理的精彩语句，可借助文中的旁批引发学生思考，并通过多种形式的学习活动，引导学生理解作者面对生命的真挚热爱和独特感悟，感受作者的宽阔胸怀和崇高境界，培养学生良好的审美情趣，丰富学生的精神世界。

三、教学过程

(一) 导入

《背影》侧重于写人记事,通过捕捉背影这一意象来抒发父子深情;《白杨礼赞》借助于托物言志,用白杨树来象征北方军民,赞美他们质朴坚强、团结上进的精神。这两篇散文写法不同,风格迥然,那《散文两篇》属于什么风格呢?两位作者对生命又有怎样的感悟呢?让我们走进《永久的生命》和《我为什么而活着》,感受作者对生命的真知灼见。

(二) 活动设计

永久的生命

▲ 活动设计一:内容大串联

自读全文,圈画并运用各个段落的关键语句,补全下列句子。

虽然每个人的生命_____,而且_____,但生命是_____,_____。所以,我们不应该_____,而要感谢_____。

阅读全文,便可以获知空格内应填写的内容。虽然每个人的生命非常有限,逝去的永远不会再返回,而且无法取消其遗留下的印迹,但生命是流动的,永远不朽的。所以,我们不应该感到悲观,而要感谢生命的奇迹。看似简单的六个填空,其实是对文章内容的整体把握和精准概括,需要学生熟读文章之后才能做到。作为自读篇目,这样的设计可以帮助学生快速从整体上理解文意,清晰地梳理文章段落之间的逻辑关系。另外,将文章的主要内容以一个多重复句的形式出现,也是对学生表达能力的一种训练。

▲ 活动设计二:词语也会打太极

1. 从文中圈画含有图中两个词语的句子。

它分开来是暂时,合起来却是永久。

2. 思考并交流这对词语所表达的哲思与情感。

个体的生命是"暂时"的,无数个"暂时"的生命合在一起,使生命得以绵延不绝,造就永恒。看似矛盾,实则统一。

3. 同类词语大搜索:找出文中类似的词语,像上句一样进行解读。

（1）生命在那些终于要凋谢的花朵里永存，不断给世界以色彩，不断给世界以芬芳。

"凋谢"和"永存"看似矛盾，运用比喻能形象直观地表达出个体生命虽像花朵一样短暂，但其意义重大，让世界持续充满活力和美丽。

（2）那些暴君们能够杀害许多许多人，但是他们消灭不了生命。凋谢和不朽混为一体，这就是奇迹。

"能够杀害"是个体生命的消亡，"消灭不了"则指群体生命。这个句子不仅批判了暴君的残虐，也嘲笑了他们的有限，从而讴歌了生命的绵延不息与永恒存在。

▲ 活动设计三：玩转词语太极球

1. 画一个太极球，在黑白两处填写一对语意矛盾的词语。
2. 运用这一对词语，写一句简短而富有意蕴的话。
3. 简要解说这句话的含义。

学生通过老师的引导，自主学习，培养能力，这是自读课文学习的基本要求。这篇文章极富哲理，特别是同一句中出现了反义词，看似矛盾，实则是一种真实存在的现象，其中蕴含着深刻的哲思。品读与运用的活动设计，既让学生理解了哲理散文富含睿智、精粹隽永的特点，也让学生在训练中活跃了思维，碰撞了思想，对提升学生思维品质起到积极的作用。

我为什么而活着

▲ 活动设计一：罗素生平速写

1. 朗读第1—5段，了解作者相关生平，完成下表。

追问人生	追求目标	目标达成情况	人生总结
① 我为什么而活着？	②	③	⑧
	④	⑤	
	⑥	⑦	

此表格旨在梳理文章脉络，概括主要内容，完成对本文的整体把握。
②罗素一生渴望爱情；③"最终我还是得到了它"；④追求知识；⑤"获得一些成就"；⑥同情人类苦难；⑦"无能为力，而且我自己也深受其害"；⑧"觉得我活着值得""还乐意再活一次。"

2. 生命之图大拼装。

交流课前预习所查阅的罗素生平,完成对罗素一生的整体了解。

伯特兰·阿瑟·威廉·罗素(1872—1970),生于英国,是一位集众家于一身的伟人,在哲学、数学、教育、历史、文学等领域均有著述,被称为20世纪最知名、最有影响力的哲学家之一。世界和平运动的倡导者和组织者。主要作品有《西方哲学史》《哲学问题》《心的分析》等。

罗素4岁前父母双亡,在祖母和家庭教师抚养、教育下长大。1890年考入剑桥大学三一学院,后曾两度在该校任教。1950年获诺贝尔文学奖,被称为"百科全书式作家"。95岁高龄时完成了《罗素自传》。罗素一生追求真理,心系弱势群体和劳苦大众,积极参加社会政治活动,倡导人人平等,追求世界和平,反对侵略战争,多次发表声明和演讲,即使因反战坐牢也不改初衷。1970年2月2日,是罗素生命的最后一天,他仍为中东战争给人民带来的灾难而忧心忡忡。

▲ **活动设计二:探寻作者情思之路**

1. 在下列句子括号处填写一个关联词,体会前后句内容之间的逻辑关系。

这就是我所寻求的,虽然它对人生似乎过于美好,(　　)最终我还是得到了它。

转折句往往强调的是后半句,在括号处加上"然而"二字,让读者感受到了作者得到爱情享受美好的欢畅愉悦。

2. 同类句子爬楼梯:按照文章顺序,摘录转折句,由下到上依次填写。

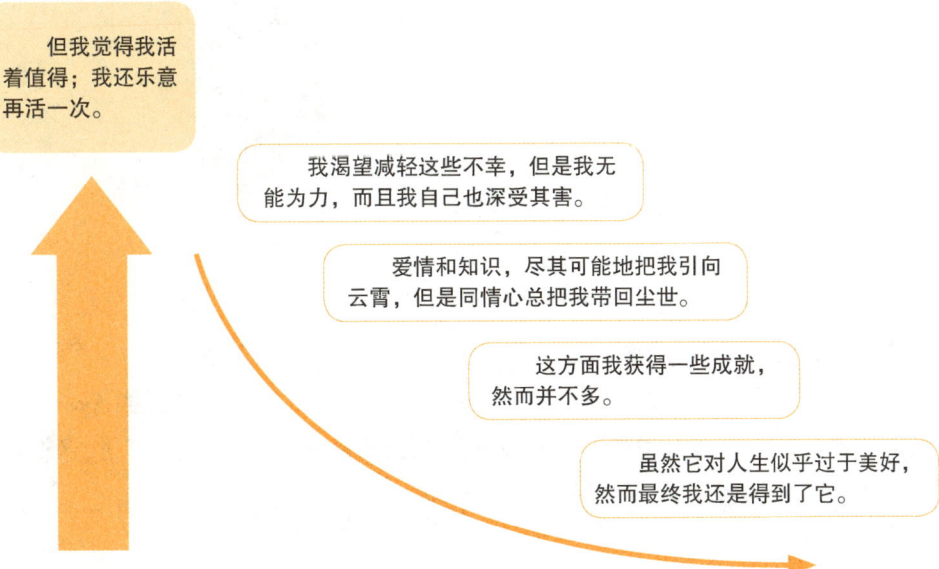

多处转折句的出现,标志着作者情思的不断叠升。随着作者人生追求愈发高远,所面临的挑战与困难也在不断加大。这个过程,既表现了作者追求理想的愈发艰难与残酷现状,也表现了作者的执着追求和矢志不渝,以及为减少人类痛苦而不懈努力的博爱情怀。

▲ 活动设计三:词语七巧板

1. 三张词语板,可以有几种组合方式?

2. 请阐述将三个词语板按一定方式组合的理由。
3. 按照文章内容,拼接三个词语板,思考作者这样安排的理由。

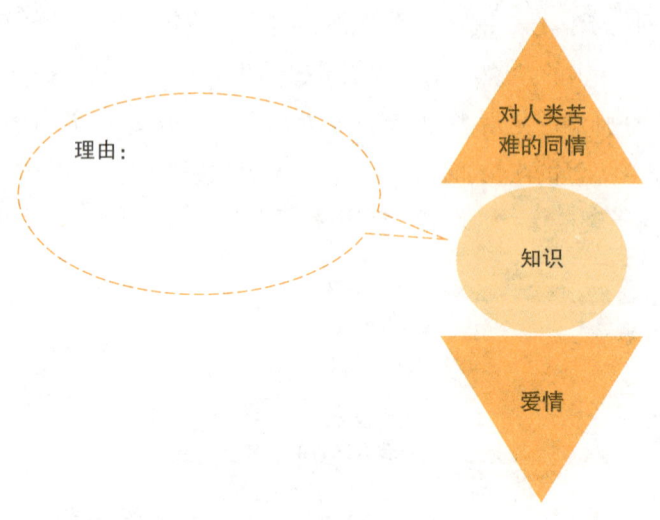

从内容上看,爱情是人类天性中一种自然朴素的精神追求,知识是提高个体素质的精神追求;同情心则是上升到道德层面的一种精神追求,所以作者人生的三个追求呈现层层递进的关系。特别是第三个追求,道出了作者同情苦难、关爱人类的崇高品质和博大胸襟。另外,这样的安排,从结构上看,与开头形成照应,全文井然有序,层次分明,逻辑严密。

(三)课堂小结

生命是短暂的,但生命又是神奇和不朽的;在有限的生命中,我们可以为自己而活,也可以为人类而活。短短的两篇哲理散文,展现了个体生命的丰富多彩、刚强宽广,给人以深刻的启迪。生命对每个人都是宝贵的,希望每位同学都能珍爱生命,把握生命的每一分钟,全力以赴心中的梦想,用热情和智慧去创造生命的无限价值!

(四)布置作业

利用互联网,查找、阅读一篇哲理散文,结合自己的理解,对该文所蕴含的哲思及主要手法进行点评,200字左右。

17　昆明的雨

汪曾祺

一、教学目标与学习要素

(一) 教学目标

1. 梳理围绕"昆明的雨"所描述的景、人、事、物,理解其特点。
2. 析词赏句,结合"我想念昆明的雨"一句,体会作者的情思。

(二) 学习要素

写景抒情散文的特点——抓住景物鲜明的特点,梳理情感脉络,建立情、景之间的关联,体会作者的情思。

二、教学建议

《昆明的雨》是汪曾祺先生 1984 年的作品,那时他已经 64 岁了。文中记录的在昆明的生活,则是汪曾祺先生 1939 年考入西南联大后的一段岁月。先生直到 1946 年才离开昆明,辗转至上海。昆明的七年生活,是先生最美好的日子。他在大学里办杂志,发表诗歌、小说;他毕业后教书育人,还结识了志同道合的爱人。可以说,昆明的生活于先生而言,是他坎坷一生中的峥嵘岁月,值得铭记。几十年后,再回首往事,一切皆有别样的体味。因此,学习本文,不仅要把握作者抓住昆明的特点"雨"所描述的景、人、事、物,更要体会这些内容背后独特的情感态度。作者借助写景状物,融情于景,情景交融,将自己对昆明深邃的情感洋溢在字里行间,情感抒发得自然而深厚,浓烈又含蓄。

三、教学过程

(一) 导入

1. 谜语一则:随风潜入夜,润物细无声。(打一种自然现象)
2. 你喜欢雨天吗?说说你的感受。

(二) 活动设计

▲ 活动设计一：制作"昆明的雨"书签套装

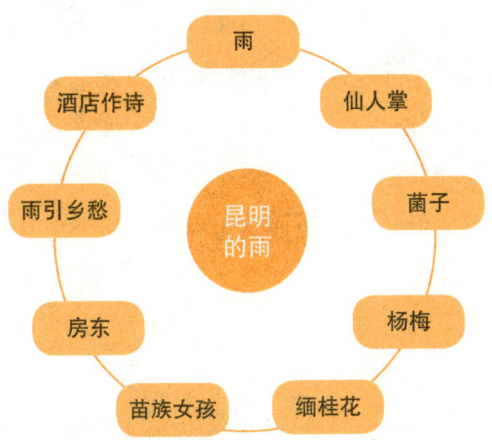

1. 根据预习，小组合作，为"昆明的雨"书签套装制作书签，突显在昆明的雨中，景、人、事、物的特点。

提示：书签上可附有极具代表性的图片、符号，摘录文中的语句，突显此签的特点。文字不宜过多，精炼、典型即可。

2. 这些景、人、事、物都极具特点，而文章的题目却叫"昆明的雨"，你认为合适吗？

多雨本就是昆明的特色，作者是抓住了景物的具体特点展开行文的。仙人掌倒挂也好，火炭杨梅也好，房东摘花也好，引发乡愁也好，这些都是依托在雨季的独特景致，是作者的深刻记忆。而且，雨的缠绵柔美，更加适宜抒发情感，常用于借景抒情，融情于景。

▲ 活动设计二：我为"汪曾祺发声"

文章首尾部分反复写到"我想念昆明的雨"，你能模仿作者的心境读一读吗？

1. 围绕文章首尾部分反复写到"我想念昆明的雨"一句，试着结合"阅读助手"，小组讨论交流，说说作者在文中想要表达什么情感？

（1）文章首尾部分反复写到"我想念昆明的雨"一句，是突出、强调的作用。这是作者时隔四十年之后，再忆昆明时的最直接感受。所谓"想念"是因为记忆之深刻，情思之绵长。这份想念，绝不仅仅停留在这"雨"上，而是借"昆明的雨"表达对那段昆明生活的怀念，以及借写雨中景、人、事、物来表达自己的认识和追求。

阅读助手1
互联网检索"汪曾祺",整理资料,梳理主要经历

汪曾祺主要经历:

1920年出生——1939年考入昆明的西南联大中文系——1944年中国建设中学教书与爱人相识——1946年于上海致远中学任教——1948年与妻子借住北京大学——1949年第一部小说集问世——1950年任北京文联主办的《北京文艺》编辑——1958年受右派斗争影响下乡劳动改造——1966年"文革"中被关进牛棚——1977年重返文坛

阅读助手2
圈画词句,品味情感

◆ 雨季则有青头菌、牛肝菌,味极鲜腴。
◆ 昆明仙人掌多,且极肥大。
◆ 昆明菌子极多。
★ 昆明的雨季是明亮的、丰满的,使人动情的。
★ 昆明的雨季,是浓绿的。
★ 密匝匝的细碎的绿叶,数不清的半开的白花和饱涨的花骨朵,都被雨水淋得湿透了。
● 我不记得昆明的雨季有多长,从几月到几月,好像是相当长的。但是并不使人厌烦。
● 鸡㙡是名贵的山珍,但并不真的贵得惊人。
● 昆明木香花很多。有的小河沿岸都是木香。但是这样大的木香却不多见。

(2) 根据阅读助手1可知,汪曾祺先生是在晚年64岁之时写了这篇《昆明的雨》,回顾了四十年前刚刚步入大学,正值青葱的岁月。对于先生的一生而言,那是一段非常美好的时光,充满了耀眼的记忆。所以本文是一则通过写景状物,回忆往昔,抒发情感的散文。

(3) 副词"极",是非常、特别的意思,在这里是对昆明雨季的植物、食物特点的突显,也表达了作者的喜爱和赞美之情;作者多用"……的"来做修饰,甚至直接使用"的"字短语表现景物的特点——这不仅使景物的描写更加形象具体,也给读者充分的想象空间,每一次修饰的停顿,都是作者情绪的再次蓄积,也是情感浓烈的表现;作者多用转折复句,雨季长而不烦,鸡枞珍而不贵,木香多而不俗,这些都在强调昆明雨季所生发的出人意料的惊喜之情,进而表达了作者对昆明雨季生活的挚爱。

2. 请你为"汪曾祺发声",有感情地朗读文章首尾"我想念昆明的雨"这两句话。

3. 你还能从哪些地方读出作者的情感呢?

(三)课堂小结

小结本堂课的学习路径。

分析题目→所写内容→具体特点→品析语言→体会情感

(四)布置作业

雨中漫步:同是写雨的文章,读来可有不同?

1. 互联网搜索:查找胡绳梁的《马来的雨》,进行阅读。

2. 根据本单元所学,任选角度,对本次阅读进行品鉴,写一则不少于300字的读后感。

写作　语言要连贯

一、教学目标与学习要素

（一）教学目标

引导学生掌握语言连贯的方法，在说话或写作时做到语言连贯，衔接紧密。

（二）学习要素

运用恰当的关联词、指示语或过渡句，实现语言连贯，使语段或文章话题统一、顺序合理、衔接自然。

二、教学建议

一个人平时说话若磕磕绊绊，语无伦次，大概没有多少人愿意听。写作也是如此。一篇前后脱节、思维混乱的文章只会让人不知所云。语言连贯的文章读起来顺畅自然，一气呵成，才会受到读者的喜爱和欣赏。语言的连贯性，归根结底是句子之间需要有合理的逻辑关系。富有逻辑关系的一组句子有机组合形成段落，类似的段落组合起来就是一篇行文流畅的文章。所以，语言要连贯，可在课堂上从段落的训练开始。

语言连贯的段落，首先要有一个统一的话题。一个段落中句子再多，只要围绕共同的话题，就不会给人话题不明、松散混乱的感觉。其次，句子间应讲究合理的顺序。内容不同，采用的顺序也会有不同。常见的顺序有事情发展的先后顺序、时间先后顺序、空间转换的顺序、方位排列顺序、先总后分或由主到次等逻辑顺序。另外，语言连贯还应注意句子间的衔接过渡。在这一点上，只要正确恰当地运用关联词、指示语或过渡句，就能将句子自然地衔接在一起。

三、教学过程

（一）导入

一篇文质兼美的文章，语言必然是自然流畅，文意连贯。语言连贯，是好文章的基本标准，也是同学们写作的必备能力。今天，我们就一起来学习"语言要连贯",为大家写出行云流水般的文章奠定坚实的基础。

(二) 活动设计

▲ 活动设计一：句子排排坐,理由大家说

① 个人的青春是平庸无奇还是璀璨夺目,"觉醒"堪称关键变量。

② 不觉醒,不仅难以成就"人生之春、人生之华",更会在不知不觉中失去青春。

③ "国家不可一日无青年,青年不可一日无觉醒。"这是李大钊在《晨钟报》创刊号上写下的话。

④ 反之,如果"立在人生的旁边"迷迷糊糊、蹉跎度日,难免会虚掷稍纵即逝的青春韶华,最终遗憾一生。

⑤ 即使处于痛苦、困厄之中,也能潜心积蓄站起来的力量。

⑥ 觉醒了的青年,就如鲁迅所说："遇见深林,可以辟成平地的；遇见旷野,可以栽种树木的；遇见沙漠,可以开掘井泉的。"

——摘自魏寅《青年不可一日无觉醒》
《人民日报》2017 年 12 月 21 日

A. ①④⑥③②⑤　　　　　　B. ①③②⑥⑤④
C. ③①⑥⑤④②　　　　　　D. ③①⑥⑤②④

给一组打乱的句子正确排序,能够直观地反映出学生在感知语言连贯性上的能力强弱。第③句引用李大钊的话提出"觉醒"这一关键词,第①句承接该句指出"觉醒"的重要性。第⑥句正面论述了青年拥有觉醒的意义,第⑤句以"即使"这一表假设的关联词语开头,对第⑥句进行补充论述。而第④句开头"反之"二字引出了和前文完全相反的表述,所以正确选项为 C。

通过关键词语的整理、确定、排列,整个语段句子之间严谨的逻辑关系就会梳理得一清二楚。学生的相互交流阐述,是促进学生逻辑思维能力的一种有效方式。

▲ 活动设计二：小小公民有话说

为了满足市民游客欣赏城市自然景观的愿望,自 2013 年起,上海市绿化市容部门在市区部分道路尝试"落叶不扫"——即不破坏落叶形成的自然风景,同时又有环卫工人专业的精细化保洁。但也有人认为落叶不扫会影响市容,不应该推行该举措。部分道路上的落叶是否可以不清扫,成了市民热议的一个话题。

请写一个 100 字左右的语段,表达你对此事的看法,注意语句前后要连贯,富有逻辑性。

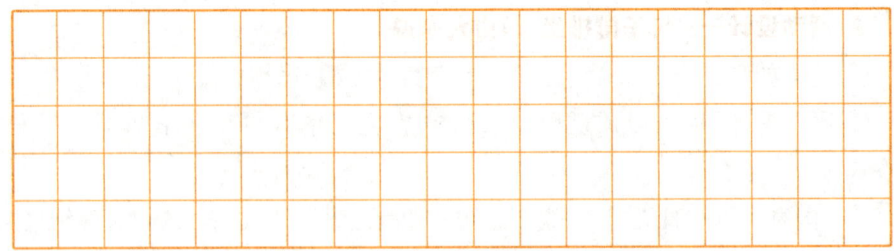

写作课上,片段写作是常见的训练方式。这个带有情境性的片段训练,可以让学生运用恰当的关联词来衔接句子,在连贯顺畅的表达中发表自己的看法。不仅锻炼了学生连贯表达的能力,也加强了学生参与社会事务管理的意识。

如:我非常赞同部分道路尝试"落叶不扫"的举措。因为这样做既不会给城市日常交通带来较大的压力,也能够满足市民在家门口就能欣赏落叶、亲近自然的愿望。同时落叶纷飞、黄叶铺地的景象还给我们的城市增加了一份秋韵和诗意。上海市绿化市容部门的这种做法,值得称赞。

▲ 活动设计三:生活实践大交流

小组合作,请组内一位同学分享生活中自己动手做事的一次经历(做实验、家务等),做事的顺序要讲清楚,前后内容富有连贯性。小组其他同学加以评价。

围绕着"句子要连贯"的写作目标,这节课主要设置了三个语言训练活动。从为一组句子正确排序的初步体验,到情境式片段写作的小试牛刀,再到学生自我生活的口头表达,多种形式的训练让学生对"语言要连贯"有了明晰的认知,也初步掌握了实现语言连贯的可操作技能。这样的训练活动,为课后学生整篇作文的写作训练奠定了坚实基础。

(三)课堂小结

一个段落,如果话题统一,顺序合理,再加上关联词、指示语或过渡句的正确运用,就可以组合成一个语言连贯、逻辑清晰的整体。一个段落能写好,一篇文章也能写好。期待同学们的精彩佳作!

(四)布置作业

选择生活中自己动手做事的一次经历(做实验、家务等),构思成文,题目自拟。

　　要求：写一篇不少于 600 字的文章；采用恰当的顺序进行叙述，讲究语言前后的连贯性。

综合性学习　我们的互联网时代

一、教学目标与学习要素

（一）教学目标

借助互联网搜集散文知识，结合本单元的阅读学习，通过分类、整理等方法，制作个性化的"散文学习手册"。

（二）学习要素

检索——能够合理使用互联网进行搜索。

二、教学建议

本单元的学习主题是散文阅读，单元中的综合性学习也应实现与该主题的有机契合。对于"我们的互联网时代"这一话题的探究，学生已具有了基本的认识，但如何正确地使用互联网，如何让信息技术赋能于学习生活，如何形成健康良好的网络观——这可能是本单元独特的意义和价值所在。然而，感知不如感受，感受不如感悟，简单的说教定然没有切身的体验来得真切。所以，结合散文阅读的主题，通过具体可操作的探究，让学生在实践中深刻地认识互联网和信息技术所带来的变化，解决实际问题的同时，也培养了学生独立思考的能力，且形成正确的人生观、世界观和价值观。

三、教学设计

（一）导入：我与互联网——问卷调查

我的互联网时代（多选、简答）				
1. 你都有哪些接触互联网的机会？（多选）				
A. 学校	B. 家里	C. 网吧	D. 图书馆	E. 其他_____
2. 你经常使用网络做什么？（多选）				
A. 查资料	B. 玩游戏	C. 聊天	D. 阅读	E. 其他_____

续 表

3. 关于"使用互联网查找资料"的话题你持什么态度?（多选）

| A. 获得迅速 | B. 内容丰富 | C. 资料无序 | D. 良莠不齐 | E. 其他 _____ |

4. 你会用互联网查找哪些方面的资料?（简答）

5. 关于"使用互联网阅读书籍"的话题你持什么态度?（多选）

| A. 省时省钱 | B. 随时随地 | C. 不利健康 | D. 诸多植入 | E. 其他 _____ |

6. 你认为电子阅读会不会替代传统阅读？为什么?（简答）

7. 你在使用互联网的过程中知道了哪些网络词语?（简答）

8. 你认为网络语言在表达上的优势有哪些?（多选）

| A. 简洁 | B. 生动 | C. 时髦 | D. 易懂 | E. 其他 _____ |

9. 你认为网络语言可以使用在自己的作文中吗？为什么?（简答）

10. 你怎样评价自己的互联网使用经历?（多选）

| A. 接触机会太少 | B. 使用价值不高 | C. 竭力充分使用 | D. 合理有效控制 | E. 其他 _____ |

（二）活动设计

设计一本属于你自己的"散文学习手册"。

1. 以"散文"为关键词，用互联网检索资料；
2. 结合本单元的散文阅读，理解检索到的资料；
3. 借助实例给资料分类，深入理解"散文"；
4. 从散文的特征、发展、分类、阅读策略等方面对资料进行整理；
5. 设计编辑个性化的"散文学习手册"。

（三）课堂小结

身处互联网时代的我们，都享受着信息化的便利，但事物皆有两面性，互联网也是一把双刃剑。我们不该如洪水猛兽般单纯地隔绝互联网，更不可没有节制地一味依赖。怎样合理地使用——让互联网助力我们的学习生活，是我们需要思考的问题。本次探索，我们充分利用互联网的优势，结合本单元所学，针对散文的学习,搜索相关信息,加深我们对本单元"散文阅读"这一核心话题的理解。这样的学习实践,不仅有利于单元主题的学习,更是对互联网使用的意义和价值形成客观理性的认识过程,也提升了我们解决问题、独立思考的能力。

提示:散文学习要素:"散文"检索、散文阅读、实例分类、整理编辑。

(四)布置作业

为自己"著书":

1. 完成"散文学习手册"的编著;
2. 给自己的"书"起个名字吧!

单元练习

一、试题举隅

1. 《背影》第 5 段"我那时真是聪明过分,总觉他说话不大漂亮,非自己插嘴不可,但他终于讲定了价钱;就送我上车。"这句话中的"我"在回忆当年的父亲和自己时,会怀有怎样的感受?

2. 《白杨礼赞》的第 2 段既未写到"白杨",亦不抒发"礼赞",那本段在文中的作用是什么?

3. 有人说在阅读《我为什么而活着》中"我渴望减轻这些不幸,但是我无能为力,而且我自己也深受其害"一句时,读出了悲观沮丧。请说说你的理解。

4. 在《昆明的雨》中,作者写到:"带着雨珠的缅桂花使我的心软软的,不是怀人,不是思乡。"结合全文,下列对这句话的写作目的表述最恰当的一项是(　　)

   A. 突显了昆明缅桂花香气逼人的特点。

   B. 交代了作者此时正处于客居异乡的状态。

   C. 表达了作者对昆明雨季的缅桂花的喜爱之情。

   D. 引出了下文李商隐为许多久客的游子写的《夜雨寄北》。

5. 在《昆明的雨》中,作者说道:"四十年后,我还忘不了那天的情味,写了一首诗:莲花池外少行人,野店苔痕一寸深。浊酒一杯天过午,木香花湿雨沉沉。"结合全文,下列对这首诗在文中的作用表述错误的一项是(　　)

   A. 记录了那天酒店躲雨的整个经过。

B. 描绘了雨天酒店内外的环境。
C. 突显了昆明雨季的特点。
D. 表达了作者对昆明生活的怀念。

二、综合阅读

① 秋末冬初,寒意渐浓。办公室的门忽然无声地开了一条缝,却不见人。正诧异间,一个脏兮兮的蛇皮袋伸了进来。

② 同事们不约而同地抬起头,过了两三秒钟,才看见蛇皮袋后面有一个和袋子一样脏的中年男人,两眼通红,一脸倦容,头发零乱。头上还黏着草屑,穿着一件皱巴巴褪了色的衣服,右手的袖子卷过手肘,左肩背着一个破破烂烂的包裹。他迟疑地从门缝中挤进来,似乎感到了大家目光中的厌恶,于是停住脚步,小心翼翼地问:"张老师……在吗?"

③ "哪个张老师?"

④ "就是我儿子的班主任呀。"

⑤ "你儿子是哪个班级的?"

⑥ 他说了一个班级,并报出了他儿子的名字,同事中有几个人便相互交换了一下眼神——他们都是那个学生的任课老师,都惊讶于那样出色的孩子的父亲竟是这个样子!

⑦ 有人告诉这位父亲,他儿子的班主任出去了,让他先进屋等一会儿。男人小心地走了进来,他把两个包放在地上,人也"扑通"一声坐下去,直接坐在了地上! 大家都愣住了,纷纷叫他起来,让他坐到椅子上,他却着急地连连摇手。

⑧ 大家不再坚持,转而询问他从哪里来,找儿子做什么。

⑨ 听到热心的询问,他的声音竟然哽咽了。他说,两年前,他妻子因受惊吓得了间歇性精神病,家人稍一疏忽,她差点离家走失了。两年来,四处求医问药,仍没有好转。前些日子,因忙农活疏于看护,妻子再次离家。他风餐露宿,不分日夜地已经寻找了近一个月。说到这里,男人长叹一声,窝在眼里的一汪泪终于滚落下来……看得出他是一个很有自尊的人。有人给他纸巾,他摇摇头,从衣袋里扯出一块皱巴巴的手帕,到门外去擦。

⑩ 同事小余默默地起身,倒了杯水递给他。小宁把自己刚买的两张热馅饼放到男人的袋子上。其他人都从座位上站起来,不知谁带的头,有人把一些纸币放

到他的包袱上。

⑪ 男人有些不知所措,涨红着脸,慌忙摆着手:"不……不是的,我不是这意思,我是来看看孩子的。"他拿起小宁给的馅饼说:"老师给的这个,我要。"随即把那些纸币抓起来放到就近的桌上,说:"这个我真不要,那成啥啦!"

⑫ 张老师回来了,男人简略地把刚才的话又说了一遍,然后向老师询问孩子的学习情况。老师们纷纷夸他儿子,他听了,点着头,脸上的愁容散去不少。

⑬ 张老师出去叫他的儿子,男人不安起来,东张西望,好像在找什么,只见他快步走到镜子前把自己从头到脚仔细地整理了一遍。做这些时,他似乎完全忘了身边的其他人。

⑭ 走廊里传来了脚步声,男人侧耳听了听,忽然现出了紧张的神色,他飞快地把自己掉在地上的"家当"塞到桌下,再次扯了扯衣服,然后,从怀里掏出一把零碎但叠得十分整齐的钞票,看得出,那是他给儿子准备好的生活费。

⑮ 门开了,张老师的身后走来一个个头高高、眉清目秀的小伙子,一进门就冲男人露出了两颗小虎牙,脆脆地喊了一声:"爸!"

⑯ 这时候,我发现,一直卑微拘谨的男人挺直了身子……

⑰ 他和儿子说话的声音,和所有过着平静幸福生活的父亲没什么两样。儿子沐浴在父亲话语的春风中,脸上泛着红晕,微笑着,不断地点着头,神色中没有一点因为有这样的父亲而生出的难堪和羞愧。<u>如果说这之前这位父亲给人的感觉是一棵被人踏在脚下奄奄一息的草,那么此时的他,则变成了一座可让人依靠的顶天立地的大山!</u>

⑱ 我的眼睛湿润了,惊叹于这种变化且深深为之感动。看着四周,同事们的脸上也写着同样的感动和敬重。我们惊叹这奇迹,更敬重这奇迹的创造者——父亲!我们也终于明白:这样的父亲,应该有这样出色的儿子。

1. 阅读全文,完成下列表格。

情节	"我们"的情感变化
中年男人刚出现在老师办公室	① _____
中年男人对老师报出他儿子的名字	惊讶
② _____	同情
③ _____	④ _____

2. 请简要分析文中划线句子的表达效果。

3. 请结合文中的父亲形象，说说你对结尾句"这样的父亲，应该有这样出色的儿子"的理解。

解析

一、试题举隅

1. 写此文时的"我"已品尝了生活之艰辛，当回忆起父亲讨价还价精打细算的情景时，才感受到了父亲生活的不易和对"我"的倾情付出，才明白自己对父亲的不屑是一种无知与无礼，句中不仅抒发了对父亲的理解与感恩，同时也表达了"我"深切的自责与愧疚。

2. 本段描绘了高原辽阔平坦、色彩浓郁的景象，是在交代白杨树的生存环境。而这样的景色看得久了，带给作者一种"单调"之感。这些都为后文白杨树以高大挺拔、力争上游的形象出场作了铺垫。在空间上，高原的平坦与白杨的高耸有着明显的差异；在情绪上，枯燥乏味与惊喜慨叹又体现了明显的感情差。这样的差异都在为白杨树的出现蓄势。

3. 作者希望通过自己减轻人间苦难，虽屡屡失败，带来了痛苦甚至绝望，但作者并没有悲观沮丧。开头写道"对人类苦难不可遏制的同情"，结尾提出"我觉得我活着值得""我还乐意再活一次"——这些直抒胸臆的语句表明了作者面对苦难继续奋斗的决心，展现了博大的胸怀和高远的追求。

4. C

5. A

二、综合阅读

1. ①厌恶　②中年男人叙述家庭遭遇（或"中年男人叙述家庭不幸"或"中年男人叙述妻子走失的事"）　③中年男人见到了儿子　④敬重或感动

2. 运用了比喻的修辞手法，把父亲比作"奄奄一息的草"，形象地写出了生活的负担对父亲的重压，也写出了父亲的卑微和无助；把父亲比作"顶天立地的大

山",形象地写出了父亲的坚强和伟岸,父爱的深沉和厚重。(任写出一处比喻即可)

3. 要点:①父亲是一个有责任感、有担当的人,父亲尽到了自己的责任,尽自己所能给儿子创造了良好的成长环境;②父亲自尊、坚强、昂扬、乐观的精神面貌对儿子产生了潜移默化的影响,使孩子各方面都很出色;③儿子的出色是对伟大、厚重父爱的最好回报。(答出两点,言之成理即可)

第五单元

| 单元教学目标 |

1. 梳理说明对象的特点，理清文章思路。
2. 学习常见的说明方法，分析它们的作用。
3. 体会说明语言的准确、严谨，增强思维的逻辑性。

| 单元内容框架 |

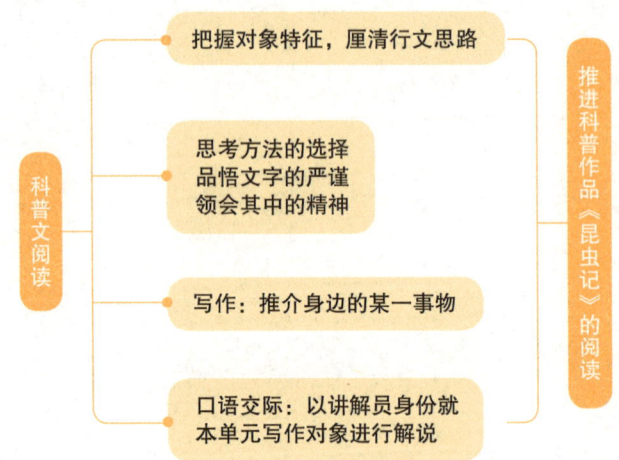

单元设计说明

本单元是科普类说明文,所选文章分别向读者说明介绍了中国建筑、园林、绘画艺术以及自然界的昆虫。通过制作科普推荐手册的活动,可以引导学生在具体言语实践活动中习得有关说明文的知识与技能,体会文中蕴含的科学精神与人文情怀。

教学时,引导学生开展撰写推荐手册导言的活动,先从整体上明确各篇科普小品文的主要说明内容。然后再聚焦特色部分:《中国石拱桥》的作者特别选取了赵州桥和卢沟桥详细展开说明,突出了我国石拱桥的独特创造与艺术价值;《苏州园林》综合运用多种说明方法,从多个方面形象、准确地说明了苏州园林"如画"的共同特点;《人民英雄永垂不朽》的作者以充沛的感情,条理清晰地向我们介绍了巍峨、雄伟、庄严的首都人民英雄纪念碑;《蝉》的作者对昆虫蝉的介绍说明建立在科学观察、研究和丰富的人文情怀基础之上;《梦回繁华》采用恰当的说明方法,语言既有科学性又有文学性。

本单元口语交际任务是复述与转述。引导学生将在学习课文时制作的推荐手册进行复述与转述,充分体会语言表达的准确性与逻辑性。写作意在训练学生运用合适的说明方法将事物的特征说明清楚。本单元名著《昆虫记》亦可采用科普推介的活动推进阅读。

18　中国石拱桥

茅以昇

一、教学目标与学习要素

(一) 教学目标

1. 借助思维导图，把握中国石拱桥的特点，理清行文思路。
2. 通过制作名片、手绘图画，思考举例子这一说明方法的选择及其作用。
3. 结合推荐手册的制作，培养严谨的科学态度与精神。

(二) 学习要素

1. 分析例子，理解其代表性与适量性，学习举例说明的作用。
2. 推敲修饰性、限定性等词语，感受说明语言的科学严谨。

二、文本解读

(一) 课文整体解析

著名桥梁专家茅以昇的《中国石拱桥》是一篇科普说明文。文章阅读的群体是对中国石拱桥不甚了解的一般读者，所以作者用平实的语言向我们介绍了中国石拱桥历史悠久、结构坚固、形式优美的特点以及取得光辉成就的原因，说明了中国石拱桥取得的独特创造与惊人成就，其中也传达出作者的民族自豪感。

1. 思路清晰。

课文先说明了石拱桥的特点：桥洞成弧形；在世界桥梁史上出现得比较早；不但形式优美，而且结构坚固。接着说明了我国石拱桥的特点：有悠久的历史；几乎到处都有；大小不一，形式多样。然后以赵州桥和卢沟桥为例，详尽地说明了我国石拱桥的杰出成就。介绍完典型例子后，作者以设问句的形式引出对我国石拱桥取得光辉成就原因的说明。最后，介绍解放后我国石拱桥的新发展。

```
石拱桥——中国石拱桥——中国石拱桥的杰出代表
              （赵州桥、卢沟桥）            ➡ 由一般到特殊
我国古代石拱桥的成就及原因——我国当代石拱桥的
                      发展及原因            ➡ 由现象到原因
```

> 旅人桥——赵州桥——卢沟桥——江东桥——长虹大桥——双曲拱桥　　➡时间顺序

2. 例子典型。

文中重点介绍说明了赵州桥和卢沟桥。作者选择这两个典型例子进行详尽说明,是因为"其中最著名的当推河北省赵县的赵州桥,还有北京丰台区的卢沟桥"。这两个例子有中国石拱桥的一般特点,又各有个性的特点。赵州桥是独拱,卢沟桥是联拱。赵州桥说明的重点在结构特点:实用、科学、匀称、美观;卢沟桥说明的侧重点在它的柱头石狮和历史意义。所以,例子不是越多越好,而在于典型性。这两个例子不能舍去其中一个,因为它们具有典型性,典型代表了中国石拱桥的光辉成就。

3. 语言严谨。

作者说明的文字严谨、准确。主要有两种情况:

桥长 265 米,由 11 个半圆形的石拱组成,每个石拱长度不一,自 16 米到 21.6 米。

《水经注》里提到的"旅人桥",大约建成于公元 282 年,可能是有记载的最早的石拱桥了。

第一种是客观明确的数字,这背后其实是作者严谨的科学精神的体现;第二种情况是对不确定情况的说明,因为各种资料或其他主客观的因素不能做出肯定判断,在说明时作者就加上一些限制性、修饰性的词语,这也是科学严谨的一种体现。

(二) 重点语段细读

1. 每个柱头上都雕刻着不同姿态的狮子。这些石刻狮子,有的母子相抱,有的交头接耳,有的像倾听水声,有的像注视行人,千态万状,惟妙惟肖。

——《中国石拱桥》

作者的语言平实、准确。这篇科普文章的语言风格既不同于有关桥梁专业文章,又不同于叙事类文章。作者的语言通俗平实,又严谨准确。可以试着将这段文字与以下文字比较:

2. 柱头各刻石狮,每个姿态各异,有立的,卧的,蹲的,伏的,大抱小的,小抱大的,各种形式。

——《中国桥梁史料》

3. **看到披着晓月银光的卢沟桥，直至每个玉石栏、柱、栏板，以及 485 个大小石狮，……我们禁不住想起……**　　　　　　　——《夜宿卢沟观晓月》

这几段关于石狮的文字，风格迥异。本文的语言通俗易懂，通过摹状貌，形象生动地说明卢沟桥的艺术价值，这也让普通的读者能够比较形象地去了解卢沟桥石刻狮子的情况。第二段文字主要是列举事实，从专业的角度重点介绍石刻狮子的一些技术细节。第三段文字属于散文，重在由月光下的石狮这种景物来引发情感。

三、教学过程

第一课时

（一）课时目标

1. 通过撰写导言，把握中国石拱桥的特点与发展历史。
2. 借助图表，梳理赵州桥与卢沟桥的具体说明内容。

（二）导入

这个单元为科普单元，主要介绍了中国建筑、园林、绘画等等，仿佛让我们置身于一座座博物馆。今天我们就走进这篇专门"说明"中国石拱桥的科普文，了解我国石拱桥的特点与发展历史，感受我国人民的智慧与创造力。

（三）活动设计

▲ **活动设计一：词语找朋友**

读一读词语，并将这些词语按照相同的词性归类，填写到下列框里。

暴涨　汶河　桥墩　河堤　推崇　和谐匀称
独一无二　交头接耳　惟妙惟肖　巧妙绝伦　就地取材

标准	词语 1	词语 2	词语 3	词语 4

▲ **活动设计二：导言设计师**

桥梁专家茅以昇带领我们走进石拱桥的博物馆，向我们展示了中国石拱桥的风采。现在试着为"印象·石拱桥"的主题展览做一份推荐手册，向不了解或者不甚了解中国石拱桥的人推荐中国石拱桥的发展历史与个性特点。

提示：1. 推荐手册宣传的导言部分是对文章概括性说明的文字进行提炼整合。

      2. 文字表述讲究合理的顺序。

中国石拱桥历史悠久，形式优美，结构坚固。这种桥几乎到处都有，大小不一，形式多样，有许多是惊人的杰作。其中最著名的当推河北省赵县的赵州桥，还有北京丰台区的卢沟桥。我国石拱桥取得光辉成就的原因：首先是我国劳动人民的勤劳和智慧；其次是我国石拱桥的设计施工有优良传统；再其次是我国富有建筑用的各种石料，便于就地取材。解放后，我国兴建了很多著名的石拱桥，比如长虹大桥与双曲拱桥。我国桥梁事业的飞跃发展得益于社会主义制度的无比优越。

顺序：由一般到特殊，由现象到原因，由古代到现代。

这个环节意在让学生到文本中筛选关键信息，抓住概括性说明的文字，对说明内容进行提炼组合，完成从整体上把握本文的主要说明内容。在语言组织过程中注意材料顺序的安排，并思考这样组合安排的原因，可以增强学生在语言表达时的逻辑意识。

▲ **活动设计三：例子"收纳盒"**

为了说明中国石拱桥的特征，文中选取了很多例子。从文中找出相关例子，筛选提取关键信息，完成下列表格（表格参考统编语文教材八年级上册第101页）。

编号	名称	建造时间	特点
1		约282年	可能是有记载的最早石拱桥
2	赵州桥	约605年	
3		1189—1192年	
4	江东桥		
5		1961年	
6			

学生通过梳理文章中列举的例子,对举例子这种说明方法的使用及其作用有了明确的认识。这个环节也为下节课进一步思考列举赵州桥和卢沟桥的作用奠定基础。

(四) 课堂小结

我们今天初步走进中国石拱桥的"博物馆"。通过抓住段落中心句、概括性说明的文字,整合出推荐手册的展览导言;又通过填写图表,筛选关键信息,梳理出文章提及的例子,这些活动为后面制作推荐手册的其他环节奠定了坚实基础。

(五) 布置作业

思考:针对今天学习的内容,你在后面的推荐手册中计划着重介绍哪个部分?为什么?

第二课时

(一) 课时目标

1. 制作名片、手绘图画,分析举例子这一说明方法的作用。
2. 通过推荐手册的口头表述,感受作者科学严谨的态度与精神。

(二) 导入

上节课我们已经撰写了推荐手册的导言部分,这节课我们继续进行推荐手册后面部分的制作。导言呈现出来后,我们在手册中要推介有关中国石拱桥最有特色的、最精彩的部分。

(三) 活动设计

▲ **活动设计一:制作名片**

1. 交流《中国石拱桥》最有特色的、最有吸引力的部分。
2. 从上节课梳理的例子中选择一座或几座桥,制作名片。该名片将夹在推荐手册中。

以赵州桥为例:

▲ 活动设计二：手绘图画

你们在接下来的推荐手册中会选择哪一座或哪几座桥绘制图形呢？

提示：1. 为什么在推荐手册上呈现这座(些)桥？

      2. 是不是选择绘制推介的石拱桥越多越好？

      3. 赵州桥和卢沟桥二选一绘制还是都绘制？

文中重点介绍说明了赵州桥和卢沟桥。作者选择这两个典型事例进行详尽说明，是因为"其中最著名的当推河北省赵县的赵州桥，还有北京丰台区的卢沟桥"。这两个例子既有中国石拱桥的一般特点，又各有独特之处。赵州桥是独拱，卢沟桥是联拱。作者对石拱桥的两大类别各举了一个例子。赵州桥的说明重在结构特点——实用、科学、匀称、美观，卢沟桥说明的侧重点在它的柱头石狮和历史意义。这两个例子代表两类不同的石拱桥，典型代表了中国石拱桥特色，自然都要绘制在手册上。另外，这两座桥已足以让普通读者具体形象地了解中国石拱桥的特点与光辉成就，所以也不是说绘制的石拱桥越多越好。

通过制作名片和绘制图画，充分把握说明对象的具体内容，能让学生深入领会举例子这种说明方法的运用效果。

▲ 活动设计三：小小讲解员

请你就同学所制作、呈现的赵州桥和卢沟桥的名片和图画，向来桥梁博物馆参观的观众进行口头解说、推介。

提示：语言既要通俗、有感染力，又要严谨、准确，注意逻辑性。

推介赵州桥的四个特点时，按照由主到次的顺序，从"只有一个大拱"开始逐次介绍。借助"长达 37.02 米"的具体数字体会作者茅以昇科学严谨的观察与研究。"大拱的两肩上，各有两个小拱"的"肩"字传递出的大拱与小拱准确的位置关系。"在当时可算是世界上最长的石拱"中"在当时"对时间进行了准确的限定，"最长"两字背后流露出民族自豪感。

这个环节训练学生的口语表达能力，让他们在具体表达过程中，感受说明文语言的准确与严谨，同时也能深切体会出作者的民族自豪感。这一设计与本单元的口语交际是相呼应的。

（四）课堂小结

我们通过制作名片、手绘图画，进一步丰富了我们的推荐手册。这也让我们明白了科学小品文中举例子这种说明方法的使用要恰到好处，列举的例子要具有典型性、代表性，例子太少不具有说服力，例子堆砌太多也不合适。我们在口头讲解的过程中也体会到说明语言表达要准确、严谨。希望我们同学在平时也要有这种科学求实、踏实严谨的作风。

（五）布置作业

完善"印象·石拱桥"推荐手册。

19　苏州园林

叶圣陶

一、教学目标与学习要素

(一) 教学目标

1. 抓住各段关键语句,把握苏州园林的总特点,理清文章结构。
2. 选配插图并进行鉴赏,体会《苏州园林》的图画美、文字美。
3. 结合制作推荐手册,初步培养学生对园林建筑的审美鉴赏力。

(二) 学习要素

1. 圈画、组合关键语句,提炼说明对象的特征。
2. 分析多种说明方法在介绍说明对象具体特征时的不同作用。
3. 品读准确和生动的语言,感受说明语言风格的多样。

二、文本解读

(一) 课文整体解析

《苏州园林》是叶圣陶先生为苏州园林摄影集写的序,原题为《拙政诸园寄深眷》——谈苏州园林》。说明的文字典雅、准确,同时兼用写景散文的笔法,向我们呈现了苏州园林"如画"的美。

1. 结构美。

作者没有着眼于苏州某一具体的园林,在他的笔下,苏州园林共性的特点是"务必使游览者无论站在哪个点上,眼前总是一幅完美的图画",也就是"总之,一切都要为构成完美的图画而存在,决不容许有欠美伤美的败笔"。接着作者整体上从四个"讲究",局部从三个"注意"对苏州园林"如在画图中"的特点进行说明。最后"可以说的当然不止以上这些,这里不再多写了",留给读者无限的空间去遐想。文章先总说,后分述;分述部分先整体后局部。结构上完整和谐,前后关联照应,呈现出一种结构美。

2. 图画美。

课文多次提到与绘画相关的短语。第 2 段"一幅完美的图画""决不容许有欠美伤美的败笔""如在画图中"。第3段将美术画与图案画作比较,突出苏州园林追求自然之趣,不讲究对称。第4段假山池沼的配合都追求"一幅画的效果"。第5段栽种修剪花草树木"也着眼在画意"。第6、7、8段从角落、门窗、色彩三个细节,突出其追求素雅的图画般的美。综合起来,图画的含义主要在于自然之趣、自然之美。

如"有几个园里有古老的藤萝,盘曲嶙峋的枝干就是一幅好画。开花的时候满眼的珠光宝气,使游览者感到无限的繁华和欢悦,可是没法说出来",这一句中"一幅好画"照应前文的总述"如在画图中";"珠光宝气"写出了古老的藤萝开花时的繁盛与典雅,给人带来美感——无限的繁华和欢悦。

3. 文字美。

本文的表达方式以说明为主,但灵活多变。说明、叙述、描写的综合运用,让语言平实准确又生动,且富有情趣。

例如这一段文字:

苏州园林与北京的园林不同,极少使用彩绘。梁和柱子以及门窗栏杆大多漆广漆,那是不刺眼的颜色。墙壁白色。有些室内墙壁下半截铺水磨方砖,淡灰色和白色对衬。屋瓦和檐漏一律淡灰色。这些颜色与草木的绿色配合,引起人们安静闲适的感觉。花开时节,更显得各种花明艳照眼。

"极少""大多"这样的限定词留出了余地,这是语言准确性的体现。"广漆",后面补充"那是不刺眼的颜色",引发读者联想。后面进一步说明的"白色""淡灰色""绿色""花开时节",这些表示色彩或能体现色彩的词语组合在一起又给人遐想的空间。最后作者点出这种色彩的处理给人以"安静闲适的感觉","明艳照眼"的感受。在这段文字中,词语与词语之间、句子与句子之间留有很大空间,在语境内、在关联中传达出丰富的语言意蕴。

(二) 重点语段细读

倘若要我说说总的印象,我觉得苏州园林是我国各地园林的标本,各地园林或多或少都受到苏州园林的影响。因此,谁如果要鉴赏我国的园林,苏州园林就不该错过。

"标本"是样本的意思,指苏州园林具有广泛的代表性,是同类事物中的代表者。作者用"标本"这个词语高度概括了苏州园林的地位之高、影响之大。"鉴赏"一词,体现作者用审美的、艺术的眼光在看待苏州园林。这也与后文多次提及的

"如在画图中"形成呼应。

①苏州园林栽种和修剪树木也着眼在画意。②高树与低树俯仰生姿。③落叶树与常绿树相间,花时不同的多种花树相间,这就一年四季不感到寂寞。④没有修剪得像宝塔那样的松柏,没有阅兵式似的道旁树;因为依据中国画的审美观点看,这是不足取的。

第②句和第③句均运用举例子的说明方法,通过列举高树与低树、落叶树与常绿树、花时不同的树进行相互配合,具体说明了苏州园林栽种的树木讲究搭配,力求如画。"寂寞"一词在这里是单调无趣的意思,进一步说明这里花草树木栽种错落相间、自然成趣。第④句作者连用两个"没有",强调了苏州园林具有中国画的审美特点,修剪树木也着眼于画意,追求自然,富于变化。②③④句是对第①句的展开说明,这一段属于总分的结构。

三、教学过程

第一课时

(一) 课时目标

1. 撰写导言,把握苏州园林的总特征,梳理结构思路。
2. 选配图片,体会文章中的图画美与文字美。

(二) 导入

展示苏州拙政园、网师园、狮子林等园林的图片。

不知道同学们有没有参观过苏州园林。我们今天一起来学习生长于苏州、对苏州园林有着深厚情感的叶圣陶先生写就的《苏州园林》一文,看看叶老的文章向我们展现出了怎样的苏州园林。

(三) 活动设计

▲ **活动设计一:"园林"记忆**

结合课文预习,根据下文的内容,从下列词语中选择填空:

丘壑　因地制宜　盘曲嶙峋　雕镂　亭台轩榭　标本　俯仰生姿

某出版社准备出一本苏州园林的摄影集,邀请叶圣陶先生写一篇序文。苏州,是叶老心心念之的故乡;苏州园林,是叶老曾经与童伴憩游之地。在叶老看来,苏州园林可以说是各地园林的(　　　　)。那(　　　　)是画,那假山池沼是画,那(　　　　)的高树低树是画,那(　　　　)的藤萝是画,那(　　　　)着各种图案的门窗、廊子是画……这一幅幅如画的景致全在于设计者和匠师们(　　　　),胸中有(　　　　),他们有着让人置身图画中的追求。

这个活动难度不大,让学生根据语境选词填空,一方面考察学生词语积累掌握情况,一方面也让学生对本文的写作背景有个大致了解。

▲ 活动设计二:撰写导言

现在,让我们给叶圣陶先生写的这篇《苏州园林》制作一篇推荐手册,首先还是撰写导言。

苏州园林是我国各地园林的标本,各地园林或多或少都受到苏州园林的影响。设计者和匠师们一直追求的是:务必使游览者无论站在哪个点上,眼前总是一幅完美的图画。为了达到这个目的,他们在整体上讲究亭台轩榭的自然之趣,讲究假山池沼的自然之美,讲究花草树木映衬的图画美,讲究近景远景的层次美。他们还在细节上注重每个角落的图画美,注重门窗的图案美,颜色搭配上的闲适美。

指导思路:引导学生抓住第1、2段中的中心句、第2段中的四个讲究以及第3到9段中每段的总起句,能够快速理清楚文章的结构内容。文章是由总写到分写,分写部分又是从主到次、从整体到局部来说明苏州园林"如画"的特征。依据文章的说明顺序撰写导言,能够让学生初步感受到全文呈现出一种和谐完整的结构美。

▲ 活动设计三:选配图画

1. 下面的图片中哪一张不是苏州园林的景致?

图1　　　　图2　　　　图3

结合文本信息可知,苏州园林的建筑是不讲究对称的,它追求的是自然美、图画美,图1、图3均符合该特征。而图2是典型的皇家园林的特色,讲究对称,注重图案美。所以,图2不属于苏州园林的景致。

2. 你觉得图1、图3分别对应文章中哪些语句?结合图片和相应的文字,加以鉴赏。

示例:

苏州园林与北京的园林不同,极少使用彩绘。梁和柱子以及门窗栏杆大多漆广漆,那是不刺眼的颜色。墙壁白色。有些室内墙壁下半截铺水磨方砖,淡灰色和白色对衬。屋瓦和檐漏一律淡灰色。这些颜色与草木的绿色配合,引起人们安静闲适的感觉。花开时节,更显得各种花明艳照眼。

苏州园林在色彩搭配上追求闲适、宁静、素雅的美。

将苏州园林和北京园林作比较,突出说明苏州园林在色彩选择上的独特之处:很少使用彩绘。列举了梁、柱子、墙壁的颜色,具体说明了色彩选择上的偏好。最后写出这种色彩的选择给人带来的感受。"极少""大多"这样的限定词留出了余地,这是语言准确性的体现。词语与词语之间、句子与句子之间留有很大空间。"广漆",后面补充"那是不刺眼的颜色",引发读者联想。后面进一步说明的"白色""淡灰色""绿色""花开时节",这些表示色彩或能体现色彩的词语组合在一起又给人遐想的空间。最后作者点出这种色彩的处理给人以"安静闲适的感觉","明艳照眼"的感受。

通过图片,选择对应文字,并为图片和文字写一段鉴赏文字。鉴赏的角度可以有说明方法的选择、结构的安排、语言文字的表达等方面。鉴赏不仅仅是针对苏州园林这一园林建筑,更多的是叶老笔下的《苏州园林》。通过这一活动,学生深切感受到文字中传递出的苏州园林之美。

(四)课堂小结

今天我们通过设计导言和选配图画,把握了文章的主要说明内容与行文思路,并初步感受到了叶老文字中传递出的苏州园林"如画"般的美。

(五)布置作业

1. 完善自己推荐手册中的"配图"部分,根据图片,结合内容,写一段鉴赏文字。

2. 选择身边的某一建筑或公园作为推介对象,借鉴本文先总后分的写法,就其主要特点展开具体说明,不少于300字。

第二课时

(一)课时目标

1. 结合推荐手册,初步培养学生对园林建筑的审美鉴赏力。
2. 通过代言活动,进一步感受《苏州园林》的结构美、图画美、文字美。

(二)导入

我们现在每个人手上的推荐手册内容应该很丰富了,现在我们就选配的插图来进行交流。

(三)活动设计

▲ **活动设计一:鉴赏《苏州园林》插图**

学生口头介绍他们上节课课后制作手册第二部分的配图部分。

提示:结合文本的具体内容,体会以苏州园林为代表的中国园林建筑的审美追求。

> 亭台轩榭——自然之美
> 假山池沼——灵动之美
> 花草树木——变化之美
> 花墙廊子——层次之美
> 阶旁墙上——图画之美
> 镂空门窗——图案之美
> 色彩配合——安闲之美
> 共同之处:苏州园林追求自然之趣,充满灵动与变化。

这个环节一方面培养学生的语言表达能力,呼应本单元的口语交际任务;另一方面,学生在台上介绍《苏州园林》的多样美,也是逐步发掘《苏州园林》文字之典雅规范、说明方法之精当、总分结构之妙,充分体会以苏州园林代表的我国园林建筑具有高度审美追求的过程。

▲ 活动设计二：我为《苏州园林》代言

世界遗产委员会评价苏州园林:没有任何地方比历史名城苏州的九大园林更能体现中国古典园林设计"咫尺之内再造乾坤"的理想。苏州园林被公认是实现这一设计思想的杰作。这些建造于11～19世纪的园林,以其精雕细琢的设计,折射出中国文化取法自然而又超越自然的深邃意境。

叶圣陶先生的《苏州园林》是很美的,可以说是文艺小品文的"标本"。接下来我们尝试着为《苏州园林》代言,让更多没有接触过《苏州园林》这篇文章的人也来感受这苏州园林之美。

我为《苏州园林》代言

提示：活动过程中对文章的结构美、文字美、图画美进行总结提炼。

(四) 课堂小结

我们今天通过鉴赏活动,感受到苏州园林为代表的中国园林建筑取法自然、崇尚自然的审美追求。通过为叶老的"这一篇"文章代言的活动,进一步感受了《苏州园林》的结构美、文字美、图画美。

(五) 布置作业

1. 完善"印象·苏州园林"的推荐手册。
2. 就上次推介的某建筑或公园的300字小练笔进行修改,要求运用多种说明方法,采用一定的顺序,清晰地说明该对象的特征。

20　人民英雄永垂不朽
——瞻仰首都人民英雄纪念碑

周定舫

一、教学目标与学习要素

（一）教学目标

1. 通过绘制地图、讨论推介主题内容，梳理作者瞻仰纪念碑的说明顺序，探究写作意图。
2. 通过导游推介活动，把握本文的写作方法，体会准确、庄重而又饱含情感的语言特色。

（二）学习要素

1. 圈画关键句、概括要点，提炼说明对象的基本特征。
2. 梳理行文思路，思考选择某种说明顺序的原因。
3. 描摹事物的形状、面貌，让说明对象的特征更具体、形象。

二、教学建议

这一篇文章的说明对象是首都人民英雄纪念碑。作者周定舫以瞻仰纪念碑的方式依次向读者介绍了纪念碑的位置、"庄严隆重的奠基礼"、高度、石材、碑文题字、装饰花纹等，尤其是十幅大浮雕。对纪念碑的介绍，不仅仅是对外在的建筑本身的说明，更多的是向读者说明其内在实质。我们在阅读这篇自读课文的时候，要充分借助阅读提示与旁批，梳理清楚人民英雄纪念碑的主要特征。此外我们还要理清楚文章的说明顺序。本文以空间顺序为主，在具体说明时候又采用了时间顺序、逻辑顺序。教学时，应结合作者的写作意图去深入思考以下问题：作者为什么采用这样的说明顺序？作者又为什么重点介绍说明某些部分的内容？

三、教学过程

（一）导入

1958年4月22日人民英雄纪念碑刚刚建成，4月23日周定舫先生就在《人民日报》上发表了这篇《人民英雄永垂不朽》。当时纪念碑刚建成，全国人民包括首都人民在内都可能对此不甚了解,因此作者写下了这篇文章发表在《人民日报》上。时至今日,我们可能有的去瞻仰过这纪念碑,有的还未去过。不过没关系,今天我们一起学习这篇文章,也来给人民英雄纪念碑制作一份推荐手册。

(二)活动设计

▲ 活动设计一:地图绘制师

请同学们阅读课文,圈画出作者行踪的相关语句,并根据作者行踪,绘制出人民英雄纪念碑的地理位置、大致概况。

相关语句:

我从东长安街向天安门广场走去,未进入广场就望见纪念碑。

它像顶天立地的巨人一样矗立在广场南部,和天安门遥遥相对,在远处就可以看到⋯⋯

我越过广场,踏着橘黄色花岗石石道,徐徐走到纪念碑台阶前,从近处来仔细瞻仰纪念碑。

我踏上花岗石铺成的台阶,到了第二层平台。

碑身四周围绕着双层汉白玉栏杆⋯⋯

碑的正面朝北⋯⋯在碑身背面,一行行镏金字整齐地排列着,这是毛主席亲自起草、周总理亲笔书写的碑文。

碑身东西两侧上部,刻着红星、松柏和旗帜组成的装饰花纹⋯⋯

小碑座的四周,雕刻着⋯⋯碑顶是民族传统的建筑形式⋯⋯

10块汉白玉的大浮雕,镶嵌在大碑座的四周。

从碑身东面起,按着历史顺序瞻仰。第一幅浮雕是"销毁鸦片烟"⋯⋯东面的第二幅浮雕⋯⋯往南转到碑身的后面,看到的是⋯⋯接下来的一幅是"五四爱国运动"⋯⋯南面的第三幅是"五卅运动"⋯⋯碑身的西面,第一幅是"八一南昌起义"的浮雕⋯⋯最后来到碑身的正面,看到解放战争时期人民解放军百万雄师"胜利渡长江,解放全中国"的浮雕,这是十幅浮雕中最大的一幅⋯⋯

当我走下台阶、离开纪念碑的时候,我再一次向在历次斗争中牺牲的人民英雄们默默致敬。

绘制地图:

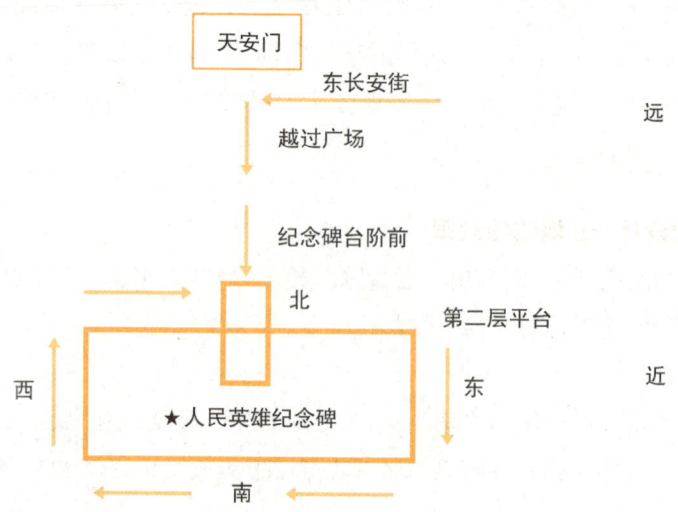

总结：我们同学已经做好推荐手册的第一步——为推介的人民英雄纪念碑标志出了地理位置和大致参观路线。我们也明确了本文作者在介绍说明时以空间顺序为主，有从远到近、从外到内、从下到上等方位变换。在介绍十幅大浮雕时采用东南西北的空间顺序，同时按照历史顺序（时间顺序）展开。在具体介绍浮雕画面时，采用先整体再局部的逻辑顺序。

通过绘制地图的任务，学生们圈划作者行踪的相关语句，并梳理出人民英雄纪念碑相关的介绍内容，明确本文的说明顺序。

▲ 活动设计二：内容设计师

1. 同学们，这篇课文有正、副标题。副标题直接点明了说明的对象。本单元我们学习了《中国石拱桥》《苏州园林》，标题就直接是说明对象，清晰明了。这里，作者为什么不直接以说明的对象——首都人民英雄纪念碑为正题，而以"人民英雄永垂不朽"为正标题呢？

人民英雄永垂不朽	瞻仰首都人民英雄纪念碑
凸显主题、写作意图。	交代事件，点明说明对象，"瞻仰"二字体现出作者的敬仰之情。

2. 现在我们为首都人民英雄纪念碑做推荐手册，你们说确定一个什么样的主题呢？确定好主题后，你们准备在手册中重点呈现哪一部分内容？

以"人民英雄永垂不朽"为主题，圈划能突出体现这一主题的相关说明内容，然后摘录、提炼组合相关说明文字,可以在每一部分说明的内容旁边选配插图。

提示:纪念碑的高度、石材,纪念碑的碑文,纪念碑的装饰花纹,纪念碑上的十幅大浮雕。

配合文字和图片

学生在完成标题的比较、主题以及重点内容推介的确定这些学习任务后,对说明对象的内在特质、建碑的意图以及作者的写作意图都能有更深入地把握。

▲ 活动设计三:我是小导游

1. 请学生合上书本,呈现两段关于"销毁鸦片烟"的文字,比较文字风格,判断哪一段是课文原文,并说明理由。

(1)	(2)
第一幅浮雕是"销毁鸦片烟",描述了鸦片战争前夕,1839年6月3日,群众在虎门销毁鸦片的事迹。浮雕上,愤怒的群众正在把一箱箱毒害中国人民的鸦片运到海边,倾倒在放有石灰的窖坑里销烧,一股股浓烟从石灰池上升起。人群后面,有炮台和千百只待发的战船,随时准备还击英帝国主义的挑衅。画面上人物的形象,表现出中国人民反抗帝国主义的坚定决心。	第一幅浮雕是"销毁鸦片烟",讲述的是清政府钦差大臣林则徐带领广大劳动人民在广东虎门集中销毁鸦片烟的历史事件。民族英雄林则徐从民族大义出发,在接受任命后义正言辞宣称:"若鸦片一日未绝,本大臣一日不回!"到任后他严令外商缴出鸦片,将收缴来的鸦片集中在虎门进行销烟,经22天方才全部销毁。

第一段表述是原文,作者从"人民英雄永垂不朽"的主题出发,描摹了销烟的具体画面,表达了对人民英雄的敬仰之情。这段文字由概述事件、摹写状貌、阐述意义三个部分组成,形象而又具体。第二段表述更多的是围绕林则徐这一民族英雄在进行描述,突显的是个人形象。

2. 同学们,现在有一群外国游客慕名来到我们首都人民英雄纪念碑,请你作为一名小导游,选择一幅浮雕作为解说内容,向外国游客介绍说明。

提示:解说内容要凸显主题,可以由概述事件、摹写状貌、阐述意义三个部分组成。

解说的对象是一群外国游客,语言表达要得体,也要形象具体,同时注重情感的表达。

通过比较，学生明确了两种不同的文字风格，进一步了解了作者的说明意图：人民英雄永垂不朽。同时，还掌握了主要的写作手法：概述事件、摹写状貌、阐述意义。设置当小导游的活动环节，一方面能训练学生的口语表达能力，另一方面也是让学生运用介绍浮雕、描摹画面的写作方法来进行言语实践活动，丰富学习经历。

（三）课堂小结

同学们，我们今天为首都人民英雄纪念碑做推荐手册。先是梳理文章的写作顺序，整体把握大致内容，绘制出纪念碑的地理位置和参观路线。接着明确了这篇说明文作者的说明主题、写作意图，据此我们制作出推荐手册的主要内容。最后我们对于重中之重推介的十幅大浮雕的部分进行进一步研读，明确作者的写作方法。通过小导游解说的活动，又进行了口头练习。在今后的学习中，希望我们能将这些方法学以致用。

（四）布置作业

1. 完善"印象·人民英雄纪念碑"的推荐手册。

2. 选择一座你熟悉的有关中国革命的建筑，搜集资料，尽可能实地探访。在此基础上，借鉴本文写法向同学们推介说明，也可以发布成文字或者视频作品，自主完成。

21 蝉

法布尔

一、教学目标与学习要素

(一) 教学目标

1. 归纳蝉的习性,梳理其成长经历,了解"蝉"识,感受作者长期实验观察的科学精神。
2. 通过阅读批注,感受说明文语言的生动性,体会作者的人文情怀。

(二) 学习要素

1. 提炼概括,梳理说明对象具体而突出的特征。
2. 品读准确、生动的语言,感受说明语言风格的多样化。

二、教学建议

《蝉》一文出自法国作家法布尔的著作《昆虫记》,这也是本册教材的名著阅读书目之一。可以借助于这一篇课文的学习,来推动整本书阅读。教材中的《蝉》节选了原著中的两个部分《蝉的地穴》《蝉的卵》。课文阅读提示指出这是一篇文学性说明文,要"感受其中的趣味""关注作者是如何在细致观察的基础上,客观记录蝉的习性与成长规律""学习其说明事物的独特方法",进而体会"科学精神"。课文的旁批有九条,涉及到说明语言、作者的科学观察、探究的艰辛、作者对蝉的情感态度、作者的人文情怀等方面,这些都是学生在学习过程中可以充分利用的学习资源。

三、教学过程

(一) 导入

我们今天学习法布尔的科普文《蝉》,也要制作一份关于蝉的推荐手册。我们试着比较下面两段说明文字,说说你们更愿意读哪一种。

比较:

(1) 鱼形幼虫一到孔外,皮即刻脱去。但脱下的皮自动形成一种线,幼虫靠它能够附着在树枝上。幼虫落地之前,就在这里行日光浴,踢踢腿,试试筋力,有时却又懒洋洋地在绳端摇摆着。

它的触须现在自由了,左右挥动;腿可以伸缩;前面的爪能够张合自如。身体悬挂着,只要有一点儿微风就动摇不定。它在这里为将来的出世做准备。我看到的昆虫再没有比这个更奇妙的了。

不久,它落到地上。这个像跳蚤一般大小的小动物在线上摇荡,以防在硬地上摔伤。身体在空气中渐渐变坚强了。它开始投入严肃的实际生活中了。

——摘自法布尔《蝉》

(2)蝉蛹背上出现一条裂缝时,蜕皮就开始了。它的头先出来,紧接着是身体和翅膀。片刻之后,它的翅膀变硬,颜色加深,就可以起飞了。这个过程大概需要一个小时。

通过比较两种不风格的说明文字,感受法布尔科普文章的有趣生动。

(二)活动设计

▲ 活动设计一:制作"蝉"识,体会精神

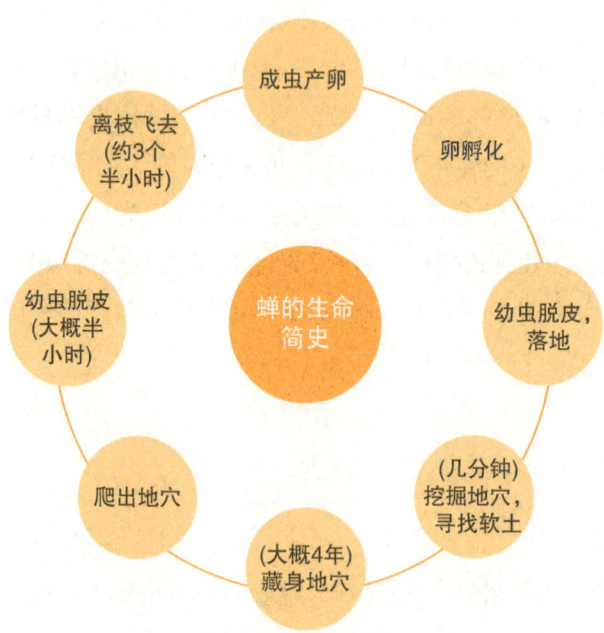

1. 作者的这篇科普文向我们介绍了蝉的地穴与产卵,请试着用思维导图梳理出我们从这篇文章中获得的对蝉的认识。

2. 我们同学已经通过思维导图梳理了蝉的一生,了解了蝉从产卵到幼虫、从幼虫到成虫的生长规律。请同学思考一下,作者是怎么知道蝉的这些情形的呢?

我要考察它们遗弃下的储藏室,必须用刀子来挖掘。

我经过多次的观察,才知道这种危险是什么。　　⇨长期观察、考察

我从放大镜里见过蝉卵的孵化。

工作好几个星期,甚至几个月;先、接着、最后;大概要半小时;几分钟以后;大概是四年等时间段先后顺序、具体数字的交待,表明作者的观察之耐心、细致、严谨。

3. 出示《荒石园》一段文字,你从中读出了什么?

你们是把昆虫开膛破肚,而我是在它们活蹦乱跳的情况下进行研究;你们把昆虫变成一堆既可怖又可怜的东西,而我则使得人们喜欢它们;你们在酷刑室和碎尸场里工作,而我是在蔚蓝的天空下,在鸣蝉的歌声中观察;你们用试剂测试蜂房和原生质,而我却研究本能的最高表现;你们探究死亡,而我却探究生命。

通过梳理蝉一生相关的生活习性,把握说明内容。在此基础上进一步思考:为什么法布尔能掌握关于蝉的第一手资料?进而关注法布尔的科学精神。法布尔对蝉进行了长期的观察和实验,本着科学严谨的态度、人文主义的情怀,写下了这篇有趣的科普文,给读者生动地展示了蝉的一生。

▲ 活动设计二:品读"蝉"语,体悟情怀

我们推荐手册的第一页已经完成,接下来,我们可以选择蝉成长过程中的某个阶段,比如挖掘地穴、金蝉脱壳等,品读"蝉"语,感受"科学与诗的完美结合"。

示例:

金蝉脱壳	品读·体悟	
鱼形幼虫一到孔外,皮即刻脱去。但脱下的皮自动形成一种线,幼虫靠它能够附着在树枝上。幼虫落地之前,就在这里行日光浴,踢踢腿,试试筋力,有时却又懒洋洋地在绳端摇摆着。它的触须现在自由了,左右摔动;腿可以伸缩;前面的爪能够张合自如。身体悬挂着,只要有一点儿微风就动摇不定。它在这里为将来的出世做准备。<u>我看到的昆虫再没有比这个更奇妙的了。</u>	一系列的动作,让人感觉作者笔下的蝉似乎就是一个活泼的小孩。作者把蝉拟人化,由衷地为幼蝉即将脱壳而欢欣。最后作者直接发出自己的赞叹"再没有比这个更奇妙的了"。可见,作者对蝉的喜爱之情。	根据作者对于"金蝉脱壳"的说明文字,简单绘制蝉脱壳的图画。

学生选择的文字可以配上绘图。对文字的圈划批注参考课文旁批,注意抓住具体语句,品读出作者对蝉的喜爱、担忧、敬佩的情感,进而理解作者对生命的热爱与尊重。

(三)课堂小结

读完这篇文章,我们会发现蝉的生命原来如此的曲折生动、丰富精彩。这得益于法国昆虫学家长期坚持的观察记录、生动有趣的文字表达,更来自于他博大丰富的人文情怀。他对自然生命的尊敬,对自然万物的热爱,让我们由衷赞叹。他的《昆虫记》被誉为"昆虫的史诗",课后请大家进一步走进法布尔,走进《昆虫记》。

(四)布置作业

1. 完善"印象·蝉"的推荐手册。
2. 有选择地阅读名著《昆虫记》。

22　梦回繁华

毛　宁

一、教学目标与学习要素

（一）教学目标

1. 浏览全文，厘清文章的主要内容和结构层次。
2. 细读比较，体会摹状貌的说明效果及说明语言的典雅。
3. 通过筛选标题，进一步体会清明上河图繁华背后的心情。

（二）学习要素

1. 摹状貌的说明方法——描摹事物的形状、面貌，让说明对象的特征更具体、形象。
2. 说明语言的典雅——四字成语或短语的使用让语言凝练而又富有韵味。

二、教学建议

《清明上河图》是我国北宋时期著名画家张择端的名画。画作描摹了北宋时期繁华的市井生活，人物景物繁多，场景多样，气势恢宏。作者介绍说明时从社会背景说起，再交代作者其人、画作的意义，整体介绍画卷内容后重点介绍了画作主要内容，最后说明画作的艺术特点和社会价值。条理清晰、顺序得当。画作的主要内容是作者重点介绍的部分。作者采用摹状貌的说明方法，介绍了画作中呈现出来的北宋汴京城郊、汴河到城内街市的繁华景象。这里也只有摹状貌的说明方法，才能将北宋汴京城的繁华详尽而又生动地描摹出来。作者的语言准确严谨，典雅富有韵味。阅读提示给我们的阅读方法是：先浏览，了解主要内容；再细读，抓关键语句；理清作者的说明顺序，体会语言的典雅。

三、教学过程

（一）导入

我们今天学习毛宁的《梦回繁华》。作者毛宁向我们这种非美术专业的一般读者介绍说明了北宋画家张择端的《清明上河图》。我们今天试着为《清明上河图》做一份推荐手册。

> (二) 活动设计

▲ 活动设计一：制作目录，初识"繁华"

快速浏览全文，抓住每段的要点，给推荐手册列一个目录。也就是我们对《清明上河图》的推介先后分别从哪几个方面进行？

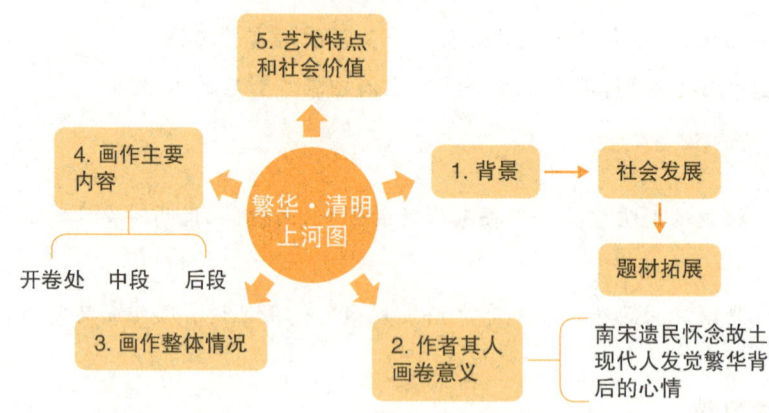

通过思维导图的形式呈现推荐手册第一页目录，让学生对创作的背景、作者情况、画作内容、艺术价值、历史意义等整体把握。在这一过程中思考目录先后的位置关系，这需要学生提炼每一段重要内容，并清楚段落与段落之间的顺序关系。

▲ 活动设计二：细读比较，细品"繁华"

大家应该发现了作者重点着墨在第3、4、5段，而第4段画卷的主要内容又是重中之重。那我们同学的推荐手册应该重点呈现这部分的文字内容，并加以推介解说。请大家先细读这部分内容，然后试着将原文和老师改动过的文字进行比较，看一看有什么区别。

原文	改文	区别
画面开卷处描绘的是汴京近郊的风光。疏林薄雾，农舍田畴，春寒料峭，赶集的乡人驱赶着往城内送炭的毛驴驮队。在进入大道的岔道上，是众多仆从簇拥的较乘队伍，从插满柳枝的轿顶可知是踏青扫墓归来的权贵。近处小路上骑驴而行的则是长途跋涉的行旅。树木新发的枝芽，调节了画面的色彩和疏密，表现出北国早春的气息。	画面开卷处描绘的是汴京近郊的风光。淡淡的薄雾中有农舍田地、稀疏的树林。在进城的大道上有赶集乡人的毛驴团队。岔道上，有众多仆从和踏青归来的权贵。在近处的小路上是行旅队伍。	
画面中段是汴河两岸的繁华情景。汴河是当时南北交通的孔道，也是北宋王朝国家漕运的枢纽。巨大的漕船，舳舻相接，忙碌的船工从停泊在河边的粮船上卸下沉重的粮包，纤夫们拖着船逆水行驶，一片繁忙景象。汴河上有一座规模宏敞的拱桥，其桥无柱，以巨木虚架而成，结构精美，宛如飞虹。桥的两端紧连着街市，车水马龙，热闹非凡。一艘准备驶过拱桥的巨大漕船的细节描绘，一直为人们所称道：船正在放倒桅杆准备过桥，船夫们呼唤叫喊，握篙盘索。桥上呼应相接，岸边挥臂助阵，过往行人聚集在桥头围观。而那些赶脚、推车、挑担的人们，却无暇一顾。这紧张的一幕，成为全画的一个高潮。	画面中段是汴河两岸的繁华情景。巨大的漕船，船头船尾相连。船工在卸粮包，纤夫们逆水拖着船行驶。汴河上有一座拱桥，桥的上面没有柱子，是用木材支撑的。一艘准备驶过拱桥的巨大漕船的细节描绘是：船正在放倒桅杆准备过桥，很多人都在围观。而那些赶脚、推车、挑担的人们，却顾不上来看。桥的两端紧连着街市，很热闹。	
后段描写汴京市区的街道。在高大雄伟的城楼两侧，街道纵横，房屋林立，茶坊、酒肆、脚店、肉铺、寺观、公厕等一应俱全。各类店铺经营着罗锦布匹、沉檀香料、香烛纸马。另有医药门诊、大车修理、看相算命、修面整容，应有尽有。街上行人摩肩接踵，络绎不绝，士农工商，男女老少，各行各业，无所不备。	后段描写汴京市区的街道。有城楼、街道、房屋、茶坊等各类店铺。街上的行人男女老少、各行各业的都有。	

　　通过细读比较，希望能达成两个小目标：一方面品读文章中的四字短语，这种短语的使用不仅概括性强，而且语言显得典雅而有韵味，让学生能够通过语言想象当时北宋汴京城的繁华；另一方面让学生通过朗读删掉了很多描写的语段，进而明确一点：说明画卷上繁华的景象，摹状貌是最恰当的说明方法。

▲ 活动设计三：筛选标题,细说"繁华"

我们已经在推荐手册上完成了关于介绍《清明上河图》的目录以及画作前中后段繁华热闹内容的呈现。接下来需要思考给这个推荐手册起个什么名字更有吸引力呢？试着从以下三个标题中进行筛选,并说明理由。

1.《梦回繁华》。
2.《〈清明上河图〉的故事》。
3.《张择端和他的盛世美图》。

提示：三个题目,第一个是本文作者拟的标题,相较于第二、第三个标题,它更具有文艺性。关键词"繁华"是理解的重点。繁华的是什么？谁梦回繁华？它在文中有哪些照应语句？这个标题给我们带来怎样的联想与思考？

繁华,不仅仅是我们现代人看到这幅旷世名作怀想当时的繁华热闹,也是南渡的北宋遗民的追忆,更是画家张择端看到在盛世繁华的图景背后的阶层分化、危机四伏的善意劝谏。

(三) 课堂小结

我们通过在手册上列目录的方法,把握了整篇文章的说明内容与结构特点。通过比较阅读,学习了四字结构短语以及摹状貌这种说明方法,感受到北宋汴京的繁华。我们通过筛选标题,进一步感受到繁华背后的心情。这心情有我们现代人的遥想、神往,也有北宋遗民的追忆,更有画作者对于盛世背后危机的忧患与慨叹。

(四) 布置作业

完善"繁华·清明上河图"的推荐手册。

写作　说明事物要抓住特征

一、教学目标与学习要素

（一）教学目标

1. 比较不同的说明文字，明确说明动机。
2. 借助思维导图，用合适的说明方法说明介绍对象特征。
3. 担任导游解说，互相指导并修改自己的提纲。

（二）学习要素

分析举例子、作比较、列数字等说明方法对于表现对象特征的具体作用。

二、教学建议

说明事物要抓住特征进行说明，这主要是说明什么和怎么说明的问题。

每个事物都有它所属类别的共同特点，也有它的独特之处。首先我们要对事物有仔细的观察与比较，也可以通过查找资料去做进一步分析。事物的特征一般有外部的形态、内部的设计构造、自然属性、社会属性、形成原因、发展变化、功能用途等。其次，我们对事物特征的说明要有选择性，或者说要抓住主要的特征，这就需要考虑谁来说和为什么说的问题。预设的读者群体不同，在说明事物特征方面也要有主次、详略之分。

明确了说明对象的特征，说明的主次与详略后，接着就要考虑怎么把特征说明清楚的问题，这就要考虑说明方法的选择和说明顺序的安排。

三、教学过程

（一）导入

生活中我们常常需要用说明来介绍事物、阐述事理，让人们对这个不熟悉的事物有个基本了解。那么，具体介绍说明的时候，我们要考虑哪些问题呢？

| 谁来说？ | 为什么说？ | 说什么？ | 怎么说？ | 说得怎么样？ |

（二）活动设计

▲ 活动设计一："我"是谁？

1. 我们来看这两段都是说明的文字：

卢沟桥是一座联拱式石桥，计 11 孔，长 212.2 米，加上两端桥堍共长约 265 米。靠河两岸的跨径仅 16 米左右，逐渐向桥中心增大，最大跨径计 21.6 米。桥墩上游面造成尖端形，下游面系平头，深合现代科学原理。桥面宽 7.6 米，全宽约 8 米。桥面用石板铺砌，桥的两端筑有翼状石栏，连同桥上两旁石栏，北面有石柱 140 个，南面有石柱 141 个，其中一个已坍损。柱的间距 1.8—2 米，柱高 1.4 米，柱头各刻石狮，每个姿态各异，有立的、卧的、蹲的、伏的、大抱小的、小抱大的，各种形式。柱间各嵌石板为栏，栏高约 85 厘米。桥的西端有两根石柱，柱上各蹲一只朝天犼，柱下各有石象一只，雕饰工巧，足增美观。

节选自罗英《中国桥梁史料》（统编版八年级上册语文教材第 101—102 页）

永定河上的卢沟桥，修建于公元 1189 年到 1192 年间。桥长 265 米，由 11 个半圆形的石拱组成，每个石拱长度不一，自 16 米到 21.6 米。桥宽约 8 米，桥面平坦，几乎与河面平行。每两个石拱之间有石砌桥墩，把 11 个石拱联成一个整体。由于各拱相联，所以这种桥叫作联拱石桥。永定河发水时，来势很猛，以前两岸河堤常被冲毁，但是这座桥极少出事，足见它的坚固。桥面用石板铺砌，两旁有石栏石柱。每个柱头上都雕刻着不同姿态的狮子。这些石刻狮子，有的母子相抱，有的交头接耳，有的像倾听水声，有的像注视行人，千态万状，惟妙惟肖。

节选自茅以昇《中国石拱桥》

这两段文字都是介绍卢沟桥的，你觉得有什么区别吗？

■第一段文字专业性比较强，是面向桥梁专业的读者群体，说明的内容偏重技术性。

▲第二段文字比较通俗些，面向的是一般的读者群体，带有科普的性质。

所以，谁说明给谁看，也就是谁来说，为什么说的问题，这是先要考虑清楚的。这在一定程度上决定了说明内容的侧重点和方法的选择等方面。

2. 选择身边的某一建筑或公园作为推介对象。首要的思考问题：你确定自己以什么身份向什么人推介？

请明确你的推介选择，然后和同伴相互进行口头表述。

通过比较,明确当面对的说明对象和说明目标发生变化时,说明内容和侧重点也要相应地发生变化。

▲ **活动设计二:"我"要怎么说?**

1. 回顾《中国石拱桥》《苏州园林》思维导图,重点梳理"赵州桥"的思维导图。

提示:抓住对象的特征,用合适的说明方法说清楚。

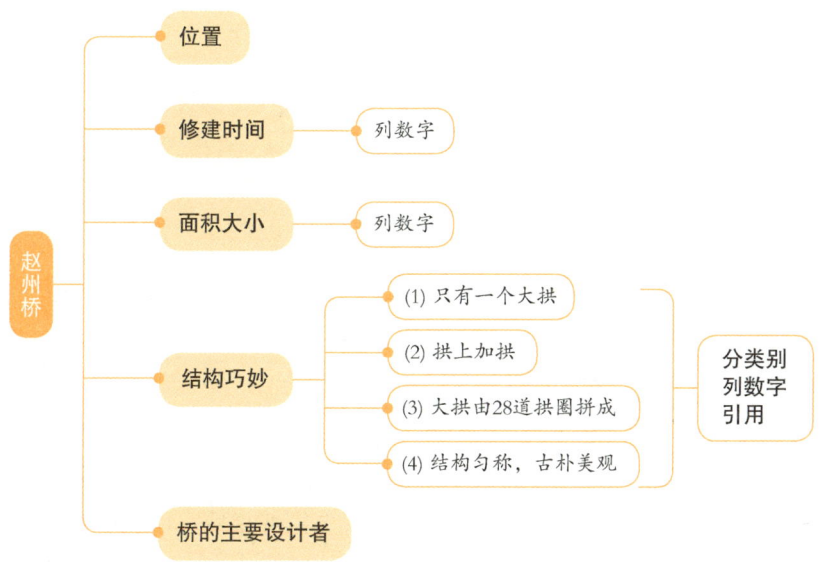

2. 如果请你以一名导游的身份向没到过上海七宝古镇的游客推介七宝古镇,那么说明的重点放在哪里?要抓住七宝古镇的什么特征进行重点推介?又如何说明白呢?试着用思维导图呈现。

示例:

此活动可以课文为范例,学生列提纲的过程就是明确说明内容侧重点、确定主要说明方法的过程。

▲ **活动设计三:"我"说得怎么样?**

就拟写的思维导图,当堂以导游的身份向同伴进行解说推介,同伴从游客、听众的角度给出意见。同伴之间互相指正,进而修改自己的提纲。

在列提纲理清自己的写作思路后,学生把写作的内容口头表述给同伴,让同伴从游客的角度聆听,此活动意在培养学生的读者意识。让学生清楚写文章首先

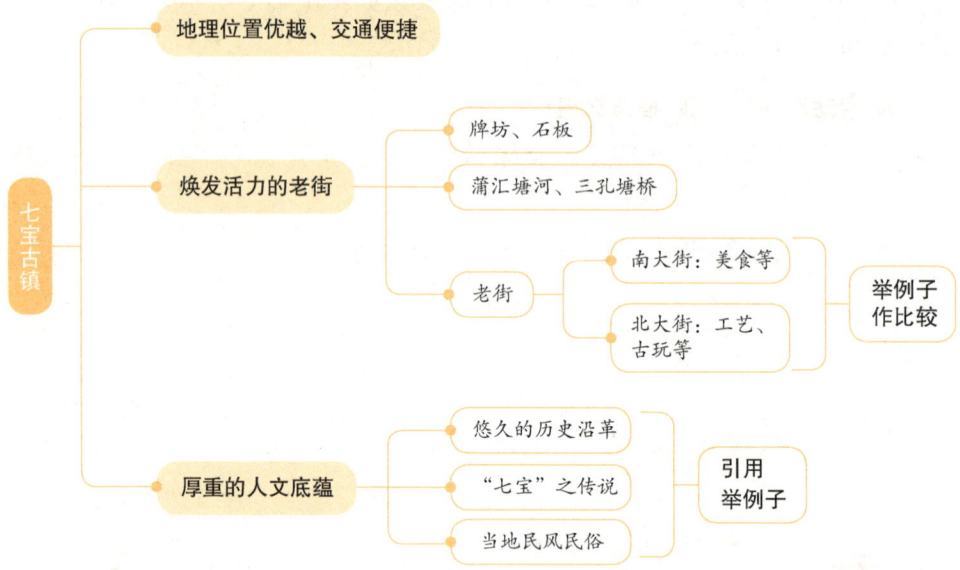

考虑写作的目的,在这个前提下,抓住对象的特征,采用合适的方法加以说明,才能起到良好的推介效果。

(三) 课堂小结

说明事物之前要确定以什么身份向什么人进行说明,这一点明确后,再抓住说明对象的主要特征,运用合适的方法有条理地解释说明,才能达到良好的说明效果。

(四) 布置作业

完成对身边的某一建筑或公园的推介说明,不少于600字。

口语交际　复述与转述

一、教学目标与学习要素

（一）教学目标

1. 能够完整准确、突出重点地复述课文或写作内容。
2. 模拟真实情境，掌握转换人称、时空等转述方法。

（二）学习要素

1. 复述是对原材料进行恰当处理，以准确、连贯的语言条理清晰地表达。
2. 转述是对原信息进行准确、完整的传达，不改变事实，把握要点，并能根据转述对象的变化而灵活变换人称、时空等信息。

二、教学建议

大部分学生在日常生活中都有一定的复述与转述的经历与经验，只是在生活中没有意识到，更没有系统化的认识。"复述转述，完整准确，突出重点"是课程标准对初中阶段学生复述与转述的学习要求。这个单元开展"复述与转述"的口语交际，可以在前面的阅读与写作的基础上进行，对所阅读的课文或者自己写作的对象进行内容复述。不管是详细复述还是简要复述，根据要求忠实于原内容，确定好要点，语言表达注意简洁、口语化。转述需要注意转换人称、时空等，精准体会原说话人的意思，然后准确完整地传达事实。这些最好在具体的情境活动中让学生体会，形成认知。

三、教学过程

（一）导入

我们经常会在生活中把自己看到的电视剧、感兴趣的小说等向别人讲述，或者将某个人说的话讲给别人听，这就是复述或转述。我们应该还记得《穿井得一人》吧，我们在进行复述或讲述时，应如何避免一些笑话或误会呢？

(二) 活动设计

▲ 活动设计一：我说你听

比如复述课文"赵州桥"部分。

赵州桥非常雄伟,全长50.82米,两端宽9.6米,中部略窄,宽约9米。桥的设计完全合乎科学原理,施工技术更是巧妙绝伦。唐朝的张嘉贞说它"制造奇特,人不知其所以为"。这座桥的特点是:(一)全桥只有一个大拱,长达37.02米,在当时可算是世界上最长的石拱。桥洞不是普通半圆形,而是像一张弓,因而大拱上面的道路没有陡坡,便于车马上下。(二)大拱的两肩上,各有两个小拱。这是创造性的设计,不但节约了石料,减轻了桥身的重量,而且在河水暴涨的时候,还可以增加桥洞的过水量,减轻洪水对桥身的冲击。同时,拱上加拱,桥身也更美观。(三)大拱由28道拱圈拼成,就像这么多同样形状的弓合拢在一起,做成一个弧形的桥洞。每道拱圈都能独立支撑上面的重量,一道坏了,其他各道不致受到影响。(四)全桥结构匀称,和四周景色配合得十分和谐;桥上的石栏石板也雕刻得古朴美观。唐朝的张鷟说,远望这座桥就像"初月出云,长虹饮涧"。赵州桥高度的技术水平和不朽的艺术价值,充分显示了我国劳动人民的智慧和力量。桥的主要设计者李春就是一位杰出的工匠,在桥头的碑文里刻着他的名字。

——统编版语文教材八年级上册第99页

提示:对课文材料内容的处理要在忠于原文的基础上选取要点;语言的表达要转换为自己的语言,做到准确、简明、连贯;注意前后有逻辑性,表述的要点要有内在关联性。

▲ 活动设计二：角色扮演

张明爸爸给他买了一辆自行车。刘宇看到张明的新自行车,特别想骑一次,但又不好意思开口直接跟张明说,所以请李晨帮忙转述自己的想法。听了李晨的话后,张明欣然同意,并请刘宇第二天上午九点到自己家小区来骑车,并请李晨转述自己的邀请。

后来,李晨告诉了班主任王老师这件事。王老师在班级简要复述了这件事情,并对张明进行了表扬。

——此情境设计引自统编语文教材八年级上册第130页(稍有变动)

刘宇对李晨说：_____
李晨对张明说：_____
张明对李晨说：_____
李晨对王老师说：_____
王老师对全体同学说：_____

这个情境里有复述、有转述，注意两者的区别。转述要注意人称、时空等的转换；注意转述的要点，准确地把别人的意思传达出来；转述的语言要变成自己的语言，注意清晰、简洁、连贯。

（三）课堂小结

本次学习活动，我们了解了复述与转述的不同，明白了向别人复述与转述时一些注意的要点，希望同学们在生活中学以致用。

（四）布置作业

二选一：

1. 就本学期教材里的名著《昆虫记》，选择其中对某一种昆虫的说明文字，请同学们依据所学方法，复述给同伴或家长听。

2. 将最近班级发生的新鲜事（新闻）转述给家长。

名著导读 《昆虫记》 科普作品的阅读

一、教学目标与学习要素

（一）教学目标

1. 借助思维导图，梳理作者笔下昆虫的外形特征、生活习性等内容，感受作者的精神。
2. 通过品读具体文字，借助比较等方法，体会语言的趣味，理解作者的情感。

（二）学习要素

1. 梳理、分析说明对象具体而突出的特征。
2. 品读准确、生动的语言，感受文艺性说明文的语言特点。

二、教学建议

法布尔以准确严谨而又生动有趣的语言，将昆虫鲜为人知的生活习性呈现给读者，展现出昆虫们一个又一个的奥秘：可爱的弱小的萤火虫竟然是肉食类昆虫；小小的蚂蚁原来具有很强的掠夺性……这些奥秘的解开都是法布尔长达30多年的科学观察与记录的成果。他记录的不仅仅是昆虫的生活，更是它们的生命。他以虫性关照人性，昆虫在他的笔下是鲜活的，具有人性的，"门外的统治者""高明的麻醉师""孩子们的慈母"等称呼显示了作者对它们的情感，也启发了读者的感悟与思考。他秉着对生命的尊重与热爱，以高超的写作技巧，写了这一部有趣又有益的书。阅读这本书，可以结合本单元自读课文《蝉》的学习方法，尝试用同样的阅读任务来驱动完成。

三、教学过程

（一）导入

交流《昆虫记》中让你印象深刻的昆虫。

(二) 活动设计

▲ **活动设计一：" 识 " 虫状，感精神**

现在就《昆虫记》中自己感兴趣的昆虫进行推荐手册的制作。首先梳理昆虫的形态、习性、劳动、繁衍、死亡等，可以用图表等形式呈现出来。

名称		作者是如何一步步获得这些资料信息的？
形态		
习性		
劳动		
繁衍		
死亡		
……		

表格的内容根据作者说明某种昆虫的具体情况而设计。可以是表格形式，也可以其他思维导图形式，建议图文并茂。学生在文章中梳理说明对象的内容后，进一步去思考作者是如何掌握这些资料的，从而体会作为科学工作者的法布尔的求真务实的精神。

▲ **活动设计二：" 品 " 虫性，悟情趣**

推荐手册接下来的内容可以聚焦你觉得最有趣的、最有特色的文字部分进行品读，以表格或图文的形式呈现。

示例：

昆虫：朗格多克蝎	品读虫性
我看见蝎妈妈用大颚尖小心翼翼地挑起卵的薄膜，把它撕破，扯下，然后把薄膜吞下。在给小宝宝剥胎衣时蝎妈妈倍加小心，犹如温柔慈爱地舔食胎衣的母羊和母猫。尽管工具很粗糙，但宝宝那细皮嫩肉上没有任何伤痕，也没伤筋动骨。 我简直是惊呆了：蝎子是最先把近乎我们人类的母爱传给自己的孩子的。 ——《朗格多克蝎的家庭》	这一段文字中"小心翼翼""倍加小心"等修饰词，"没有""也没"反复的强调，写出了蝎妈妈对孩子的格外用心。从蝎妈妈身上折射出母爱的光辉，作者以人性来关照虫性，他笔下的朗格多克蝎让我们感受到了人性的光辉。

续表

昆虫：螳螂	品读虫性
螳螂在休息时，捕捉器折起来，举于胸前，看上去并不伤害别人，一副在祈祷的昆虫的架势。但是，一旦猎物突然出现，它就立刻收起它那副祈祷姿态。捕捉器的那三段长构件突地伸展开去，末端伸到最远处，抓住猎物后便收回来，把猎物送到两把钢锯之间。老虎钳宛如手臂内弯似的，夹紧猎物，这就算是大功告成了：蝗虫、蚱蜢或其他更厉害的昆虫，一旦夹在那四排尖齿交错之中，便小命呜呼了。无论它如何拼命挣扎，又扭又蹬，螳螂那可怕的凶器是死咬住不放的。	"一副在祈祷的昆虫的架势""一旦……就"这些形象写出螳螂伪装者的身份。"立刻""夹紧""老虎钳宛如手臂内弯似的""尖齿交错""死咬"等词语让我们感受到一个杀手是如何利用可怕的凶器行凶的画面。这其实以人性关照虫性，让我们看到人类社会中的某种杀伐的影子。

聚焦某一种昆虫，具体品读作者对它进行说明的相关文字，抓住关键字词，体会文字的有趣生动，理解作者对昆虫的情感以及由昆虫而观照人类社会的种种思考。

▲ **活动设计三："话"虫心，体感悟**

1. 自读《荒石园》章节，结合重点研读的昆虫，写一段对法布尔其人、其书的感悟，并将这段感悟作为推荐手册的结语。

2. 班级交流展示自己的感悟。

通过设计推荐手册的结束语，学生整体观照其人、其书，写下对《昆虫记》的感悟、理解，将这份感悟、这份精神加以沉淀、升华。

（三）课堂小结

读完整本《昆虫记》，我们发现作者记录了一个个鲜活的生命，给我们解开了一个个昆虫的秘密。作者为什么会有这么大的魔力？让我们重读《荒石园》，进一步理解作者严谨的科学精神和丰富的人文情怀。

（四）布置作业

阅读：1. 再读《荒石园》，体会作者的科学精神与人文情怀。

2. 选读《昆虫记》的某几个部分，感受作者的科学精神与人文情怀。

单元练习

一、试题举隅

1. 判断下列句子所运用的说明方法。

（1）桥长265米，由11个半圆形的石拱组成，每个石拱长度不一，自16米到21.6米。桥宽约8米，桥面平坦，几乎与河面平行。

（2）那时候有个意大利人马可·波罗来过中国，他的游记里，十分推崇这座桥，说它"是世界上独一无二的"，并且特别欣赏桥栏柱上刻的狮子，说它们"共同构成美丽的奇观"。

（3）苏州园林栽种和修剪树木也着眼在画意。高树与低树俯仰生姿。落叶树与常绿树相间，花时不同的多种花树相间，这就一年四季不感到寂寞。

（4）我国的建筑，从古代的宫殿到近代的一般住房，绝大部分是对称的，左边怎么样，右边也怎么样。苏州园林可绝不讲究对称，好像故意避免似的。

（5）它找到适当的地点，用前足的钩扒掘地面。我从放大镜中见它挥动"锄头"，将泥土掘出抛在地面。

（6）一艘准备驶过拱桥的巨大漕船的细节描绘，一直为人们所称道：船正在放倒桅杆准备过桥，船夫们呼唤叫喊，握篙盘索。桥上呼应相接，岸边挥臂助阵，过往行人聚集在桥头围观。而那些赶脚、推车、挑担的人们，却无暇一顾。这紧张的一幕，成为全画的一个高潮。

（1）_____ （2）_____ （3）_____
（4）_____ （5）_____ （6）_____

2. 上题出现的说明方法具有怎样的表达效果？请你试着分分类。

3. 下面段落中哪些字词体现了说明文语言的准确性,请圈划出来,并选一处加以分析。

我国的石拱桥有悠久的历史。《水经注》里提到的"旅人桥",大约建成于公元282年,可能是有记载的最早的石拱桥了。我国的石拱桥几乎到处都有。这些桥大小不一,形式多样,有许多是惊人的杰作。其中最著名的当推河北省赵县的赵州桥,还有北京丰台区的卢沟桥。

我选_____,分析:_____

_____

思考:你圈画的词语有哪些共性?_____

_____

4. 法布尔先说明了"蝉的地穴",再介绍了"蝉的卵",这样的顺序是幼虫——成虫——卵,而按照蝉的生长规律应该是卵——幼虫——成虫。作者这样安排材料有什么意图?

_____

_____

5. 《梦回繁华》中对清明上河图后段有这样一段说明:"各类店铺经营着罗锦布匹、沉檀香料、香烛纸马。另有医药门诊、大车修理、看相算命、修面整容,应有尽有。街上行人摩肩接踵,络绎不绝,士农工商,男女老少,各行各业,无所不备。"请你自行上网查阅《清明上河图》后段画卷,尝试运用摹状貌、举例子等说明方法进一步展开说明。

_____

_____

_____

_____

二、综合阅读

建筑的艺术(节选)
梁思成

① 节奏和韵律是构成一座建筑物的艺术形象的重要因素,前面所谈到的比例,有许多就是节奏或者韵律的比例。这种节奏和韵律也是随时随地可以看见

的,例如从天安门经过端门到午门,天安门是重点的一节或者一个拍子,然后左右两边的千步廊,各用一排等距离的柱子,有节奏地排列下去。但是每九间或十一间,节奏就要断一下,加一道墙,屋顶的脊也跟着断一下。经过这样几段之后,就出现了东西对峙的太庙门和社稷门,好像引进了一个新的主题。这样有节奏有韵律地一直达到端门,然后又重复一遍达到午门。

② 事实上,<u>差不多</u>所有的建筑物,无论在水平方向上或者垂直方向上,都有它的节奏和韵律。我们若是把它分析分析,就可以看到建筑的节奏、韵律有时候和音乐很相像。例如有一座建筑,由左到右或者由右到左,是一柱,一窗;一柱,一窗地排列过去,就像"柱,窗;柱,窗;柱,窗;柱,窗……"的2/4拍子,若是一柱二窗的排列法,就有点像"柱,窗,窗;柱,窗,窗;……"的圆舞曲。若是一柱三窗地排列,就是"柱,窗,窗,窗;柱,窗,窗,窗;……"的4/4拍子了。

③ 在垂直方向上,也同样有节奏、韵律,<u>北京广安门外的天宁寺塔就是一个有趣的例子。由下看上去,最下面是一个扁平的不显著的月台;下面是两层大致同样高的重叠的须弥座;再上去是一周小挑台,专门名词叫平座;平座上面是一圈栏杆,栏杆上是一个三层莲瓣座,再上去是塔的本身,高度和两层须弥座大致相等;再上去是十三层檐子;最上是攒尖瓦顶,顶尖就是塔尖的宝珠。</u>按照这个层次和它们高低不同的比例,我们大致(只是大致)可以看到(而不是听到)这样一段节奏。

④ 我在这里并没有牵强附会。同志们要是不信,请到广安门外去看看。

1. 这几段文字作者向我们介绍说明了_____。
2. 第②段加点字"差不多"能否删去?为什么?
_____。
3. 第③节划线句运用了_____说明方法,作用是_____
_____。

解 析

一、试题举隅

1.(1)列数字 (2)引用 (3)举例子 (4)作比较 (5)打比方 (6)摹状貌

2. 列数字、举例子/打比方、摹状貌/引用、作比较

3. 示例：我选"几乎"，它是表示程度的限定词。意思是我国石拱桥分布十分广泛，差不多哪里都有，但也不是说每处地方都有，作者用这一个限定词体现了语言的准确。

能体现准确的词语有：大约、可能、有记载的、几乎、当推。这些词语的共性都是表示不确定的限定的词语，有的是在事实前加上一些限定语。

4. 蝉的地下生活是鲜为人知的，它是如何掘洞穴的，它的洞穴为什么和其他掘地昆虫不同，这些都是读者好奇的，作者从这部分写起更能吸引读者的兴趣；此外，这样写也有利于突出蝉"四年黑暗的苦工"这一特点。

5. 答案要点：注意恰当运用摹状貌、举例子的说明方法；注意语言生动、准确；说明文字突出对象繁华、热闹的特点。

二、综合阅读

1. 节奏和韵律是构成一座建筑物的艺术形象的重要因素。

2. 不能。"差不多"这个词表示概数。几乎所有的建筑都有节奏和韵律，但不是所有的建筑。去掉的话显得过于绝对，可能与实际情况不符。这个词语体现了说明文语言的严谨。

3. 举例子；具体准确地说明了我国建筑从垂直方向上也有节奏和韵律。

第六单元

单元教学目标

1. 积累文言实虚词,借助注释和工具书,掌握古诗文的内容。
2. 熟悉阅读古诗文的方法,反复诵读品味,提高阅读古诗文的能力。
3. 感悟古人的智慧思想,体会古人的精神品质,弘扬传统文化。

单元内容框架

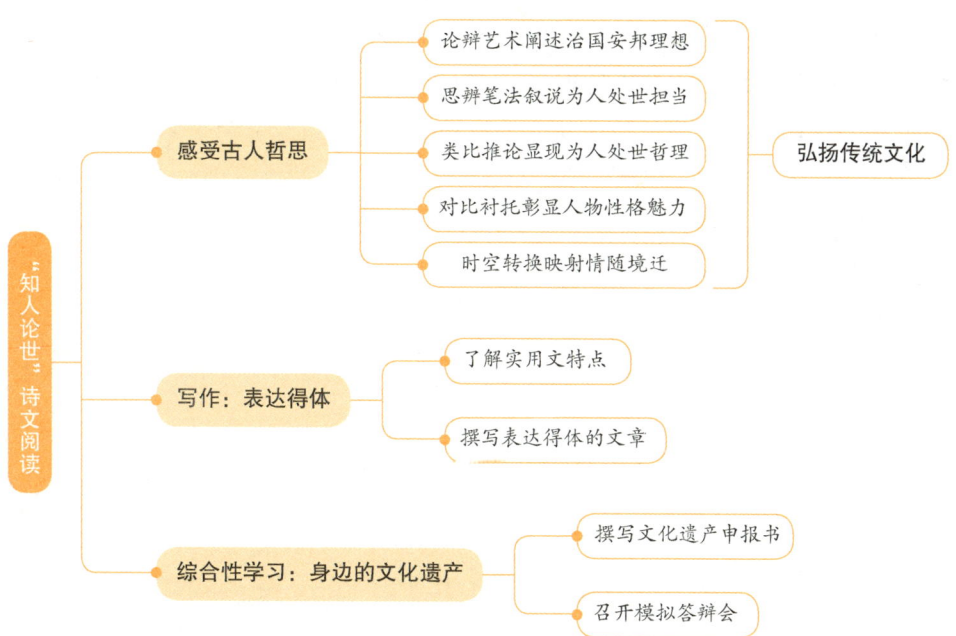

单元设计说明

本单元的文章都是我国古代诗文的名篇佳作，有由论战争而推行"仁政"、强调"人和"的儒家经典《得道多助，失道寡助》；有借"何谓大丈夫"问题的讨论而表达自己心中"大丈夫"标准的孟子语录《富贵不能淫》；有通过举例、对比等手法，论述造才、治国之道的《生于忧患，死于安乐》；有讲述不畏艰险、感天动地的神话故事的《愚公移山》；有刻画治军严明、刚正不阿的"真将军"形象的《周亚夫军细柳》；也有五首古代诗词，或是描绘悠然闲适的田园生活的《饮酒》，或是抒写国破家亡、妻离子散痛苦的《春望》，或是赞颂沙场将士的浴血奋战、视死如归的《雁门太守行》，或是表达怀才不遇的无奈感慨的《赤壁》，或是批判现实、憧憬理想的《渔家傲》。体裁上，有古文，有诗歌；主题上，有阐释治国理政观点的，也有歌颂个人意趣、品格的；表达方式上，有议论、抒情，也有叙述、描写。

可以说，本单元是古诗文阅读的一个综合性单元，学习中，不仅可以培养学生借助注释和工具书，结合诵读和品鉴，学习文言诗文的能力；还可以通过阅读古代诗文的经典著作，养成正确的人生观、价值观，弘扬我国优秀的传统文化，提升学生的综合素养。

写作部分的"表达要得体"，综合学习部分的"身边的文化遗产"两个板块助力本单元的活动，尤其是对语录体的文本形式，叙述描写的内容，以及对古人智慧思想的传承，精神品质的感悟等方面，都会起到促进的作用和积极的影响。

23 《孟子》三章

孟　子

一、教学目标与学习要素

（一）教学目标

1. 借助注释和工具书，掌握《孟子》三章的主要内容。
2. 诵读比较，体会排比修辞和举例论证等方法在说理中彰显的气势。
3. 梳理三篇文章的论证思路，感悟孟子的思想智慧。

（二）学习要素

分析说理中的修辞使用和论证方法作用，学习议论文语言的严谨、生动，富有说服力。

二、文本解读

（一）课文整体解析

《孟子》是儒家的经典著作，与《论语》《大学》《中庸》合称为"四书"，记录了孟子及其弟子的言行，集中反映了孟子的思想核心。《孟子》一书共七章，在政治、教育、哲学等方面都有所阐释。孟子著名的"仁政""民本"等思想皆出自于此，许多流传至今的名言警句，如"天时不如地利，地利不如人和""民为贵，社稷次之，君为轻""尽信书，则不如无书""富贵不能淫，贫贱不能移，威武不能屈"等，也都记录在《孟子》书中。

本课《〈孟子〉三章》中所选的《得道多助，失道寡助》《富贵不能淫》《生于忧患，死于安乐》都是耳熟能详的名家名篇，在治国理政、为人处世、修身齐家等方面留给后人诸多启示。《得道多助，失道寡助》中记录了"以民为本""仁政"的政治主张，这是孟子的一个核心思想，也是我国传统的政治思想中非常宝贵的财富，至今仍具有现实意义。《富贵不能淫》一文从本质上来说，是一篇驳论文。孟子在破立之间，提出了自己对"大丈夫"这一概念的深刻认识，仁德守法、坚守原则、刚正不阿——这被无数仁人志士所践行的真丈夫本色，流露于字里行间。《生于忧患，死于安乐》则在造就人才和治理国家两个方面提出了看法。忧虑祸患能够让人生存,让国家得以发展;安逸享乐则会令人萎靡,最终导致国家的灭亡。这样的深刻警示,激励着一代又一代的后辈,闪耀着熠熠光辉。

这三篇文章,不仅是孟子智慧思想的典型代表,也是我国古代传统文化的精髓体现。而且,孟子极具个性化的言语风格,更是在这里体现得淋漓尽致。他的铿锵有力,他的气势磅礴,无不在深刻地揭示着那深邃的思想,无不在感染着我们引发更深远的思考。孟子的说理善于运用比喻、排比的修辞,常常使用类比、举例的方法,以此来增强说服力,读来朗朗上口。因此,学习《〈孟子〉三章》,诵读体会,比较体悟,鉴赏分析等策略,必然会带领我们走向更加深入的学习,萌发更加蓬勃的感受。

(二) 重点语段细读

三里之城,七里之郭,环而攻之而不胜。夫环而攻之,必有得天时者矣,然而不胜者,是天时不如地利也。城非不高也,池非不深也,兵革非不坚利也,米粟非不多也,委而去之,是地利不如人和也。

——《得道多助,失道寡助》

这段文字是孟子论辩艺术的完美呈现,这三句话是对开篇提出的观点进行具体的阐述,所采取的是两两比较的方法。先是"天时"与"地利"的对比:"三里之城,七里之郭"极言其城之小;"环而攻之"则表示攻城者攻势极猛并且已经占据了战斗的一切主动权(其中就包含"天时"的一切条件);但其结果却是"不胜",由此可以得出"天时不如地利"的结论。接着讲述"地利"与"人和"的对比:"城非不高也"以下四个条件并列的双重否定句,极力铺陈守方具备的"地利"条件;但其结果却是"委而去之",得出"人和"的重要性。以上都是基于历史经验的判断,而非凭空的悬想。这样逐层推进,引出"人和"的首要地位,强调了人和的重要性。

人恒过,然后能改;困于心,衡于虑,而后作;征于色,发于声,而后喻。入则无法家拂士,出则无敌国外患者,国恒亡。

——《生于忧患,死于安乐》

孟子除了善于列举真实例证,还十分擅长从个别化案例推及到一般规律。摆出基本道理后再进行分析,并从正反两个角度进行对比和综合分析,论证了艰苦磨炼的重要性。作者首先从正面意义进行阐述,即使我们身为一个普通人,也仍然需要在艰苦的环境中长期磨炼,方能保持奋发进取。紧随其后,作者将个人的自然成长过程引入治理国家,如果我们当时没有看到内忧外患,往往会导致整个国家的毁灭,这是从反面来进行论证的。

三、教学过程

第一课时

(一) 课时目标

1. 借助注释和工具书,掌握"天时""地利""人和"的具体含义。

2. 诵读比较,图示分析,体会举例论证在说理中的作用,感悟孟子"道"的内涵。

(二) 导入

今天我们来学习《〈孟子〉三章》的第一篇,请同学们齐读题目,猜猜题目中反复出现的"道"是什么意思呢?

从题目中反复出现的"道"字入手,重在引发学生的关注和思考,抓住核心,埋下伏笔。

(三) 活动设计

▲ 活动设计一:"拆组"之行

1. 默读原文,把文章拆分成四个部分,你会如何划分?

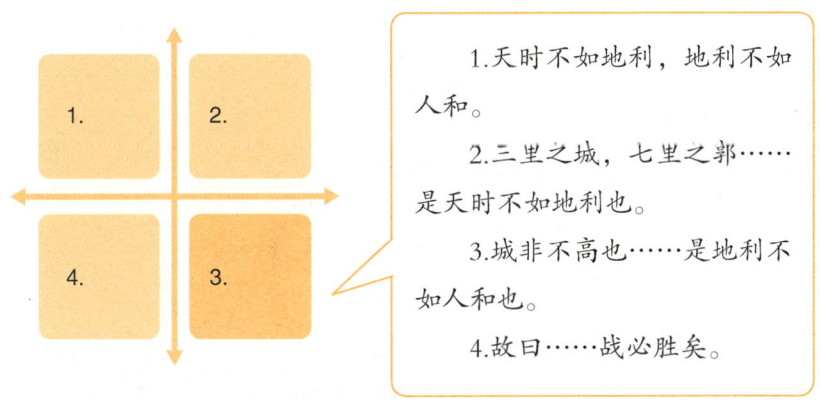

2. 阅读注释,再诵课文,如果重新摆放代表四个部分的方块,你会如何排列?

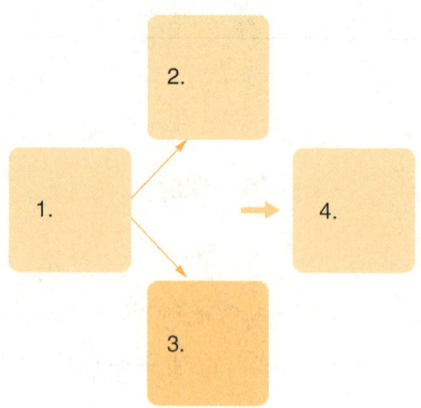

划分层次,排列关系,最终是让学生梳理出本文的观点"天时不如地利,地利不如人和",进而引发新的思考。

3. 拆分重组过程中,我们不难发现,这里作者提出了一个重要的观点就是"天时不如地利,地利不如人和"。那么你认为什么是"天时""地利""人和"呢?

▲ **活动设计二:"注疏"之思**

1. 什么是"天时""地利",注解没有告诉我们,但孟子讲了一个故事,你能结合书下已有的注释,用自己的话讲给我们听吗?

有一个国家,他有三里的内城,七里的外城。另外一个国家来攻打他,趁着月黑风高把他们包围了起来,但还是没有攻克这有三里内城、七里外城的国家。

举例论证的意义是通过事例具象化所阐释的观点、看法,因此,对该事例本身需要读清、读透。介于文言文的语言障碍,应逐步引导学生结合注释、利用工具书,来把握内容。

2. 如果把这个故事用图形的方式表现出来,你可以怎么标识?

3. 读图,为什么都把对方包围起来了,但是还是没有胜利呢?

4. 请用你自己的话,为"天时"和"地利"作解说,并加在书下注释中。

小助手:出示《古汉语常用字字典》中的关键字解释。

> 天:天空;自然界;人们想象中的万物的主宰;天气,气候。
> 时:季节;时候,时间,时辰;时代;时机,机会;按时;那时,当时;时常,经常。
> 地:大地,田地;地区,区域;处所,地点;通"第"。
> 利:锐利,锋利,与"钝"相对;利益,好处;顺利;利润。

5. 那"地利"为什么又不如"人和"了呢?孟子又给我们讲了一个故事,你能结合注释、借助工具书,用自己的话把这个故事讲给你的伙伴听吗?

观察下图,占优势多的一方,没有胜利;看似弱势的一方,却是最大的赢家。

引发新的思考:"人和"是什么?为什么如此强大?

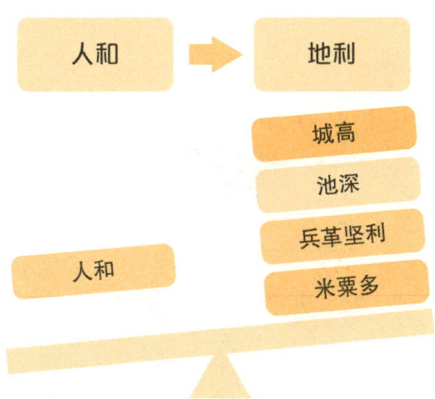

6. 结合这个事例,根据"和"的图片以及其在《古汉语常用字字典》上的字义,请给"人和"作注解,并写在书下。

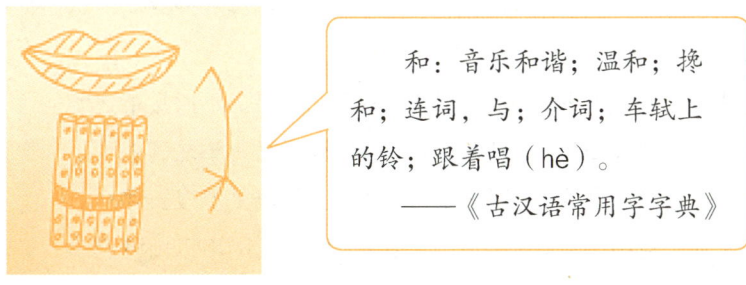

和:音乐和谐;温和;搀和;连词,与;介词;车轼上的铃;跟着唱(hè)。

——《古汉语常用字字典》

音乐演奏的和谐统一,恰恰是"人和"团结一致的形象体现。人和,就是人心所向,团结一心,所有人心往一处想,力往一处使,这样才能演奏出优美的乐曲,才能取得成功,获得胜利。

▲ **活动设计三：探"道"之旅**

1. 齐读第四部分,思考：这层内容是在讲"天时""地利"还是"人和"？

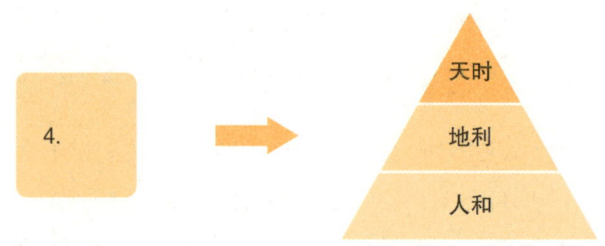

2. "人和"在第四部分中的具体表现是什么？

人和 ⟶ 多助 ⟶ 天下顺之

3. 那么,怎样才能做到"人和"呢？

原来,只有实行仁政,也就是"得道",才可能获得更多人的帮助,帮助到了极点,天下就都顺从了,那么就达到了"人和"的状态,就能够团结一致,所向披靡。

4. 读一读,比一比。

▲域民不以封疆之界,固国不以山溪之险,威天下不以兵革之利
■不以封疆之界域民,不以山溪之险固国,不以兵革之利威天下
◆固国不以山溪之险,威天下不以兵革之利,域民不以封疆之界
●域民不以封疆之界,威天下不以兵革之利,固国不以山溪之险

思考："域民""固国""威天下""人和"这四者之间有什么关系？

倒装的句式，排比的修辞，都突显了"域民""固国""威天下"的重要性，读来气势磅礴，铿锵有力。但"域民""固国""威天下"究竟要凭借什么呢？用强制的政策？用地势的险要？用刀枪棍棒打一场仗吗？这每个君主都渴望得到的，其实不用费一兵一卒，不要大动干戈，便可以实现了，那就是力求"人和"。只要人民团结一致，那么根本不用"域民"，便可以"封疆"；只要全国上下一心，那么"固国"也就有了更多的依靠；只要天下人心所向，那么自然就建立了威信，实现了"威天下"。因此，"域民""固国""威天下"是"人和"的必然结果，也是重视"人和"的关键出发点。

（四）课堂小结

原来，这"道"是孟子的一个重要的政治主张，是一条走向人和之路，是一种正确的治国理政方法。天时不如地利，地利不如人和，只有人心所向，才能上下团结，才能战无不胜。之所以能实现人和，必然是实行仁政的结果，这也是孟子"民本"思想的重要体现。而这，在当今的时代，同样是一条正确的路，一种正确的治国理政之路。现今的中国，就是在中国共产党的领导下，由人民当家作主，一切从人民利益出发，一切为了人民，才能够实现人心所向，上下团结，成为"必胜"之国。

（五）布置作业

根据今天所学，说说孟子所谓的"故君子有不战"中的"君子"，具体是一个怎样的人？

第二课时

（一）课时目标

1. 借助注释和工具书，把握景春和孟子对"大丈夫"的不同认识。
2. 品析反问、排比、类比说理在阐释观点中的作用，体会孟子的思想智慧。

（二）导入

我们上节课学习了孟子的《得道多助，失道寡助》，名句"天时不如地利，地利不如人和"就出自于此。你还知道哪些历代传诵的佳句是出自于《孟子》的呢？

民为贵,社稷次之,君为轻。

尽信书,则不如无书。

老吾老,以及人之老;幼吾幼,以及人之幼。

不以规矩,不能成方圆。

(三) 活动设计

▲ 活动设计一:"大丈夫"辩论赛

1. 借助注释和工具书,自行把握景春和孟子论辩的内容。

2. 如果这是一场围绕"大丈夫"内涵探讨的辩论赛,请你为论辩双方梳理观点和理据。

景春　观点:
　　　理据1
　　　理据2
　　　理据3

孟子　观点:
　　　理据1
　　　理据2
　　　理据3

景春对"大丈夫"的认识是有能力、有威望的人。他以公孙衍、张仪的事例作为理据,阐释他的观点。

孟子对"大丈夫"的认识是不一样的,懂礼仪、有原则、意志坚定。他以女子出嫁为例,用"妾妇之道"类比"公孙衍、张仪之道"。这是孟子反驳的一个理据。同时,他也能正面说理,树立自己的观点。"居天下之广居,立天下之正位,行天下之大道""富贵不能淫,贫贱不能移,威武不能屈",这都是孟子对"大丈夫"的具体诠释。

▲ **活动设计二：最佳辩手评选**

1. 景春与孟子的辩论皆是有理有据，你认为如果要评"最佳辩手"，谁更符合呢？说说你的理由。

2. 请为获得该荣誉的辩手写一段颁奖词。

最佳辩手孟子：

最佳辩手景春：

这样的活动为学生深入体会孟子和景春的论述搭建了平台：

★孟子的论辩有理有据，语言富有气势。类比说理，将公孙衍和张仪与一般女子相比，本就有鄙视讽刺之意，驳斥的同时，带有一定的情感态度。"居天下之广居，立天下之正位，行天下之大道"一句，通过排比的手法，突出强调了个人的论调，也更显得气势磅礴。"富贵不能淫，贫贱不能移，威武不能屈"一句，不仅借助排比手法加强语势，增强了表达效果。而且，还使用了否定的句式，突显了那份坚定和执著，也明确地树立了自己的观点。

★景春的论说，虽不及孟子繁复深入，却也是理据确凿的。通过举例论证，具体有力地表达了自己的观点。而且，在语言表述上，景春使用了反问的句式，再借一个"诚"字加以确凿，明确强调了个人的看法和认识。甚至，还流露出自己对公孙衍和张仪两人的赞许与崇拜之情。

▲ **活动设计三：胜者为王**

明确了辩论的主题，了解了双方的观点和理据，分析了论辩的过程，现在你认为谁会获胜呢？你认同哪方的观点？结合实际情况谈谈你的想法吧！

此处对于现实意义的思考，是我们今人学习古人的文化及体会孟子的思想智慧的重要意义。孟子的这些话，今天依然可以指导我们去探索人生的价值和意义。第一，富贵对于我们而言来之不易，这要求我们倍加珍惜。有些时候我们被富贵消磨了意志，将当初的凌云壮志忘得一干二净，因此许多为富不仁的现象出现了。第二，贫贱时更加需要坚定意志。我们始终保持沉着坦然的姿态，才有可能在贫贱中重新崛起。第三，在巨大的精神压力面前，要不卑不亢，不向任何邪恶势力屈服。只有坚守初心，不屈不挠，才有机会将重重压力转化为强大动力，持续前进。

（四）课堂小结

《得道多助，失道寡助》是孟子对治国理政思想的论述，主要"听众"应是各国之君主；《富贵不能淫》是孟子与景春的一段对话，也可以说是一场关于"大丈夫"内涵的论辩，核心受众人群应该是那些有理想有抱负的志士。孟子认为，人应具有"仁、义、礼、智"，更不要说那些要委以重任、肩负使命的"大丈夫"们。所以，这段语录是孟子对人的核心认识，是孟子对"仁""义"思想的一次具体诠释。这些为"人"、为"国"的智慧结晶，是我们今人的宝贵财富，具有极高的现实意义。

（五）布置作业

出自本课的"富贵不能淫，贫贱不能移，威武不能屈"是流传至今的名言警句，成为历代仁人志士的追求目标。在吴晗的《谈骨气》一文中，就曾经围绕这句话展开论述。下列两个事例都出自这篇《谈骨气》，你认为它们分别是作为论据论证"富贵不能淫""贫贱不能移""威武不能屈"三个句子中的哪一句？

> 古代有一个穷人，饿得快死了，有人丢给他一碗饭，说："嗟，来食！"（喂，来吃！）饿人拒绝了"嗟来"的施舍，不吃这碗饭，后来就饿死了。

> 民主战士闻一多是在1946年7月15日被国民党枪杀的。在这之前，朋友们得到要暗杀他的消息，劝告他暂时隐蔽，他毫不在乎，照常工作，而且更加努力。明知敌人要杀他，在被害前几分钟还大声疾呼，痛斥国民党特务，指出他们的日子不会很长久了，人民民主一定得到胜利。

第三课时

（一）课时目标

1. 借助注释和工具书，掌握文章内容，梳理论证"生于忧患，死于安乐"的论证思路。
2. 诵读品味，感受排比修辞、举例论证、对比论证在论述中的作用。
3. 小组合作，总结归纳，体会孟子精神世界的力量。

（二）导入

通过学习《得道多助，失道寡助》和《富贵不能淫》，你发现了哪些学习孟子文章的方法？

★借助注释和工具书，掌握内容

★举例论证、类比说理等论证方法的使用

★排比、反问等修辞的表达效果

★……

（三）活动设计

▲ 活动设计一：探路者

自读课文，借助注释和工具书，掌握内容，探探本文论证观点的思路。

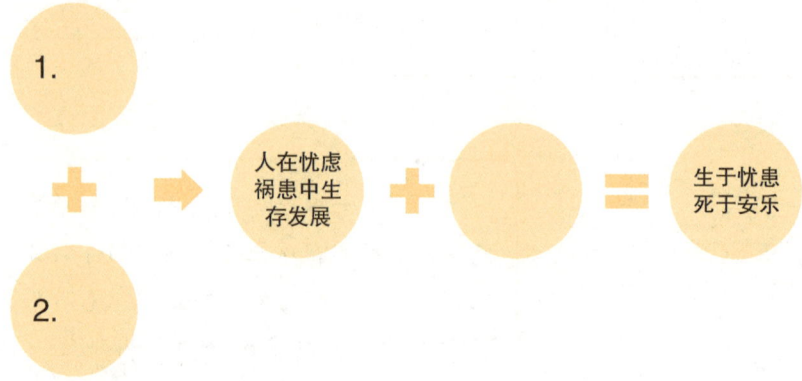

经过之前学习古文的经验，以及这两节课的积累，学生已有一定的学习基础，对于落实字词，掌握主要内容，可以从容应对。但自主学习的过程中，定然会遇到困难，可以质疑，也可以在接下来的阅读学习中慢慢体会。而本环节的重点，是聚焦在初步了解课文主要内容的基础上，梳理孟子论证的思路。

根据图示的指引，从人在客观困难中经受磨难，到在主观意识上考虑挫折对于人的意义，孟子阐释了人要在忧虑祸患中生存发展的观点。接着，孟子又从反面表达了国家若是没有内忧外患，将会灭亡。这一番论证，组合起来，最终推出：无论是人还是国家，都是在忧虑祸患中生存发展，在安逸享乐中萎靡灭亡。从而，得出"然后知生于忧患而死于安乐也"。

▲ 活动设计二：品鉴师

根据梳理，我们可以把本文的论证分为四个部分：

请你根据学习《得道多助，失道寡助》和《富贵不能淫》两篇孟子文章的经验，从排比的修辞、举例论证、对比论证等方面，品鉴这些语段在论证"生于忧患，死于安乐"这个观点过程中的表达效果。

选择语段，确定研究内容
⇩
读句赏词，确定研究角度
⇩
比较分析，确定研究成果

品鉴

- 舜发于畎亩之中，傅说举于版筑之间，胶鬲举于鱼盐之中，管夷吾举于士，孙叔敖举于海，百里奚举于市。
- 故天将降大任于是人也，必先苦其心志，劳其筋骨，饿其体肤，空乏其身，行拂乱其所为，所以动心忍性，曾益其所不能。
- 人恒过，然后能改，困于心，衡于虑，而后作；征于色，发于声，而后喻。
- 入则无法家拂士，出则无敌国外患者，国恒亡。

▲ **活动设计三：收藏家**

学习了三则孟子的文章，你一定收获颇丰。请以小组为单位，合作完成，制作"孟子名句学习手册"，留作珍藏纪念。

孟子

主要观点

常用方法

语言风格	名言警句

(四) 课堂小结

本单元学习伊始,我们就邂逅了《孟子》一书中的《得道多助,失道寡助》《富贵不能淫》《生于忧患,死于安乐》这三篇耳熟能详的儒家经典著作。其间,我们铿锵有力地诵读了孟子的言语,感受到了他的气势磅礴;我们细致入微地欣赏了孟子的笔法,感知了他的深邃严谨;我们也集中明确地解析了孟子的观点,感悟了他的思想智慧。这是一场奇妙的旅程,我们收获满满。但对孟子哲思的探究,我们才刚刚开始,我们,还在路上。

(五) 布置作业

这三篇文章你最喜欢哪一篇?尝试有感情地背诵一篇,在"古诗文朗诵表演赛"中,展现你的风采吧!

24 愚公移山

列　子

一、教学目标与学习要素

（一）教学目标

1. 借助注释和工具书阅读文本，体会愚公移山的决心。
2. 撰写课本剧剧本，依托课本剧表演，学习通过对比和衬托表现人物形象和精神的写法。
3. 通过设计并撰写人物小传，分析文中其他人物对表现愚公人物形象和精神的作用。

（二）学习要素

学习文中在鲜明的对照和直接对比中来表现人物性格，从而理解对比、衬托手法的作用。

二、教学建议

（一）课文整体解析

《愚公移山》是一篇具有神话色彩的经典寓言作品。故事聚焦在一位年近九十的老翁身上，通过描述老人想要通过自己的努力改变生活，以至于改变命运，并将这种想法付诸实践的故事，来表现古代劳动人民朴素的生活观——对美好生活的向往。

故事一开始指出两座大山给愚公一家带来的诸多不便，顺理成章地引出愚公想要"移山"的行为，全家商议"移山"的事宜。果断决定之后，便是迅捷的行动。邻居家小孩的积极相助、智叟无情的嘲讽、山神惧怕愚公移山的心理，以及天帝被愚公的诚心所打动的表现，衬托出愚公坚定不移、执著不悔的高尚品质。寓言神话式的结尾也使得故事等情节更具感染力和神秘色彩，带给读者深深的震撼。

（二）重点语段细读

聚室而谋曰："吾与汝毕力平险，指通豫南，达于汉阴，可乎？"杂然相许。其妻献疑曰："以君之力，曾不能损魁父之丘，如太行、王屋何？且焉置土石？"

杂曰:"投诸渤海之尾,隐土之北。"……邻人京城氏之孀妻有遗男,始龀,跳往助之。

河曲智叟笑而止之曰:"甚矣,汝之不惠!以残年余力,曾不能毁山之一毛,其如土石何?"

操蛇之神闻之,惧其不已也,告之于帝。帝感其诚,命夸娥氏二子负二山,一厝朔东,一厝雍南。

——《愚公移山》

本文针对愚公移山这一行动本身的着墨较少,大部分的内容主要是各类人对愚公移山所表现的态度和愚公对此作出的反应。绝大多数家庭成员杂然相许,支持移山的各种行为,并主动献计捐策,解决移山中可能存在的困难和问题;愚公妻子对移山存有疑虑,一是担心愚公的力量,二是担心无处放置土石;领居家的儿子不顾力量弱小,支持移山;智叟轻视、嘲讽愚公,认为移山是愚蠢的行为,根本不可能成功;操蛇之神对愚公的决心和勇气感到畏惧;天帝被愚公移山行为和精神所感动——这样有助于突显愚公移山之事的寓意和愚公形象。

三、教学过程

第一课时

(一) 课时目标

1. 借助注释和工具书,畅读故事情节,体会愚公移山的决心。
2. 组织学生撰写课本剧剧本,学习通过对比和衬托表现人物形象和精神的写法及作用。
3. 通过表演课本剧,评选优秀演员,撰写颁奖词,把握人物形象和精神。

(二) 导入

在两座巍峨的高山面前,愚公是如此渺小。在将近九十岁的年纪,这位老翁居然下定决心与全家人"毕力平险",对于他的这种做法,你如何评价?是一时冲动的错误决策?还是经过深思熟虑后的坚定选择?让我们通过创作课本剧剧本,还原愚公移山的过程。

(三) 活动设计

▲ **活动设计一：编剧你我他**

1. 全剧情感我来找：用一个词奠定整个剧本的情感基调。

这是一个令人（　　）的故事。

（例如：钦佩、惊叹、震撼……）

借助注释和工具书梳理故事情节，为剧本奠定感情基调。寓言的创作者带着怎样的情感态度来写作这篇文学作品的，是值得学生去品味和感悟的。为了表现这样的情感（例如：钦佩），学生需要从文本中寻找表现愚公移山坚定决心的描写。在正式创作剧本之前，先确立好寓言想要传递的是一种怎样的情感态度和价值观。

2. 谁是故事大王：依据你对这篇故事的情感态度定位，请你用自己的话讲一讲这个故事。

提示：从前有一个名叫愚公的老人，他家门前有两座大山挡住了进出的路……所以我钦佩愚公坚定不移、执著不悔的精神。

3. 再探文本，请采取分组合作的形式，与伙伴共同创作课本剧剧本。

在创作剧本的过程中，学生尝试使用对比和衬托的写法，展现不同的人物形象和着重表现的人物精神。

提示：

人物：愚公、妻子、儿孙、邻居小男孩、智叟、山神、天帝、夸娥氏二子。

第一幕：愚公家中，全家大小若干人围桌而坐。妻子提出疑虑，愚公打消妻子顾虑。

第二幕：两座高大巍峨的山脚下，愚公家几个成年男人正在忙碌地劳动。邻居小男孩蹦蹦跳跳地帮忙。智叟嘲讽愚公反而被愚公说得哑口无言，拂袖而去。

第三幕：山神惧怕愚公移山的行为，报告给天帝。天帝被愚公的精神感动，命令夸娥氏二子搬走大山。

第一幕

时间：某一天

地点：愚公家中

人物：愚公、妻子、儿孙

愚公：今天召集大家开会，主要是商议移走门口的两座大山……

▲ **活动设计二：你方编罢我登场**

你在创作剧本的时候，发现哪些人是支持愚公决定的？哪些人是反对愚公的？表明他们的态度对表现愚公的人物形象和精神有什么作用？

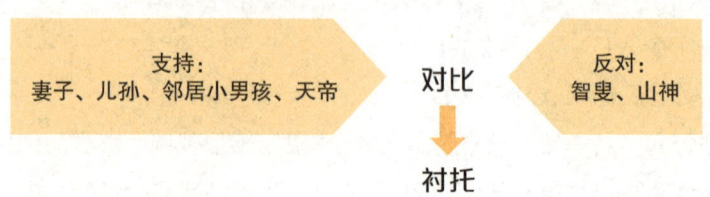

支持一方的阵营看上去更为强大一些，这是不是意味着愚公移山的行为得到了多数人的赞同和帮助呢？事实证明，一切为了改变困厄现状，努力追求美好生活的行为都是值得鼓励和赞赏的。从几组突出的对比中，我们不难发现，对愚公儿孙、妻子、邻居小男孩、智叟、山神和天帝付诸的笔墨，都是为了衬托出愚公矢志不渝的移山决心。

▲ **活动设计三："影帝""影后"花落谁家**

1. 在剧本完成的基础上，进行课本剧表演。
2. 参照评选标准，选出你心目中的"影帝""影后"。

	评价基本内容	总分	得分
1	人物语言	2	
2	人物动作	2	
3	人物情绪	2	
4	人物性格	2	
5	综合表现力	2	

3. 为获奖同学撰写颁奖词。通过分析、点评伙伴的表演，把握人物形象和人物精神。

小A同学扮演的愚公十分贴切，因为他通过……的动作、……的语言，表现出人物……的性格特点和……的精神品质……

(四)课堂小结

这节课我们通过明确创作者的情感基调,声情并茂地讲述《愚公移山》的故事,将创作课本剧剧本和演绎课本剧有机结合起来,并在同学们演出后对大家的表演进行点评和分析,推选出我们心目中的"影帝""影后",在精彩的表演中把握了文中主要人物的形象和性格特征,为下节课感悟人物的精神筑牢了根基。

(五)布置作业

我讲你听:许多同学对今天的剧本创作和表演仍然感觉意犹未尽,课后我们开展一次《列子》寓言故事会。以小组为单位选一个寓言,借助注释和工具书疏通文意,用自己的话讲一讲这个故事。

第二课时

(一)课时目标

1. 通过为人物撰写小传、设计宣传语,把握人物形象,感悟人物精神。
2. 新编故事,思考愚公精神的时代意义。

(二)导入

愚公移山的故事流传千古,流传下来的不仅仅是充满传奇色彩的故事本身,更多的是透过这个故事折射出来的人物精神。这种精神也并非是愚公一个人所独有的,而是古代无数劳动人民共同创造的。这种伟大的精神具体指什么?对我们现今的生活还有用吗?今天就让我们循着愚公的事迹,追溯那传颂至今的远古情怀。

(三)活动设计

▲ **活动设计一:《愚公小传》齐共创**

小传,是传记文的一种,略记人物的生平事迹。为愚公撰写一篇小传,在此过程中感受人物的精神和具体的形象。在学生已经把握课文内容和写法的前提下,可以将讨论引向深入,进一步认识愚公的形象,领会"愚公"名字的妙处。

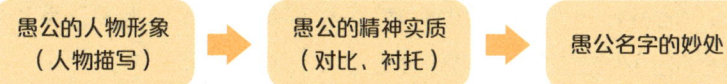

▲ **活动设计二：小传宣传我来撰**

1. 设计宣传语。

为了在班级中推广你撰写的《愚公小传》，请你设计并撰写宣传语。

《愚公小传》：古人愚公能移山，气壮山河美名传。少年皆做新愚公，中华美德永相传。

愚公的小传撰写好之后，需要进一步将愚公精神发扬并传承下去，如何为这篇小传打响知名度是我们亟待深入探讨的问题，学生可以结合愚公移山精神的实质，设计宣传语。借助寓言故事赞颂古代劳动人民的精神。我们可以就本篇寓言的重要性和思想意义进行讨论，设计出最恰切的宣传语。

示例：古人愚公能移山，气壮山河美名传。少年皆做新愚公，中华美德永相传。

2. 故事新编焕新意。

新时代召唤与时俱进的愚公精神，在过去的基础上去芜存菁，重新改编《新愚公移山》的故事，思考愚公精神的时代意义。

(四) 课堂小结

《愚公移山》这篇精彩的寓言故事，告诉我们无论做什么事，只有自己下定决心，坚持不懈地努力才会战胜困难，获得胜利。文章的篇幅虽然短小，但是艺术性很强，主要表现在作者成功地运用了对比和衬托的手法。这个经典寓言在今天重新焕发出强大的精神活力和勃勃生机，就必然需要进一步挖掘和重新诠释它的时代意义，愚公移山的寓言精神也必然被现代人们赋予新的内涵。

(五) 布置作业

如果你是愚公,你认为是搬家好还是移山好?请各抒己见,写一段文字,并陈述理由。

25　周亚夫军细柳

司马迁

一、教学目标与学习要素

(一) 教学目标

1. 品读描写人物的语句,理解人物形象,感受人物精神。
2. 通过比较分析,体会对比衬托的作用,把握写人叙事的技巧。

(二) 学习要素

1. 分析肖像描写、动作描写、语言描写、心理描写——人物描写方法在展现人物形象中的作用。
2. 通过比较分析,理解人物形象,学习对比衬托的作用。

二、教学建议

本文节选自《史记》,对于这篇文章的主角,作者不是一味地将全部笔墨加诸于主人公周亚夫身上的。先写霸上与棘门军纪松散,防卫形同虚设。随后描写周亚夫麾下的将士们全副武装、严守军纪,既与别处军队士兵形成鲜明对比,也从侧面衬托了周亚夫的品性。虽未在正面进行具体落笔,但从他们及下属的语言表现和情况分析中,治军严明、一丝不苟的形象呼之欲出。有了这样充分的铺垫,周亚夫才闪亮"登场"。最后结尾处皇帝及随行大臣的反应,也从侧面表现了周亚夫凛然不可犯的"真将军"形象。

在教学本文时,可将"真"字作为突破口,围绕"真"字分析周亚夫的形象,感受人物的精神品质。同时,展开探究:作者是怎样表现周亚夫的"真"的。

三、教学过程

(一) 导入

历史上有一位赫赫有名的"真将军"——周亚夫,他的事迹被司马迁写进了《史记》。何为"真将军"? 让我们聚焦"真"字,一同走近周亚夫最"真"的一面!

(二) 活动设计

▲ 活动设计一："真"人不露相

1. 搜索准备周亚夫将军的侧身剪影图，请同学们推测，他的"真相"大概会给人怎样的感觉。

2. 你还了解关于周将军的哪些英雄事迹？请与同学们分享一下。

★平定七国：周亚夫曾为汉景帝平定了七国的叛乱，维护了西汉王朝的统一，加强了汉王朝的权力集中，为巩固西汉王朝的统治，立下了汗马功劳。

3. 参照三国人物小像，为周亚夫撰写人物小像。

刘备

生得身长七尺五寸，两耳垂肩，双手过膝，目能自顾其耳，面如冠玉，唇若涂脂；中山靖王刘胜之后，汉景帝阁下玄孙，姓刘，名备，字玄德。昔刘胜之子刘贞，汉武时封涿鹿亭侯，后坐酎金失侯，因此遗这一枝在涿县。

关羽

身长九尺，髯长二尺；面如重枣，唇若涂脂；丹凤眼，卧蚕眉，相貌堂堂，威风凛凛。玄德就邀他同坐，叩其姓名。其人曰："吾姓关，名羽，字长生，后改云长，河东解良人也。

周亚夫

_____

_____

▲ 活动设计二："真"金不怕火炼

1. 周亚夫的为人大受汉文帝赞赏，他在视察完三处军营后唯独评价周亚夫为"真将军"，另外两处军营的将军听后感到不服气，前来理论。假如你作为周亚夫的参谋（军师），你如何应对？

对待部下

军纪严明、常抓不懈：_____

对待上级

恪尽职守、刚正不阿：_____

站在周亚夫下属的角度，通过自己的经历和观察，进一步充实周亚夫的形象，思考周亚夫是如何整饬军队,要求下属的,这些表现对刻画人物起到了什么作用?

2. 假如你是汉文帝随行的官员,回到家后,你发了一条朋友圈赞扬周亚夫,你会编辑什么内容?

站在随行官员的角度,通过自己的观察和经历,将周亚夫与其他两处军营的将领进行对比,衬托出周亚夫的特别之处,使周亚夫的形象更加完整,引导学生思考对比手法的运用,以及对刻画人物起到的作用。

对比一:细柳军和霸上军以及棘门军

军容肃整,戒备森严,严阵以待,纪律严明——军规松垮,守备松懈

对比二:文帝及随从入营

令行禁止,治军有方——军纪松散

对比三:三营将领对待皇帝态度

恪尽职守,刚正不阿——极尽逢迎之能事

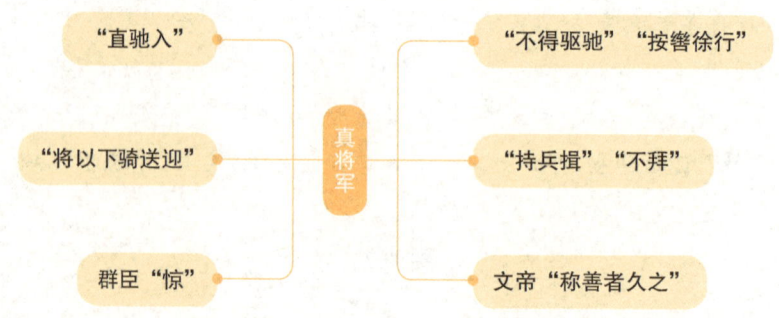

(三) 课堂小结

经过一番探究,周亚夫"真将军"的形象跃然纸上,在司马迁的字里行间,我们看到了一个正义凛然、不可侵犯的铮铮铁骨的"真将军"形象。我们感佩于他的真性情,折服于他的真担当、真尽职。周亚夫的人物形象也为我们的文学宝库增添了一个别具性格的重要角色。

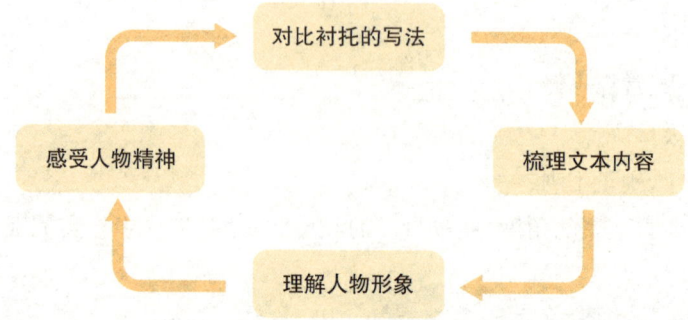

(四)布置作业

在历史的长河中,像周亚夫这样的"真将军"不在少数,请说说你心目中最佩服的一位将军和他的一个故事。

26 诗词五首

一、教学目标与学习要素

(一) 教学目标

1. 反复诵读不同体裁的诗词,开展经典诵读会,理解诗歌中寄寓的情感。
2. 结合诗人生平和创作背景,制作专属书签,掌握"知人论世"的方法。
3. 撰写朋友圈,品析诗词传情达意的艺术手法,感受诗人的理想与追求。

(二) 学习要素

借助知人论世、联想、想象等阅读策略,学习诗词作品中的抒情方法。

二、教学建议

(一) 课文整体解析

《饮酒(其五)》这首五言诗,借"饮酒"这一话题,写出了对于客观世事和人生境遇的深刻哲理和感悟。诗人反思回归田园生活后的境况,虽处"人境",却无喧扰之感,用虚实相生的写法营造出一种超越时空的空灵美感。这是为什么呢?诗人自问自答,揭开谜底:因为心境闲适,志存高远,所以自然感觉居所幽静僻远。诗歌从"有我"之境自然过渡到"无我"之境,身心与环境浑然一体,达到物我合一的境界。

《春望》以诗人身心的错位、时间的流逝和空间的转换,将诗人的家国愁绪集中在某一时刻喷薄而出,激荡心弦。诗中所写景象无不泣血哀鸣,诗人将自身深切的痛惜和无奈寄托在花鸟之上,打通人与物的情感通道,这种悲哀是相通的,也是会传染的。接着,诗人笔锋一转,心忧家人的安危,急切盼望获知家人的情况。忧国伤时、思念家人的双重打击加速了诗人的衰老,令其哀伤不已。

《雁门太守行》是以战争为背景的抒情诗,作者充分运用凝练之极的语言,将这样一场民族战争聚焦于一日中的昼夜之间。诗人既概括了这场艰苦卓绝的战役,也高度赞扬了西汉将士们的爱国精神,给战争染上了惨烈哀伤的色调。由此,我们可以说它是首激荡人心的英雄战歌。

《赤壁》一诗打破了时空的壁垒，诗人使用"折戟沉沙"来成功完成这样一场淋漓尽致的时空转换，诗词采取以小见大的写作技巧，将历史与现实融合于同一个空间之内，诗人也在其间完成了一场精神世界的游历。

《渔家傲》一词是李清照南渡时创作的第二篇作品。词人将梦境的虚幻空间与现实和历史融为一体，把当时面临的困境转移至梦魂流连的仙境，在理想的世界中抒发心中的愤懑，追求精神世界的和谐与完美统一。词人瑰丽的想象令人称奇，整首词充满了浪漫主义的色彩。

(二) 重点语段细读

1. 结庐在人境，而无车马喧。问君何能尔？心远地自偏。

——《饮酒（其五）》

结合诗人的人生理想和个人追求进行品析。只要心中远离名利场，即使身处闹市也犹如在偏远的地方。"而无车马喧"强调了环境的宁静，意味着远离了上层的社会，断绝了与名流人士的社会交往，是"小隐隐于野"。"心远地自偏"是"致本心"的说法，心中淡泊，内心远离尘世，意思就是宇宙出自心，情感发乎我，强调心境对人的作用，是"大隐隐于市"，处闹市若幽谷。

2. 黑云压城城欲摧，甲光向日金鳞开。角声满天秋色里，塞上燕脂凝夜紫。半卷红旗临易水，霜重鼓寒声不起。

——《雁门太守行》

诗人将一场战争高度集中于一昼一夜，并加以充分展示。诗中只简单描述了三个场景：白天，敌军压境，来势凶猛；从白天持续至黄昏，战况愈演愈烈；再到夜晚，援兵出其不意攻其不备。在不到一天的时间里，将激烈的战争场面展现得异常惊心。

三、教学过程

第一课时

(一) 课时目标

1. 反复诵读不同体裁的诗词，开展经典诵读会，理解诗歌中寄寓的情感。
2. 结合诗人生平和创作背景，制作专属书签，掌握"知人论世"的方法。

(二)导入

诗词之美在于诵读,反复诵读诗词能感受音韵节奏,因为诗词形式简明、节奏押韵、读来朗朗上口。诗词内容通常较为简短,语言凝练,诗人选取现实中最具代表性的片断,将其情感与表达融为一体,勾勒出诗词的意境,这个过程饱含诗人的深层情感,蕴含诗人对人生的深切感悟。

(三)活动设计

▲ **活动设计一:诗词大会**

请从下面五个候选曲目中,为五首诗词挑选诵读配乐,并说一说这样选的理由。

篇目	《饮酒(其五)》	《春望》	《雁门太守行》	《赤壁》	《渔家傲》
选择配乐(选项)					
理由(简述)					

A. 舒缓悠扬的古筝伴奏曲　　B. 激昂有力的小提琴伴奏曲
C. 深沉婉转的大提琴伴奏曲　　D. 空灵飘逸的扬琴伴奏曲
E. 恣意不羁的竹笛伴奏曲

学生选取适合诗词整体意境和氛围的音乐,同时也是一个感受诗词情感基调的过程。以读促学、以乐和声,在音乐中寻找与诗词情感的共鸣,不仅能激发学生对于诗词诵读的热情,而且还能在欣赏音乐的同时体验诗词的情感。

▲ **活动设计二:谁是"诵读之星"**

请你参照以下标准,对各组同学的表现作出评价,并说明理由,评选出"诵读之星"。

	诗词内容(25分)	情感契合(25分)	节奏韵律(25分)	配乐适宜(25分)	总分
第一组					
第二组					

续 表

	诗词内容 (25 分)	情感契合 (25 分)	节奏韵律 (25 分)	配乐适宜 (25 分)	总分
第三组					
第四组					
第五组					

(1) 诗词内容：能够完整流畅诵读(背诵)诗词内容。

(2) 情感契合：能够表达作者寄寓的情感。

(3) 节奏韵律：能够读出节奏、韵味。

(4) 配乐适宜：能够契合作品本身的意境。

诗词之美，在于吟诵。在反复诵读中体会诗词情感。在学生的点评中找到不同小组之间对诗词理解存在的差距，更加有针对性地进行诗词的学习。

▲ 活动设计三：专属书签我设计

结合五位诗人的生平经历和创作背景，为他们设计独属于他们的个性化书签。

可从预习作业的信息搜索中获取资料，也可以结合已学或书上的内容进行制作。

在引导学生反复阅读的基础上，向学生介绍五首诗词的相关文化背景，以进一步加深学生对各首诗词内涵的认识和理解。让学生在准备诗词朗诵会的过程中，收集相关的资料，初步了解诗人的生平和诗词的创作背景。在排练和展示诗词诵读成果的过程中，加深对诗词的理解和记忆。

(四) 课堂小结

这五首诗词都富有强大的艺术性和思想感染力，有的是气势充沛、景象宏阔；有的是情境空灵，形象感人；有的使人伤感，忧国忧民又思亲；有的以深刻感怀入情成诗，发人深思。在诗词诵读中，我们都应当加以深刻体会。

(五) 布置作业

诗词情感连连看：你能把诗人、作品和作品所表达的情感一一连起来吗？

杜甫	《赤壁》	忧国伤时、念家悲己
李清照	《雁门太守行》	"英雄无用武之地"的不平
陶渊明	《春望》	舍身报国之情
李贺	《饮酒(其五)》	热爱宁静、自由的田园生活
杜牧	《渔家傲》	对美好、自由生活的追求

第二课时

(一) 课时目标

1. 撰写朋友圈,品析诗词传情达意的艺术手法,感受诗人的理想与追求。
2. 通过发表朋友圈评论,尝试传承作者理念,挖掘现实意义。

(二) 导入

精彩的诵读比赛让我们初探了五位诗人的精神世界,如果想要进一步了解诗人因何而创作、如何去创作这些深层的问题,就需要潜入他们的真实生活,跨越时空与他们成为朋友。

(三) 活动设计

▲ 活动设计一:我是撰稿小能手

假设这五位诗(词)人生活在信息发达的年代,他们要将最新创作的诗词发布在朋友圈中,请你为他们撰写朋友圈内容,帮助他们推广新作。

陶渊明:大隐隐于市,小隐隐于野。

结合诗人的人生理想和个人追求进行品析,只要心中远离名利场,即使身处闹市也犹如在偏远的地方。

杜甫:望之所及,满心悲怆;心之所往,无限凄凉。

▲ 活动设计二:我是评论小达人

假设五位诗(词)人互为朋友圈好友,想一想他们各自会为对方写下怎样的评论呢。假如你是其中的一位诗(词)人,请你为其他好友留言评论。

杜甫回复陶渊明的评论:

站在诗（词）人的角度为同为创作者的文人进行评价，需要深入了解各位诗（词）人的写作风格和创作背景，以稍微专业的口吻给出评判，具有较大的挑战性。

▲ 活动设计三：我是文化传承人

如今这些诗词对于我们的生活，是否还有意义？你能为传播这些经典作品出谋划策吗？老师抛砖引玉，想出两个点子——

★文化传声筒：录制诗词诵读音频，上传音频分享类应用软件。

★经典拓印机：自制经典诗词字帖。

把你的金点子也记录下来吧！

金点子：

具体实施：

效果：

改进策略：

本课中的每一首作品都被认为是厚重的中华优秀传统文化的代表作，阅读这样的作品，对于我们培养健康的审美情趣，增强文化的积累，塑造正确的人生观和价值观，都具有重要的指导意义。

（四）课堂小结

诗词之美，美在吟诵，更美在它积淀了岁月的厚重，历经了时光的洗涤。如果我们学习每一首诗词作品，都能站在创作者的角度，感同身受地去回顾创作的初心和历程，那么，无数时间长河中的璀璨明珠定会永远绽放着耀眼的光芒。

（五）布置作业

诗词时光机：请你搭乘时光机，找寻五位诗人更多的记忆吧。

抄录每位诗（词）人1—2首经典作品。如：陶渊明的田园诗、杜甫的"三吏""三别"等。

写作　表达要得体

一、教学目标与学习要素

(一) 教学目标

1. 借助纠错游戏，感受得体表达对生活的影响。
2. 通过修改感谢信，了解实用文的语言特点。
3. 依托撰写环保倡议书，学习在情境中表达得体。

(二) 学习要素

学习根据不同的目的、对象、场合等，选择恰当的词语，合理地表情达意。

二、教学建议

人在社会中交际时，应当根据不同的场合调整自己的话术。一个人如果完全不顾及场合，无所顾忌地表达，不仅很难传递自己的真实想法，而且很容易给自己或他人造成麻烦。日常的口语交际如此，我们的写作也是如此。

表达得体，应是多方面因素综合作用的体现。口语交流时需要考量，写作表达时更需要考虑。写作目的、表达对象、应用场合、词语使用、称号格式等，都是"话术"范畴，都会对"得体"产生一定的影响。而这些综合因素的使用，常常出现在实用文的写作中。因此，本课的教学，可以将"表达要得体"具体放置于实用文的应用中，进行综合性的学习实践，更利于学生的体验和感悟。

三、教学过程

(一) 导入

在不同的场合，面对不同的说话对象，需要我们用适当的语言去交流。今天，就让我们通过一些实战演练，训练语言表达的得体。

(二) 活动设计

▲ 活动设计一：大家来"找茬"

1. 阅读下面这段文字，你能找出其中的问题吗？

这次我们从全国各地光临母校,给我们至今健在的恩师黄教授祝寿。黄教授视名利淡如水,看事业重如山,八十高龄还在做学问。黄教授又把最近出版的大作赠送给我们几个高足,我们都感到十分欣慰。

"光临""高足""至今健在""欣慰"
不恰当的理由:
修改:

2. 在刚刚完成的纠错游戏中,想必你已积累了一些经验,下面请你利用这些技法,修改这封感谢信。

××先生:

　　谢谢您昨天来我校做关于学习方法的讲座。您讲的内容很有趣,态度也很和蔼。特别是您对学习方法的独到见解和海阔天空的议论,显示您确实有较高的水平,令人钦佩。许多同学听完讲座,都觉得挺不错的,还想请您在我校开展系列讲座。在此我们向你表示热烈祝贺,并期待您有机会再来我校做讲座。

　　此致
敬礼

××中学学生会
×年×月×日

纠错小分队
表达不得体的地方:
改进:

要做到表达得体,首先应考虑写作的目的;除了写作目的之外,还要注意读者对象的特点和应用的场合;另外,要注意规范用语,做到有礼有节,礼貌谦和。综上可知,实用文的特点有:写作目的明确,语言表达规范得体、符合说话的语境。

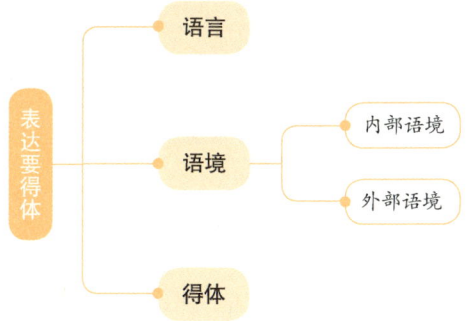

▲ 活动设计二：倡议书写作我在行

1. 倡议文书我知道。

倡议书是书信的一种，格式与书信大致相同。倡议书一般由标题、称谓、正文、结尾、落款五部分组成。

```
                    倡议书
        ┌─────────────┼─────────────┐
   标题、称谓       正文、结尾        落款
   可直接使用"倡    第一，写清倡议的具体   在右下方署上倡
   议书"来作为题目，理由。            议人姓名，在姓名下
   也可以自行拟定。下  第二，写出项目倡议的  方写明倡议时间。
   一行顶格写称谓。   具体内容与其要求。
                    结尾表示倡议者的决心
                    和希望。
```

2. 比比倡议哪家强。

请你根据倡议书的格式为下面空缺的地方填充内容，使它丰满完整起来吧。

关于创建"绿色校园"的倡议书

────────

　　绿色本来就是永恒的自然色彩，它不仅是整个人类赖以生存的蓝天绿肺，也是各种野生动物密集栖息的必然环境条件。努力创造一座洁净、美丽的绿色校园是全校师生的共同追求。为了我们能够更好地融入到这项事业中去，在此郑重向大家发出以下倡议：

────────────────────────────

────────────────────────────

────────────────────────────

────────────────────────────

────────

(三)课堂小结

得体地表达从本质上说是一种组织语言、运用语言的能力,它体现了一个人的语文素养。所以,哪怕是日常交流,我们也要有场合意识,礼貌待人,措词恰当,得体大方,做一个讲文明、有素养的中学生!

(四)布置作业

听见你的声音:

试着把你的倡议书张贴在公共场合,或者读给你的家人、朋友们听。

综合性学习　身边的文化遗产

一、教学目标与学习要素

（一）教学目标

通过传统文化推介会、走访手工艺人、体验传统项目，树立并增强学生对保护继承、弘扬发展中华民族的优秀文化传统和中华文化的正确认识。

（二）学习要素

根据情境，得体表达。

二、教学建议

本单元的学习内容和重点主要集中于古诗文的综合阅读，综合性学习"身边的文化遗产"是对本单元学习内容的有益补充。我们身边有许许多多人类历史进程中遗留下来的文化财产，如名胜古迹、民俗活动、节庆礼仪等，它们彰显出独特的文化价值，凝聚着民族的记忆。为进一步加强我国传统文化遗产的保护、管理和宣传，走近"身边的文化遗产"势在必行。

现在，每年6月的第二个星期六是国家历史文化与人类自然物质遗产日，每到这一天，各地都会举办丰富多彩的主题活动，让更多的人近距离地欣赏和体验各种文化遗产。

对学生来说，这更是一个难得的学习机会。查阅资料不如让学生亲身经历，在活动中走近身边的文化遗产，可以帮助他们思考历史和现实、文化和人类之间的关系，并从这一角度去理解文化遗产，进而更好地继承和发扬优秀的传统文化。

三、教学过程

（一）导入

同学们，在我们身边有很多从千百年前流传至今的民俗文化，它们不仅和我们的生活息息相关，也是我们民族文化的重要组成部分。今天，就让我们一起来走近这些文化遗产，更好地去了解它们，学习它们。

（二）活动设计

▲ 活动设计一：文化遗产那些事

1. 文遗大展台。

（1）最佳文遗明信片。

同学们利用课余时间为自己喜爱的某项文遗精心制作了明信片。现在以小组为单位进行交流，并评选出本组最佳。

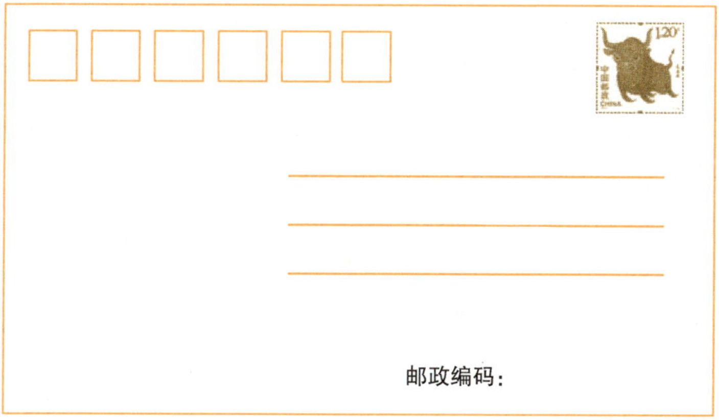

图一

（评选标准：图文并茂，内容详实，介绍精准，意义非凡。）

（2）文遗故事我来讲。

获得最佳的同学为组内成员讲述所选文遗项目的相关故事或传说，让更多的同学获得更深入的了解。

（3）集思广益来宣传。

小组合作，完成本组最佳文遗项目答辩会的相应表格。

文遗项目名称	
所在地	
项目概述	
保护宣言	
佐证材料	

图二

2. 文遗推荐师。

（1）小组代表结合表格内容，向全班同学宣讲本组的最佳文化遗产项目。

（2）评选心中的"最佳文遗"，并说说选择的理由。（建议：可以投票的形式来确定最佳。）

▲ **活动设计二："剪"出美好生活**

1. 剪纸知多少。

根据下面的素材，从三个角度来概括中国剪纸艺术的特征。

从汉代起，随着造纸术的成熟和纸张的普及，剪纸术已经逐渐开始大量出现。山河湖海、星辰日月、飞鸟游鱼、故事和民间传说都被广泛地作为古代剪纸绘画艺术的主要表现素材。剪纸的手法既有阴剪，又有阳剪；还有二者相互结合的阴阳组分剪、折叠后相印而行的对称组合剪等。

提示：历史悠久、取材广泛、剪法多样。

2. 感受指尖精彩。

请你仔细地观察下面这些剪纸作品，描述它们的画面和内容，并畅想剪纸背后的故事。

图1　　　　　图2

图3

3. 共话剪纸未来。

有一些人认为剪纸艺术在未来社会是没有市场的,没必要继续发扬光大。请同学们畅谈剪纸艺术在未来发展的前景。

此处让学生充分地思考和畅想剪纸技艺未来的发展与传承,在智慧的火花碰撞中找到对传统文化的认同感和归属感。

4. 我手"剪"我心。

学生依据自己的喜好与追求,自由创作具有个性化的剪纸作品。剪完后同学之间互相介绍说明,与伙伴交换自己的心意。

学生利用掌握的剪纸知识自主创作,既是对传统文化的一种传承和运用,更是在原有认知的基础上,进一步将传统文化融入到自己的日常生活中。

(三) 课堂小结

各种各样的文化遗产,使我们深刻感受到了人类生活的有限性和个人情感的丰富性及艺术创造的无穷性。在走近文化遗产的系列活动中,我们亲身体会到了人类历史文化的深厚沉淀和独特魅力,但愿在我们的努力中,身边的每一项文化遗产都能得到及时的保护并不断地传承下去。

(四) 布置作业

1. 绘心剪纸作品展:展示你最满意的剪纸作品,并为它配上精彩生动的故事吧。

2. "古诗文朗读比赛"回眸:感受非物质文化遗产的魅力,推选几位"诵读大师"展示本单元中优秀的经典诗文,进行诵读展演。

单元练习

一、试题举隅

1. 《春望》的作者杜甫当时四十多岁,却说"白头搔更短,浑欲不胜簪",真正原因是什么?

2. 《雁门太守行》一诗中,诗人使用缤纷斑斓的色彩去刻画和描写这次战斗的场面,你能把这些色彩都描述清楚吗?

3. 《渔家傲》一词中哪一句话是对"殷勤问我归何处"的回答?该句充分表达了作者怎样的思想情感?

4. 阅读《得道多助,失道寡助》,回答以下问题:
(1) 得"人和"的实质结果是"_____",得"人和"的最佳结果是"_____"。
(2) 现代生活中,"得道者多助,失道者寡助"仍然有其普遍的意义,请结合你的生活,谈谈对"道"的理解。

5. 你是如何评价《愚公移山》中愚公和智叟这两个主要人物的?

6. 选择题:
(1) 下列对《渔家傲》一诗的理解与赏析不恰当的一项是(　　)
A. 李清照的词以婉约细腻为主,《渔家傲》是其婉约词的代表之作。
B. 诗中"归"字饱含作者经历人生道路上的流徙奔波后,希望得到一个理想归宿的热切愿望。

C. "我报路长嗟日暮,学诗谩有惊人句"表达了词人空有才华,终遭逢不幸的深沉慨叹。

D. 本词通过记梦表现了词人对理想生活的向往和追求,传达出积极进取的力量。

(2)下列对《饮酒(其五)》一诗的理解与赏析不恰当的一项是(　　)

A. 全诗热情讴歌闲适宁静的田园生活,"欲辨已忘言"表明了诗人隐居生活的迷惘状态。

B. "悠然见南山"中"见"字用得极好,表现出诗人不是有意而为之,而是在采菊时山的形象无意中映入眼帘。

C. 这首诗在艺术上的特点是情、境、理三者的浑然融合,在幽美淡远的景和悠然自得的情构成的境界中,蕴含着万物各得其所的哲理。

D. "真意"与"忘言"的关系是说此情此景中让人体会到生活的真谛,而这种"真意"只能用心灵去感受,因而诗人只好"忘言"了。

(3)下列对《赤壁》一诗的理解与赏析不恰当的一项是(　　)

A. 该诗开头从不起眼的折戟写起,很自然地引起下文对历史的咏叹。

B. "自将磨洗认前朝"为后两句论史咏怀作铺垫,诗人心绪无法平静。

C. 诗人一反传统看法,认为若不是东风给周瑜以方便,胜者就可能是曹操,历史将重写。

D. 在这首咏史诗中,作者关注的重点是赤壁之战,以两位美女的命运来反映赤壁之战对东吴政治军事形势的重大影响。

二、综合阅读

庄暴见孟子,曰:"暴见于王,王语暴以好乐,暴未有以对也。"曰:"好乐何如?"

孟子曰:"王之好乐甚,则齐国其庶几乎!"

他日,见于王曰:"王尝语庄子以好乐,有诸?"

王变乎色,曰:"寡人非能好先王之乐也,直好世俗之乐耳。"

曰:"王之好乐甚,则齐其庶几乎!今之乐犹古之乐也。"

曰:"可得闻与?"

曰:"独乐乐,与人乐乐,孰乐?"

曰:"不若与人。"

曰:"与少乐乐,与众乐乐,孰乐?"

曰:"不若与众。"

"臣请为王言乐。今王鼓乐于此,百姓闻王钟鼓之声、管籥之音,举疾首蹙頞而相告曰:'吾王之好鼓乐,夫何使我至于此极也,父子不相见,兄弟妻子离散。'今王畋猎于此,百姓闻王车马之音,见羽旄之美,举疾首蹙頞而相告曰:'吾王之好田猎,夫何使我至于此极也?父子不相见,兄弟妻子离散。'此无他,不与民同乐也。"

"今王鼓乐于此,百姓闻王钟鼓之声、管籥之音,举欣欣然有喜色而相告曰:'吾王庶几无疾病与,何以能鼓乐也?'今王田猎于此,百姓闻王车马之音,见羽旄之美,举欣欣然有喜色而相告曰:'吾王庶几无疾病与,何以能田猎也?'此无他,与民同乐也。今王与百姓同乐,则王矣!"

(节选自《孟子·梁惠王下》)

1. 自查资料,利用工具书,阅读选文。
2. 选文体现了孟子_____的政治主张。
3. 结合选文内容,说说孟子是如何表达自己的政治主张的?

> **解析**

一、试题举隅

1. 国家由繁荣走至衰败(忧国);牵挂亲人的安危(思家)。

2. 时值深秋,敌军黑压压地一片,就像翻腾的乌云一般逼迫而来,城墙都仿佛要坍塌了。我军将士披盔执锐,严阵以待,阳光照在铠甲上金光闪耀。在一片肃杀之气中,响亮的号角声震天动地,寒夜降临,将士的血迹凝为了暗紫色。红旗半卷,连夜奔袭,是援军赶赴易水,天寒霜重,鼓声显得格外郁闷低沉。

3. "风休住,蓬舟吹取三山去!"这样一个抒情短语真实表达了作者晚年贫困时期在残酷现实生活面前孤独挣扎的痛苦与对现实的强烈不满。

4. (1) "得道" "天下顺之"

(2) 以主权国家对外交往而言,"道"指的是各个主权国家之间的和平共处、相互尊重、不受主权侵犯;以我们国家内部而言,"道"一词是泛指为国爱民,为广大人民着想。

5. 愚公:不怕困难,坚持奋斗,敢于与困境抗争,相信人定胜天,可敬可佩。但他并没有正视自身的客观实际,不积极运用科学的理论和方法,不讲究工作效率,一味地盲目蛮干,这些都是不可取的。

智叟:由于害怕困难而又不敢改变,怕苦惧难、否定人力必能战争自然力量的可能性。

6. (1) A　(2) A　(3) D

二、综合阅读

1. 自主学习。

2. 实行仁政、以民为本。

3. 孟子由欣赏音乐推及对于欢乐的论述,技巧十分高明。"臣请为王言乐。"这里的"乐"当解释为"欢乐",而不能解释为"音乐",是因为"言乐"的内容包括两个:一是王鼓乐,二是田猎。这两件事,最后都归结到是否与民同乐,自然引出孟子主张实行仁政、以民为本的政治主张。

学习任务群设计

整本书阅读：红色经典与精神赓续
——《红星照耀中国》学习任务群设计

一、教学目标

1. 了解采访的社会背景，熟悉斯诺的采访路线，初步感受红军所处的艰难处境。
2. 梳理红军领袖和战士的身份信息，结合长征中将士们面临的多重苦难，多角度感受红军队伍的形象。
3. 比较书名差异，感受斯诺的主观倾向，体悟并传承红星精神。

二、学习任务群框架设计

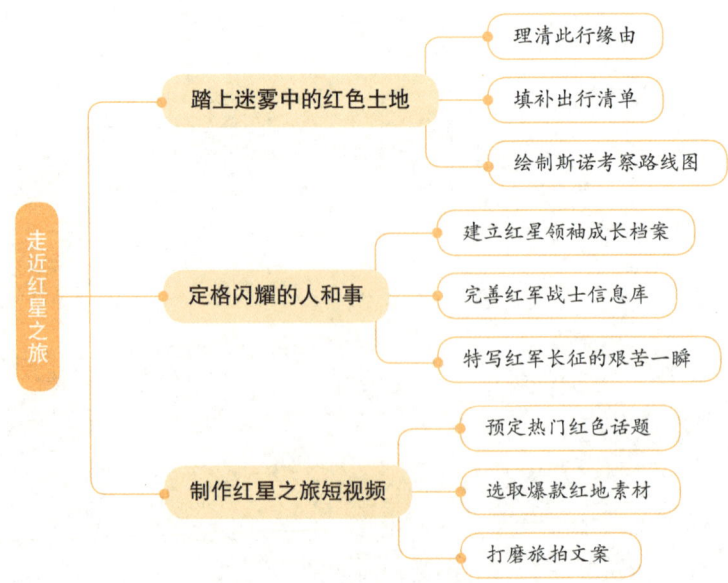

三、学习任务群设计说明

《红星照耀中国》是一部纪实性作品，是美国记者埃德加·斯诺通过深入到红区实地考察，与红军领袖、红军战士及当地百姓沟通、采访获取的"事实"，是当时"红色中国"每天正在上演着的"现实"。小说以"红星照耀中国"为题，其中"红星"暗指当时在国内外遭到国民党铜墙铁壁一样严密的新闻封锁的红军，而"中国"则特指1936年到1937年间尚未实现解放的中国，从书名便可以推测出这部作品无疑是在向全世界宣告：中国共产党及其领导的红军就是那颗能给当时毫无生机的全中国带来光明与希望的闪亮红星。

为了帮助学生真正走近这段红色历史，感受到红军身上优秀的精神品质，因而设计了"走近红星之旅"这一情境，通过"踏上迷雾中的红色土地""定格闪耀的人和事""制作红星之旅短视频"三个子任务引导学生与斯诺共赴此行，从而深化对中国共产党初代领袖及其所领导的红军战士们的认知，领略到他们身上所具有的鲜活的个人魅力。进而通过探知红军在艰难时期如何攻克重重困难转危为安，培养当代学生热爱党和国家的使命感和责任感，传承红星身上所具有的优秀精神品质。

四、教学过程

（一）导入

20世纪三十年代的中国大地风云激荡，身处陕甘宁地区的中国共产党在国际社会上是一团巨大的迷雾，无人知晓他们究竟是一支怎样的队伍。然而，1936年6月，有位叫做埃德加·斯诺的美国记者却穿越过了国民党设下的重重防线成功抵达苏区，向全世界揭露了真实的红军将士和他们的日常生活等。现在，我们不妨跟着他的步伐踏上这片神秘的土地，一同去认识真实的红星。

（二）学习任务与学习活动设计

任务一：踏上迷雾中的红色土地

借由旅行的形式，通过完成"理清此行缘由""填补出行清单""绘制斯诺考察路线图"三个学习活动促使学生熟悉此行的路线，通过斯诺的视角认识到当时中国共产党所面临的严峻形势。

▲ 活动设计1：理清此行缘由

当时的红星面对着怎样的社会形势？为何是斯诺成为了第一个采访红区的西方记者？结合第一、二章，找找斯诺此行的缘由。

提示：《红星照耀中国》所记录的对象是处在特殊时期的中国共产党，同学们可结合书中所反映出的当时国内、国际形势，以及斯诺本人身份等多重角度进行思考，完成阅读任务。

示例：斯诺红星探秘之旅缘由梳理表

斯诺探秘之旅缘由	
必要性	国际社会对中国共产党的好奇
	国民党对共产党实行严密的新闻封锁
	中外社会上流传的种种虚假传言
可能性	斯诺作为新闻记者的使命
	斯诺得到宋庆龄的帮助
	斯诺临行前打了十几种疫苗

▲ 活动设计2：填补出行清单

这一路听起来凶险万分，为了顺利抵达苏区完成采访，他该带些什么？这并不是一场漫无目的的旅行，他又会在采访中提出哪些问题向国际社会揭开中国共产党神秘的面纱？请你试着帮他列一列出行清单。

提示：结合具体的文本内容，理清斯诺如何实现旅行的平安顺利且最终成功进入苏区，能够帮助学生感受到当时中国共产党面对的严峻形势。采访提纲有助于学生后期更有针对性地梳理整合相关的采访内容。

示例：斯诺出行清单

出行清单	
手边的随身行李	脑中的采访提纲
(1) 相机 (2) 胶卷 (3) 换洗衣服 (4) 宋庆龄的介绍信 (5) 外国记者证 (6) 笔记本 (7) 笔	(1) 中国共产党及其领导的红军究竟是一支怎样的队伍？ (2) 他们是怎样生活、工作的？ (3) 他们运动的革命基础是什么？ (4) 他们持有怎样的政治主张？ (5) 他们想要实现怎样的革命目标？ (6) 什么使他们变成如此顽强的战士？

▲ **活动设计3：绘制斯诺考察路线图**

这一场考察之旅充满了艰辛，甚至不时伴有性命之忧。那么，他是经由怎样的线路顺利抵达苏区的？请动手画一画斯诺的考察行进路线图。

提示：可结合目录和各章节中所涉及的地名，对斯诺的西行路线进行梳理后再作图。

此行中斯诺从北平出发，坐火车途经郑州换陇海线前往西安，后经由宗蒲县到达陕西红区的起点洛川。接着他在到达延安后顺利进入苏区，在安塞白家坪采访了第一位红军领袖周恩来，又在保安采访了毛泽东，后途经吴起镇在预旺堡及周边采访了彭德怀、徐海东等人。在返程时，他途经河连湾后再经由保安到洛川返回西安。

任务二：定格闪耀的人和事

旅拍是旅行中必不可少的。通过完成"建立红星领袖成长档案""完善红军战士信息库""特写红军长征的艰苦一瞬"三个活动，定格闪耀的人和事，促使学生通过了解红军的生平经历和长征的艰辛，对红军队伍的形象有更深入的认识，引发对红星精神的初步感悟。

▲ **活动设计1：建立红星领袖成长档案**

随着斯诺的步伐，一路上我们听闻了许多红色领袖的生平经历，感受到了他们鲜活的一面。现在，我们不妨结合下表所示各章中对红星领袖的采访内容，为红色领袖建立各具特色的成长档案。

采访红色领袖及各章节对应表

采访对象	出现章节
周恩来	《到红色首都去的路上》
贺龙	《到红色首都去的路上》
毛泽东	《在保安》《一个共产党员的来历》
刘志丹	《西北的红星》
徐特立	《西北的红星》
彭德怀	《在红军中(上)》
徐海东	《在红军中(下)》
朱德	《战争与和平》

提示：可根据斯诺的具体采访内容，结合各位红色领袖的特性做各有侧重的信息筛选，建立富有个性化的成长档案，从而了解主要红军领袖的基本情况。毛泽东是红军的重要代表人物之一，斯诺与他的谈话、采访也占据了书中两个章节的篇幅，涉及到毛泽东的童年成长环境和成年求学经历、走上革命之路前后的种种实践探索以及对中国共产党实行的基本政策、对日抗战的思考等诸多方面，是揭开红星面纱较为关键的部分。除了选取家庭背景、政治面貌、毕业院校、主要社会实践等基本信息外，还可以针对国际社会上对毛泽东的身体状况存在的种种错误猜测，增加健康状况良好这一则信息。同时，在专业技能上，毛泽东除了是一位富有指挥才能的军事家外，其写作和演讲水平也十分高超，增加这一条信息有助于认识更加生动多面的毛泽东。

▲ 活动设计2：完善红军战士信息库

红星的闪耀绝不仅仅在于优秀的红军领袖，更少不了的是那些默默无闻但奋斗在一线的战士们，他们也同样值得被歌颂。请根据书中斯诺与战士们的交谈，完善红军战士信息库，让更多的人认识他们。

提示：结合书中内容，对战士的个人信息进行筛选提取，可在过程中发现战士们的共性特征，从而了解红军战士的整体形象。

示例：部分红军战士信息库

人物	李长林	红小鬼甲
身份	军官/中共党员	号兵/少先队员
年龄	31、32岁	15岁
出身	不详	农民
籍贯	湖南	福建漳州
家庭情况	已婚（妻子已逝）	父母、三个哥哥
受教育情况	中学	曾被红军送去学校
性格特点	百折不挠、对红军忠诚、英勇	百折不挠、对红军忠诚、英勇
党龄	10年	4年
入党原因	国民党"清党"	红军分土地、不收田租
主要革命经历	南昌起义、长征	长征

书中采访了许多尚未成年的红军战士,斯诺称他们为"红小鬼",此处收集的有关"红小鬼甲"的信息是出现在书中第十章第二节中第 2 段开始采访的一位红军战士。

▲ 活动设计 3：特写红军长征的艰苦一瞬

红军长征的胜利被誉为人类历史上的奇迹,更是中国共产党党史上浓墨重彩的一笔。但在这一场为期两年的重生之旅中,将士们所经历的艰辛与苦难也难以言喻。请结合你的阅读体验,选出最令你感到此行艰苦的一瞬,并试着用线条简笔勾画。

提示：长征中能表现出红军长征艰苦的事迹包括：四渡赤水、巧渡金沙江、强渡大渡河、飞夺泸定桥、爬雪山、过草地等等。首先选定一个具体的场景,再进行简笔勾勒。

长征是中国共产党转危为安的关键转折点,在敌军的围追堵截下,纵使错误的决策和内部矛盾一度让红军陷入岌岌可危之境,但也最终促使红军得以获取新的生机。通过特写艰苦一瞬这一活动,结合之前在教材中《七律·长征》《老山界》《金色的鱼钩》等相关文章的阅读学习,帮助学生从不同角度感受红军身上吃苦耐劳、不怕任何艰难险阻、乐观勇敢的精神。

任务三：制作红星之旅短视频

一场意义非凡的旅行绝不会在返程后便落下帷幕,沿途的所见所闻必然会对你有所触动,不妨将此行中难忘的回忆制作成短视频分享给更多的人。通过制作红星之旅短视频的活动促使学生再次回顾在斯诺的视角下此次实地考察中的见闻,希望通过"预定热门红色话题""选取爆款红地素材""打磨旅拍文案"系列活动,帮助学生感知斯诺对红星及未来中国发展趋势的主观倾向,并联系现实生活,启迪学生进行分析和思考,引导学生感悟并传承红星精神。

▲ 活动设计 1：预定热门红色话题

请从以下两个关键词中选择一个作为本次短视频的话题,参与到近期微博发布的"回望红色岁月——1936 至 1937"视频征集活动,并谈谈你的理由。

(1) <u>西行漫记</u>　　|话题|　　(2) <u>红星照耀中国</u>

提示：结合本次旅行的见闻,以及当下人们回想时可能产生的心理进行思考比较，更能获得大家的认可。通过对比两者的差异，体会斯诺对红军以及中国未来走向预测的主观倾向。

示例 1：

我选择"西行漫记"作为本次短视频的话题。首先，从内容上看，"西行"与本次旅行的路线基本一致。是作者行踪的真实反应。其次，"漫记"是没有限制、不受约束地记录，可见作者当时在采访时面对的并不是外界传言的恐怖，而是在相对轻松的状态下，面对一个个鲜活且富有朝气的中国共产党人，真诚相处，自由记录。这个话题，既真实，又流露出来真挚的情感，能够引发人们的情感共鸣。

示例 2：

我选择"红星照耀中国"作为本次短视频的话题。首先，从内容上看，"红星"有指代义，可以联想到中国共产党，联想到红军。其次，"照耀"本是错位表达，一般指光线可以照耀，但"红星"的照耀可谓是指向了中国共产党人的精神光芒。这种光芒非常耀眼，可以覆盖全中国，是有着无穷力量的光芒。可见作者字里行间流露出的对中国"红星"的赞美之情，可以激起人们的情感共鸣。

▲ **活动设计 2：选取爆款红地素材**

内容的选取也是制作此次短视频尤为关键的一环。翻看一路以来拍摄的诸多短视频，你会选取怎样的素材来获取人们的点击？

（1）筛选能够触动心弦的场景

（2）增添符合画面主题的背景音乐

提示：结合自己的阅读感受，什么样的画面能够打动到自己？赫赫有名的红军领袖像常人一样坐在地上和苏区百姓、战士们看话剧的一幕？尚未成年的孩子便拿着枪坚定而响亮地在士兵大会上讲解抗日政策的场面？长征途中战士们在泸定桥上用全力跳过没有毁掉的桥板，进而调转敌人放弃的机关枪对准敌人猛烈追击的时刻？结合选择的具体场景思考背景音乐，可以是表现出英勇雄壮场面的交响曲，也可以是温馨平凡生活的小调。

通过自主选择短视频素材的方式，帮助学生再次回忆红军所经历的重重磨难，以及在种种危急情形下反映出的红军身上所具有的精神。他们为了救国救民，不惧任何艰难险阻，甚至不惜自我牺牲；在队伍中恪守纪律、紧密团结；始终与人民群众同甘共苦、艰苦奋斗。

▲ 活动设计3：打磨旅拍文案

肺腑之言方能动人心弦。请试着从以下两个角度思考打磨文案，为本次即将发布的红星之旅短视频增色。

角度1：经过这趟旅途，你有何收获？

角度2：请例举现如今你觉得拥有"红星"精神的人。

提示：在设定的情境下谈获得的启迪，以及对日后学习和生活的指导，并联系当今的社会实际进行具体的分析和思考，从而更好地传承红星精神。

示例：旅行的意义从不在远方，而在于看过各色的人、事、物后，明晰该成为怎样的自己。现今新冠疫情当下，无数的"大白"、志愿者等为了人们能够实现有序生活逆流而上。倒转时光，红色岁月中也有太多无名的红军将士为了民族大义抛头颅、洒热血。他们在历史的长河中也许同样只能是个统称，但那颗甘于奉献、艰苦奋斗的心却始终代代相传，并不断发扬光大！

（三）任务群学习总结

《红星照耀中国》整本书阅读的任务群是以"走近红星之旅"为核心，以日常生活中实际的旅行活动会进行的旅行前查询准备、旅行时观察记录、旅行后制作纪念短视频的情境体验为蓝本，努力创设能帮助学生趣味阅读、更具真实感及体验感的阅读氛围。在通读文本的基础上，我们通过理清此行缘由、填补出行清单、绘制斯诺考察路线图的活动，多角度感受当时的中国共产党所面临的困境。我们设计了建立红星领袖成长档案、完善红军战士信息库、特写红军长征的艰苦一瞬等语文实践活动，聚焦到描写红军领袖、红军战士以及长征的章节进行精读品析，用以帮助学生跟随作者斯诺走近真实的红星。最后，借助时下流行的制作红星之旅短视频的形式，分享学生的阅读心得。在确定话题、选择素材、打磨文案的模拟制作过程中，促使学生结合当下实际生活增进对红军的精神品质的感悟，丰富学生的精神世界，以期实现精神赓续。

（四）任务群迁移学习

《红星照耀中国》属于纪实类作品，是作者进入陕甘宁边区实地考察后创作而成的。我们通过制作旅行短视频的任务，更真实地感受到中国共产党的形象及其身上所蕴含的精神品质。

《红星照耀中国》也是一部红色经典著作，其他此类作品还包括《铁道游击队》

《林海雪原》《高山下的花环》《夜幕下的哈尔滨》等,这些作品写出了这一时期不同地区的共产党员们为实现民族的独立所做出的种种反抗,塑造了各具特色的英雄形象。请尝试按照这样的探究路径,选取某一部作品中涉及到的地点和人物,结合具体的情节,制作当地红色场馆导览图或红地旅游攻略手册。

实用性阅读与交流：昆虫世界探秘
——《昆虫记》学习任务群设计

一、教学目标

1. 认知昆虫，熟悉昆虫的形态及习性特点，并对其形态、习性进行梳理提炼。
2. 综合昆虫的各类特点，对昆虫进行分类、整合。
3. 实践操作，充实完善《昆虫图鉴手册》的各部分内容，完成装订。

二、学习任务群设计框架

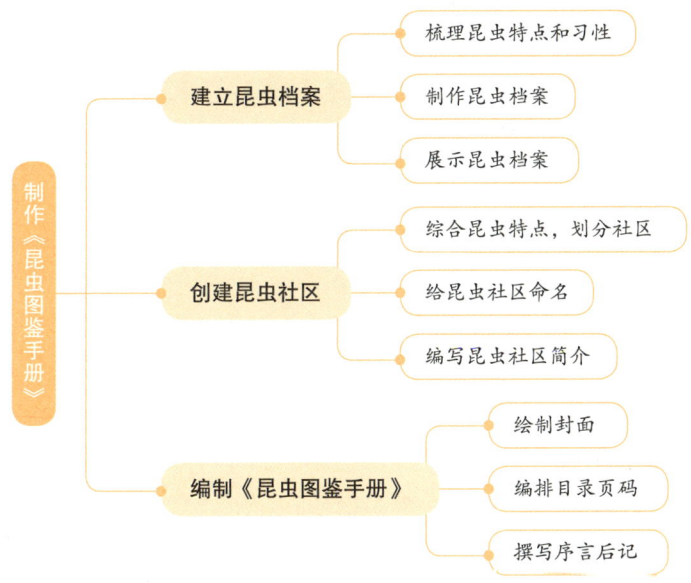

三、学习任务群设计说明

《昆虫记》是一部科普作品，旨在向读者宣传、普及自然界中一直存在，却常常被人类所忽略的昆虫的习性特点和生活状态。它就像一面放大镜，将昆虫的世界放大到人类可以目之即及、触之有感的程度，无比真实而又生动地展现着一只只小小昆虫的喜怒哀乐、生老病死，让人读来广增见识又兴味盎然。学习这样一部科普作品，既要尊重作品的知识性、趣味性，又要在学习任务中彰显实用性阅读与交流的宗旨，二者相结合，便确立了学习任务群的核心任务——制作《昆虫图鉴手册》。围绕着核心任务，在运用多种阅读方法深入阅读作品的基础上，通过梳理昆虫的外形特点和生活习性，提炼出昆虫的主要特征，制作成昆虫档案，并为昆虫配图画像。再将所有昆虫档案集合起来，仔细阅读，寻找昆虫的共同点，并依据这些共同点，将昆虫重新分类，划分成社区，为社区命名并编写社区简介。最后为《昆虫图鉴手册》绘制封面、编排目录页码、撰写序言后记。在学习活动进行的过程中，除了动手实践外，也有展示分享、学习探讨、交流互动、文字表达、审美设计等环节，保证了学习任务实施过程中对学生倾听、观察、表达、整合信息、分类提取、审美创造等多方面能力的训练和引导。

四、教学过程

（一）导入

同学们，你了解从我们身边飞过的蜜蜂、蝴蝶有怎样的习性吗？你留意过夏天在梧桐树上、香樟树上高声歌唱的蝉有怎样的生活吗？你知道小小的蚂蚁有哪些神奇的本领吗？你感兴趣的昆虫故事，你好奇的昆虫习性，在法布尔的《昆虫记》中都能找到答案！《昆虫记》真的是一部无比真实与奇妙的科普作品！可是，你一定不知道，《昆虫记》的奇妙不只在于它描述了一个又一个精彩纷呈的昆虫世界，它的奇妙还在于它能帮助你打造一个属于你自己的昆虫世界！不信？那就来试一试吧！

（二）学习任务与学习活动设计

任务一：建立昆虫档案

通过精读、圈画，全面了解昆虫的外形特点和生活习性，进而对昆虫的外形和习性方面的主要特征进行概括、梳理、提炼，并填写昆虫档案表，为昆虫绘制画像或配制图片，然后将绘制好的昆虫档案进行展示。

▲ 活动设计1：梳理昆虫特点和习性

1. 浏览《昆虫记》目录，选择自己感兴趣的昆虫，精读与之相关的部分，圈画描述昆虫外形特点和生活习性等方面的语句。

2. 归纳介绍昆虫的不同角度，梳理圈画出来的描述昆虫外形特点和生活习性等方面的内容，真正了解这些昆虫。

提示：《昆虫记》中涉及的昆虫种类繁多，如果让每一个学生面面俱到去整理每一种昆虫，需要花费大量的时间和精力。为了提高完成阅读任务的效度，尊重学生的学习兴趣和学习能力，可以让学生根据自己的喜好，自主选择几种昆虫，进行精细阅读；也可以组织小组开展合作学习，每个小组分别承担《昆虫记》某几章节内容的精读摘抄，共同完成阅读任务。

示例：活动任务推荐表——昆虫主要特点梳理表

梳理昆虫的主要特点		
精读要求： 1. 将圈画出的描写_____（昆虫名称）的外形特点和生活习性等方面的词句，摘录在表格中。 2. 可以对表格中的分类项目进行补充。		
介绍角度	外形特点	
	生活习性	
	成长发育	
	繁殖情况	
	……	

▲ **活动设计 2：制作昆虫档案**

请同学们从摘抄的内容中进一步提炼昆虫的"身份"信息，将相关信息填写到"昆虫档案表"中，为昆虫制作档案。

提示：可以根据所选昆虫的具体特点对表格的项目内容进行适当的删改、替换。省略号的部分以备补充。

示例：活动任务推荐表——昆虫档案表

名称		别名		种类		……	
形体特征	外形			生活习性	食性		
	头部				爱好		
	嘴				特长		
	翅				生育		
	足				成长		
	……				……		

▲ **活动设计 3：展示昆虫档案**

1. 请同学们在每一张昆虫档案的背面为昆虫画像配图,可以神似,可以形似,配图中应含有昆虫的生活场景或背景环境。

2. 展示昆虫档案,用清楚、流畅的语言对配图的设计意图进行说明,说明的内容要有主次,有条理。

提示:昆虫的图片可以根据学生的实际能力进行绘画或配制。有绘画功底的学生,可以绘画、临摹;没有绘画功底的,可以查找现成图片进行打印,然后剪裁、组合、粘贴。无论怎样程度的学生,都鼓励他们动手参与、亲身实践,积极参与创作。

任务二:创建昆虫社区

这一任务的设置,是基于前期阅读过程中对昆虫的认知和了解。结合昆虫档案表的内容,对昆虫的生活习性和性格特点进行再认识、再分析、再归纳,以昆虫的共性特点确定昆虫分类的标准,据此设立相应的昆虫社区,对昆虫档案进行归置,并为昆虫社区命名,对昆虫社区进行简单介绍。

▲活动设计1:综合昆虫特点,划分昆虫社区

1. 学生仔细阅读自己制作的昆虫档案,从昆虫的习性、性格、特长等方面寻找、发现可以将昆虫进行分类的共同点。

2. 梳理找寻出来的昆虫所具有的共同点,加以提炼,形成条目,以此制定昆虫社区的标准,创建不同类型的昆虫社区。

提示:《昆虫记》中记录的昆虫有一百多种。学生对数量众多的昆虫进行汇总、重新分类、重新组合,在这一过程中,学生对昆虫的分类或组合的标准及依据不一定十分科学,但我们不必过于纠结,只要引导学生走进昆虫世界,他们愿意去了解昆虫的外形样貌,能够把握昆虫的习性特点,带动学生愿意去比较、分析各样昆虫的共性特点,愿意为昆虫进行分类、组合,能够激发出学生对昆虫世界的兴趣,启发他们去实践,去探究,就是此项活动最大的价值体现。

▲活动设计2:给昆虫社区命名

1. 请同学们根据不同昆虫社区的特点,为每一个昆虫社区命名。

思考:什么样的名字是好名字?

提示:昆虫社区名称应该符合昆虫社区的性质,体现昆虫社区整体的风格特点,能给人留下深刻印象,可以活泼,可以正能量,也可以运用典故等。读音简单明了,不拗口。不使用生僻字,不使用容易产生歧义的名字。

2. 向同学展示昆虫社区名称，并用简洁精炼的语言，条理清晰地解释出昆虫社区命名的理由。

提示：可以让学生对昆虫社区的名称进行点评或打分，评选出若干奖项，比如：最佳昆虫社区名、最具创意昆虫社区名、最恰如其分昆虫社区名、最悦耳昆虫社区名、最古朴昆虫社区名等等，可以对获奖同学进行相应的奖励。

▲ 活动设计3：编写昆虫社区简介

请同学们为每一个昆虫社区撰写一段介绍语。可以围绕昆虫社区创建的整体情况、昆虫们的共性特点、能力水平以及爱好特长等方面进行说明，要重点突出，条理清晰。如果语言能呈现出或风趣幽默、或真挚深情、或清新淡雅的不同特色，就更妙了。

提示：有一定绘画能力的同学还可以结合昆虫社区介绍的文字，为昆虫社区的整体面貌进行想象和美化，绘画一幅昆虫们在社区集体生活的图景。

任务三：编制《昆虫图鉴手册》

在前面准备的基础上，《昆虫图鉴手册》的主体内容基本完成，接下来的任务就是编书成册。主要通过绘制封面、编排目录和页码、撰写序言或后记这三项活动来完成整本手册的编制。

▲ 活动设计1：绘制封面

1. 搜集关于书籍图册封面设计的相关内容，自学设计要求。
2. 学生互相交流自学书籍图册封面设计的体会及注意事项，绘制《昆虫图鉴手册》的封面。
3. 了解撰写封面设计说明的方法，为《昆虫图鉴手册》撰写封面设计说明。
4. 同学间进行交流展示。

提示：可以提醒学生在自学搜集到的有关书籍图册封面设计要求时，要做归纳、做摘抄、做笔记，养成良好的学习习惯。在进行手册封面设计前，学生相互交流设计书籍封面需要注意的事项，可能会有：封面四周要有适当的留白；封面设计以文字为主，图画为辅，文图要和谐统一；色彩运用要协调……这一环节其实是想让学生互相提醒，避开设计时容易忽略或出现错误的地方，设计出更精美、更完善的封面。这也是学生合作互助、共同学习的一种体现。而对手册名称的字体、版式，封面图画的内容、形式，书名与图画的位置，封面整体的色调、结构等等，可以全凭学生的审美和喜好，自行进行设计。撰写设计说明，可以先向学生明确写作的内容及具体要求：

设计说明旨在向读者介绍设计意图、构思过程、呈现的效果等，可以从封面的整体构图、各元素的形状位置、元素间的相互关系、色彩的选择与搭配等方面对封面设计进行具体说明。说明时要注意主次关系合理、条理结构清晰、语言表达准确简明。

▲ 活动设计 2：编排目录页码

1. 《昆虫图鉴手册》内容排序。

思考：我们需要把手中的这么多张无序号的昆虫档案标出序号，并按照序号进行有机排序，要怎么操作才能高效完成？

提示：同学们根据创建的昆虫社区，先把每一个社区里的昆虫档案按照自己之前设定的标准进行排序，并用铅笔在档案左上角标注数字序号；再把所有编好档案序号的昆虫社区按照一定的标准排好先后顺序，用铅笔在社区简介页左上角标注汉字序号，完成所有昆虫档案的集齐排序，用夹子把手册夹好。

2. 编写《昆虫图鉴手册》页码。

思考：手册页码怎样设计才更方便、更美观？

提示：查数好手册的页数，从手册的第一张开始编写页码，页码数可以根据学生自己的设计，标注在手册页脚的边位或居中位置，也可以编写在页面外侧边居中的位置，还可以给页码设计一个小边框或衬一个颜色淡雅的小背景。

3. 编写《昆虫图鉴手册》目录。

把编好的页码和昆虫社区及昆虫档案的内容进行匹配，编制目录。一般将内容名称写在前面，页码写在后面。编写目录时一定要注意，目录与手册正文内容要一致。目录的形式也是多种多样的，学生完全可以凭借自己的审美和绘画设计功底进行相应的设计，但要注意，目录的设计应以清晰、简洁、清新为主要特色，以方便查找正文内容为首要。忌讳繁杂、缭乱、无序。

提示：请同学们在开始活动之前先进行一番思考，其目的是训练学生可以养成在动手操作之前先观察、先发现、先动脑的良好习惯；在动手操作之前先请学生发言，说一说各自想出来的操作方法，然后进行讨论，谁想的办法更有序、更高效、可操作性更强，目的是希望学生可以吸取众多的经验，经过自己的分析、判断，做出最好的选择——选择最适合自己、行之有效而又便捷、可操作性强的编写方法来编排《昆虫图鉴手册》的目录。

▲ 活动设计3：撰写序言后记

1. 指导同学们为《昆虫图鉴手册》撰写序言或后记。

思考：什么是序言？什么是后记？

提示：用表格展示序言和后记，清晰简洁，学生一看即懂，一目了然。

名称	序言	后记
别称	前言、引言、自序（自己写）、代序（他人写）	跋、书后
位置	正文或目录之前	书籍或文章之后
作者	可以是作者本人，也可以是他人	作者自己
内容	介绍写作缘由、成书经过等情况（自序） 介绍评价书作的思想内容或写作特色（代序）	说明写作经过、评价内容、需要补充或遗漏的问题等
篇幅	长于跋	小于序

2. 根据制作《昆虫图鉴手册》的学习过程和经历体验，撰写序言或后记。

思考：在序言或后记中准备写作哪些内容？

提示：学生构思序言或后记的过程，其实也是回顾《昆虫图鉴手册》制作的全部过程。从阅读《昆虫记》梳理昆虫的形态习性特征、制作昆虫档案，到提炼昆虫的共性特点、分类整合、组建昆虫设区，再到全部昆虫档案的整理、排序、汇编、装订；从一幅幅昆虫图片的绘制，到昆虫社区生活场景的构图，再到整本手册的封面设计，每一个学习活动的经历都充满挑战，也收获多多。当然，也一定会有待完善、待提高之处，而这些不正是撰写序言或后记最适切的内容吗？

3. 将序言或后记编写上页码，添加到《昆虫图鉴手册》中，加上封面，一起装订成册。

提示：学生一定为自己的学习成果而感到骄傲。可以就《昆虫图鉴手册》举行展示活动或评比活动，积极肯定学生在学习活动中的表现，增强学生学习的自信心、成就感和幸福感。

（三）任务群学习总结

《昆虫记》名著阅读学习任务群是以凸显"实用性阅读与交流"为学习宗旨，围绕"昆虫世界探秘"这一核心主题,以"制作《昆虫图鉴手册》"为核心任务,来实施活动设计。整个任务群,在核心主题和核心任务的引领下,融合了阅读、写作、倾听、表达等多种活动形式,将动手实践、编辑制作、审美设计、分类归纳、思维拓展、资料搜集、信息整合、口语交流、文字表现等多层面的素质提升,落实到具体的活动设计中,使学生在每一项活动的参与中,都能得到锻炼,有所获益。

(四)任务群迁移学习

在进行《昆虫记》任务群学习的过程中,我们探索了以实践、实用为主的活动路径:梳理昆虫特点和习性——制作并展示昆虫档案——综合昆虫特点划分昆虫社区——为昆虫社区命名——编写昆虫社区简介——绘制《昆虫图鉴手册》封面——编排目录页码——撰写序言后记,完成了任务群的核心任务——制作《昆虫图鉴手册》。

"图鉴"是一种以画图为主又配以文字解说的图书样式。初中语文课本中的《故宫博物院》《中国石拱桥》《苏州园林》等也适合使用"图鉴"的形式进行任务群学习。请尝试按照《昆虫记》这样的学习路径,为"故宫博物院""中国石拱桥""苏州园林"建立档案,组合成建筑谱系,制作建筑图鉴。